GZC 高校主题出版
2018 GAOXIAO ZHUTI CHUBAN

“一带一路”历史·社会·文化
学习丛书（中级读本）

杨共乐◎主编　马卫东　李雪洁◎副主编

历史长河中的人类社会

本册主编　宁　欣　安　然
郑　林　李　凯
张昭军　庞冠群

北京师范大学出版集团
BEIJING NORMAL UNIVERSITY PUBLISHING GROUP
北京师范大学出版社

图书在版编目（CIP）数据

历史长河中的人类社会/杨共乐主编. —北京：北京师范大学出版社，2019.8

（“一带一路”历史·社会·文化学习丛书. 中级读本）

ISBN 978-7-303-24701-1

Ⅰ.①历… Ⅱ.①杨… Ⅲ.①世界史—青年读物 Ⅳ.①K109

中国版本图书馆CIP数据核字(2019)第081978号

出版发行：北京师范大学出版社 www.bnupg.com
北京市西城区新街口外大街12-3号
邮政编码：100088

印　　刷：北京盛通印刷股份有限公司
经　　销：全国新华书店
开　　本：787 mm×1092 mm 1/16
印　　张：19
字　　数：295千字
版　　次：2019年8月第1版
印　　次：2019年8月第1次印刷
定　　价：76.00元

策划编辑：徐　杰　　　　　　责任编辑：徐　杰
美术编辑：胡美慧　王　蕊　　装帧设计：胡美慧
责任校对：段立超　陈　民　　责任印制：孙文凯

前言

2013年9月和10月，中国国家主席习近平在出访中亚和东南亚国家期间，先后提出共建“丝绸之路经济带”和“21世纪海上丝绸之路”的合作倡议，简称“一带一路”（The Belt and Road）倡议。“一带一路”倡议秉承共商、共享、共建原则，旨在与世界其他参与国共同打造政治互信、经济互惠、文化包容、民心相通的利益共同体、命运共同体、责任共同体。“一带一路”倡议为新时期世界走向共赢发展提供了中国方案，也必将对人类的进步产生重大影响。

《“一带一路”历史•社会•文化学习丛书（中级读本）》是为满足读者需要而编写的作品，内容包括《从历史印迹中走来的世界（中国篇）》《从历史印迹中走来的世界（外国篇）》《历史长河中的人类社会》。前两部以纵向叙事为主，分别展示中国与外国历史发展的脉络；后一部则以专题形式展开，会通中外古今，阐述社会各个阶段的经济、政治、文化等方面的发展情况与特点。

读本立足中国特色，突出重要问题，融研究成果于叙事之中，用中国人独有的视角审视世界文明，展示人类文明的发展历程与辉煌成就。

读本追求雅俗共赏、深入浅出的行文风格，在保证体例基本一致的情况下，充分发挥作者的学术特长，体现作者的主体思想。读本活泼轻松，生动流畅，重点不漏，经典不缺。我们衷心希望《“一带一路”历史•社会•文化学习丛书（中级读本）》能为读者提供一种崭新的视角，为中国了解世界、世界了解中国贡献我们微薄的力量。

杨共乐
北京师范大学历史学院
北京师范大学史学理论与史学史研究中心
2018 年 6 月 15 日

目录

上编

经济与生活

第一章
食物生产的演进与人类生活

导读

远古时期，人类以采集、渔猎为生。伴随着人类知识的积累和技术的进步，原始农业逐渐形成。世界各地因自然条件的差异，农业生产内容也不尽相同。随着近代新航路的开辟，各大陆间的食物物种交流不断扩大。自人类进入现代社会以后，农业更是取得巨大成就。

一、古代的食物生产与社会生活

伴随着人类由食物采集者到食物生产者的转变，原始农业起源。由于世界上不同地区自然环境的差异，各地的食物生产也不相同，这对人类的饮食习惯和生活方式产生了不同的影响。

从食物采集者到食物生产者

旧石器时代的远古人类以采集和渔猎为生，食物来源不稳定，时常面临饥饿的威胁。经过二三百万年的劳动实践，人们积累了丰富的动植物知识，为以后种植植物、畜养动物创造了条件。大约距今 1 万年前，原始农业产生了。

在史前时代的几百万年中有两大转变为以后的全部历史奠定了坚实的基础：其一是灵长类逐渐转变为人类，即具有思维能力的真正的人类；其二是人类的先祖从坐享大自然恩赐的食物采集者转变成日益摆脱大自然束缚、掌握自己命运的食物生产者。

——［美］斯塔夫里阿诺斯：《全球通史：从史前史到 21 世纪》，2 页，北京，北京大学出版社，2005。

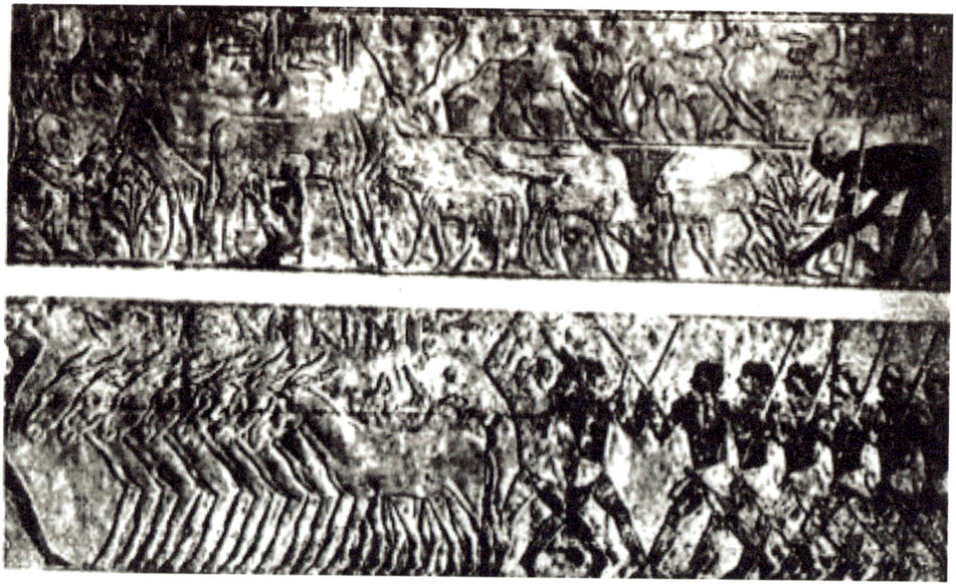

萨卡拉墓中的狩猎浮雕（埃及第五王朝）

农业的出现，是远古时代人们长期劳动经验积累的结果。在人类从单纯攫取天然产物的食物采集者转变为种植农业、饲养家畜的食物生产者的过程中，旧石器时代逐步向新石器时代过渡。农业生产以土地为基本生产资料，以有生命的植物、动物为主要劳动对象，受自然条件的影响较大，生产周期长，有明显的季节性和地区性差异。它的再生产过程是经济的再生产与自然的再生产的有机结合。

古之人民皆食兽禽肉，至于神农，人民众多，禽兽不足，于是神农因天之时，分地之利，制耒耜，教民农作，神而化之，使民宜之，故谓之神农也。

——（汉）班固：《白虎通义》卷上

长期采集植物籽实、根茎的活动，促使人们了解植物的生产规律，为适时收获作好准备。正是在这种对植物生长规律逐步深入的认识中，人们开始掌握栽培植物的技术，为进入新石器时代迈出了关键的一步。

——白寿彝总主编、苏秉琦主编：《中国通史》第2卷，47页，上海，上海人民出版社，2004。

农业是整个古代世界的决定性的生产部门。

——恩格斯：《家庭、私有制和国家的起源》，见《马克思恩格斯全集》第二十一卷，169页，北京，人民出版社，1964。

哪些因素推动了人类从旧石器时代向新石器时代的过渡？新石器时代农业生产有怎样的特点？

古代不同地区的食物生产

公元前 5000 年至前 4000 年左右，北非的传统农业较早发展起来，主要分布于尼罗河两岸地区。当地的人们通过利用尼罗河的水土资源种植大麦、小麦、亚麻、橄榄、葡萄等作物，饲养绵羊和山羊，创造了高度发达的古埃及农业文明。

公元前 4000 年，西亚的两河流域已有较大规模的传统灌溉农业，当地的农业成就以控制洪水、挖掘沟渠、灌溉田畴等而闻名。当地居民种植大麦、小麦及其他经济作物，并饲养山羊、绵羊、牛、猪等家畜。

相比两河流域和北非，欧洲的传统农业历史要晚 3000 多年，当时欧洲主要种植大麦、小麦、橄榄和葡萄。公元前 5 世纪中期，希腊人已经在地力肥沃的地方实行谷物与蔬菜轮作的一熟制。到古罗马时期，奴隶制大庄园发展起来。整个中世纪，欧洲农业生产大体在继承古罗马技术体系基础上缓慢发展。

农耕图（埃及第十九王朝）

东亚农业有上万年的历史，以中国为典型代表。大约在公元前 770 年至前 221 年的春秋战国时期，中国已经形成以粟、黍、稻、麦、豆、麻为主要粮食作物的种植业结构，由此奠定了中国明代以前主要粮食作物种类的基础；“六畜”即狗、猪、鸡、牛、羊、马已成为人工饲养的主要牲畜；蚕桑业也日渐发展起来。中国大多数地区的农业以种植业为主，南方多种水稻，北方多种粟、黍，家畜饲养相对而言处于次要地位。后来，水稻种植面积逐渐从南向北扩展；麦类种植也日益推广，最终超过了粟、黍，成为北方地区的主要粮食作物。

北宋政府引进了原产于中南半岛的“占城稻”，该作物品种因其高产、早熟、耐旱的特点，被推广至长江、淮河流域。同时，北宋政府还加大了对北方稻田的开辟，使稻作面积大幅度增加。原来可供食用的大豆渐渐成为专门的油料作物，麻则作为专门的纤维作物来使用。

帝以江、淮、两浙稍旱即水田不登，遣使就福建取占城稻三万斛，分给三路为种，择民田高仰者莳之，盖早稻也。内出种法，命转运使揭榜示民。……稻比中国者穗长而无芒，粒差小，不择地而生。

——《宋史》卷一百七十三《食货志上一》

印度农业历史悠久，作物品种多样，为世界提供了棉花、蔗糖等重要产品。古印度居民习惯以素食为主，豆类是他们饮食中的重要蛋白质来源。古代阿拉伯人因其所在的特殊地理位置和自然环境，形成了逐水草而居的生产生活方式，在骆驼、马等家畜培育方面独树一帜，对东西方农产品和农学知识的沟通交流也做出了重大贡献。

美洲印第安各部落集团依托不同自然环境发展出采集、渔猎、游牧等多种多样的生产生活方式。中南美洲种植玉米、马铃薯和甘薯等作物，同时饲养火鸡和羊驼。古代南美洲没有亚欧大陆的牛马等役畜，在世界范围构成了独特的无犁农业类型。

新航路开辟之前，古代世界各地已经开展了一定范围内的物种交流。尤其是在欧亚大陆，随着丝绸之路的开辟，菠菜、黄瓜、莴苣等蔬菜和石榴、葡萄等水果传入东亚，东亚的水稻和家蚕也渐次西传。

古代不同地区食物生产差异的成因是什么？食物生产的差异对人类发展有怎样的意义？

古代各地的饮食习惯

食物生产的差异造就了各地不同的社会生活方式，尤其以饮食习惯的差异表现得最直接、最具代表性。

饮食习惯的差异表现在烹饪方式上。东亚各国以稻米、小米、小麦、豆类等为主食，尤其是蒸煮食用一些禾本科作物的籽粒。随着石磨的推广和谷物加工技术的发展，人们学会了制作各种面粉和米粉，但在东亚的广大地区，仍长期保留着传统的“粒食”习惯。

南亚、中亚、西亚的饮食习惯与宗教信仰关系密切。东南亚物产丰富，当地人擅长用柠檬、香茅等纯天然材料作为烹饪用的佐料，某些地区还有手抓饭的习俗。

古希腊和古罗马人学习到古埃及人先进的烹调和餐饮服务艺术，并逐渐形成了自己的特色，为以后西餐烹饪、餐饮服务的兴起和发展打下基础。

做面包（古埃及木雕）

饮食习惯的差异也体现在饮食结构上。据调查，中国人吃的蔬菜有600多种，比西方多6倍，而西方人的食谱以肉类、奶类为主，荤食较多。

饮食习惯的巨大差异造就了世界各地丰富多彩、各具特色的餐饮文化。中餐的粥饭类主食需要用碗盛，而西餐面包、肉类的食用因依赖刀叉，需要用盘盛，由此产生了分餐制。这些差异折射并深刻影响了不同地区人们的社会生活方式。

“荷马时代”就有关于面包、烤肉及美酒的餐饮场面描述。古罗马人不仅食谱丰富，而且精于烹调，贵族们还经常举行豪华宴会，饮食相当奢侈。在查理曼帝国时期，查理大帝曾命令通往朝圣地沿途的修道院与教会设置接待朝圣者的设施，包括食堂、面包房、酒店、啤酒冷藏室、寝室、高级化妆室等。因此，有现代饭店起源于修道院之说。

中世纪意大利婚宴

古代各地区不同的饮食习惯，对人类多元文化的生成有怎样的意义？

二、新航路开辟后的食物物种交流

新航路开辟后，原产美洲的玉米、番薯、马铃薯等作物开始在欧亚大陆传播，而麦、稻、甘蔗等欧亚作物也得以在美洲推广。不同大陆的食物物种交流深刻地影响了人类的食物结构和生产布局，进而影响了世界人口的变化，促进了世界市场发展。

玉米、甘薯、马铃薯在欧亚的传播

美洲独立起源并发展起来的农业，从作物结构到技术体系都独具一格。不少高产或适应性广、经济价值高的作物系美洲所独有。欧洲人发现美洲后，把原产于美洲的各种作物源源不断地带回欧洲。同时，随着航海事业的发展，这些作物也从欧洲、非洲和太平洋岛屿等地陆续传入亚洲。

15 世纪末，玉米被哥伦布带到欧洲，最初作为宫廷观赏植物而种植。18 世纪后，欧洲接连发生大灾荒。由于玉米具有适应性广、高产稳产的特点，优于原来的小麦、粟和水稻，所以一些国家将它作为救荒作物，开始大面积种植。16 世纪中期以后，玉米传入中国，得到有效推广。

16 世纪 20 年代，玉米从欧洲传入黎巴嫩和叙利亚，由于它比小麦耐湿、比稻米耐旱，因而能很快传播。它的推广种植加速了奥斯曼苏莱曼大帝（1520—1566 年在位）统治时期人口的增长，致使许多欧洲人误以为玉米是“土耳其谷物”，印度人将它称之为“麦加玉米”。葡萄牙人将玉米引入西非后，它的生产率超过了当地的小米与高粱。

甘薯，在我国又称番薯、红薯等，原产美洲热带地区，约在 1 世纪时传入萨摩亚群岛，之后广布于夏威夷、新西兰。15 世纪末 16 世纪初，葡萄牙人把甘薯带到了非洲沿海诸地、印度西岸和印度尼西亚的部分岛屿。16 世纪中后期，甘薯由福建商人从吕宋（今菲律宾）引入中国。由于适应性好、生长速度快，甘薯被明清政府作为救荒作物加以推广，在救荒减灾方面发挥了重要的作用。

马铃薯原产于南美洲安第斯山脉中部地区，曾是支撑印加文明的重要作物。16 世纪中期，马铃薯传入欧洲，起初被用作饲料和观赏、药用植物。18 世纪中叶，因欧洲两大军事集团争夺殖民地，“七年战争”爆发，欧洲的农业生产急剧下降，饥荒频繁出现。马铃薯作为粮食作物的优势很快引起了欧洲各国政治家们的重视，法国、德国和俄国开始推广种植马铃薯。明末清初，马铃薯传入中国。17 世纪时，马铃薯又从英国传入北美洲。

> 阳芋（按：即马铃薯），黔、滇有之。……山西种之为田，俗呼山药蛋，尤硕大，花色白。闻终南山岷，种植尤繁，富者岁收数百石云。
>
> ——（清）吴其濬：《植物名实图考》卷六

1601 年法国植物学家克鲁索斯著作中的马铃薯木刻图

除了玉米、甘薯、马铃薯外，传入欧亚大陆的还有番茄、南瓜、辣椒、花生、可可、菠萝、向日葵等新食物，以及陆地棉、烟草等经济作物。这些作物既丰富了欧亚大陆的生物物种资源，也改变了当地的饮食结构和生产、贸易布局。

玉米、甘薯、马铃薯等在欧亚大陆的传播具有怎样的意义？

麦、稻、甘蔗在美洲的推广

新航路开辟后，欧洲殖民者开始依据原有的饮食习惯，改变美洲的作物结构。15 世纪末，哥伦布第二次远航时，首次将小麦、稻米和大麦带到新大陆。后来，小麦经多种途径传至美洲各地，成为北美洲的重要经济作物；原产南亚的甘蔗也被引入美洲，进行规模化种植。

1532 年，西班牙国王查尔斯一世下令每艘驶往西印度群岛的船只都必须携带种子、作物及家畜。西班牙人在英国移民到达北美洲从事农业之前，不断地在他们的定居地区输入各种作物和家畜。哥伦布远航以后，大约 150 种欧亚大陆的作物通过试验种植而在美洲得到推广，包括大麦、燕麦、小麦、甘蔗、苜蓿、麻及一些水果和蔬菜。

乌拉圭的牛群

欧亚大陆的作物丰富了美洲的食物品种。然而，殖民者的规模化种植也阻碍了美洲农业的正常发展，造成生产布局和生态的失衡。另外，牛、羊等欧洲家畜进入美洲后，过度放牧使食草动物数量超过了土地负载力，人畜共患病的流行甚至还导致了一定程度的人口下降。

为了能最大限度地从拉丁美洲殖民地攫取财富，西欧的殖民宗主国往往强迫殖民地人民只生产一种或几种能在国际市场上牟取巨额利润的产品，其他农产品则发展缓慢。直到20世纪50年代，拉丁美洲仍然存在较严重的单一化作物经济。从非洲被运送到美洲的奴隶中，约四分之三被派去制造蔗糖，而蔗糖则成为当时大西洋贸易的主要商品之一。

古巴的甘蔗

食物新物种在美洲的推广与殖民掠夺有什么联系？怎样评价这一历史现象？

人类社会生活的变化

新航路开辟后，不同大陆间的食物物种交流，不仅改变了当地原有的生产布局，而且深刻改变了人类的食物结构。可可引入欧洲后，被欧洲人打造成人类的三大饮料之一，后来又被研发为巧克力。16 世纪末，西班牙政府建立了世界上第一家巧克力工厂。

1528 年，赫纳恩 • 科司特携带可可豆及制作巧克力的工具返回西班牙，并着手在西非的一个岛上种植可可树。出于适应欧洲人的口味需求，当时的可可饮料采用添加桂皮、肉桂、香草等香料与糖的方法加以改进，尔后还进贡西班牙皇室。新饮料在西班牙贵族中很快赢得赞誉，此后，西班牙开始在其海外殖民地种植可可，并成功地将可可饮料的制造工艺作为垄断贸易项目，形成一项盈利性商品。

16 世纪以后，墨西哥当地的厨师学着将欧洲传入的猪油用在玉米馅卷中，使之口感松软，更有味道。与此形成对照的是，西班牙殖民者则养成了吃辣椒的习惯。英国自 1793 年和 1794 年的小麦歉收后，许多人从 1795 年开始不再抵制食用马铃薯。那一年，伦敦的《泰晤士报》甚至刊出食谱，教人烹煮马铃薯汤，并用玉米和马铃薯做面包。

不同大陆间的食物物种交流还促进了生物学、营养学及其相关学科的发展，使得人类对食物营养的认识变得更加明晰。例如，法国科学家帕门提尔曾发表一篇科学论文，详细分析马铃薯的营养优势，并且主办了好几场晚宴，供应以各种方式烹调的马铃薯。

不同大陆间的食物物种交流，也促进了世界粮食产量和人口的增长。随着欧亚大陆和美洲大陆之间的食物物种交流达到顶峰，全球范围内的人口增长开始加速。1650—1850 年，得益于美洲甘薯、玉米和马铃薯的传播，中国人口增长了两倍。18 世纪，非洲人口达到顶峰；拉丁美洲的人口也开始从西班牙人的征服中恢复。人口的增加，直接推动了各地社会经济的发展与进步，并使得世界市场更加活跃和繁荣。

欧洲从美洲的发现和拓殖取得了以下的利益：（一）这大国的享乐用品增加了；（二）这大国的产业增大了。输入欧洲的美洲剩余生产物，给这大陆居民提供了许多种类的商品，要不是由于美洲的发现和拓殖，他们是不可能有这些商品的。

——［英］亚当 • 斯密：《国民财富的性质和原因的研究》，734 页，北京，商务印书馆，1981。

国际商业转移到大西洋沿岸国家。地中海、北海和波罗的海的港口失去了意义。新的食品和嗜好品——如咖啡、茶、烟草、土豆、玉米和可可——改变了欧洲人的生活习惯。

——［德］迪特尔·拉夫：《德意志史》，29页，波恩，Inter Nationes出版社，1987。

新航路开辟后的食物物种交流给人类社会生活带来怎样的变化？

三、现代社会食物的生产、储备与食品安全

工业革命以来农业技术的巨大进步在推动世界粮食增产方面发挥了重要作用。然而，由于世界各地发展的不平衡，发展中国家在消除饥饿方面仍然面临严峻挑战。现代化的食物储备技术在给人类社会生活带来便利的同时，也造成了一定的食品安全问题。

粮食增产与消除饥饿

粮食增产、消除饥饿，是近代以来世界各国必须面对和解决的主要课题。

18 世纪末，欧洲的革命、战争与动乱使粮食市场供不应求，许多国家发生了粮食危机，并震动了思想界。马尔萨斯甚至将人口过剩和粮食短缺问题论证为永恒的自然规律。然而，后来欧洲各国普遍扩大了粮食耕种面积，渡过了这一危机。到 19 世纪末、20 世纪初，美洲、大洋洲的农地开垦速度减慢，加之战争破坏等因素，使粮食市场再次出现了供给不足。有人声称，20 世纪 30 年代，世界将会感到粮食缺乏。

然而，第二次工业革命之后，动力机械和人工合成化肥开始用于农业生产。拖拉机逐步取代骡马等畜力作为农业生产动力，化学肥料和杀虫剂也开始普遍使用。单位面积粮食产量大幅度提高，世界粮食生产出现相对过剩。在此基础上，农业和食品工业手段的进步，也使人类的食物生产步入新时代。

20 世纪中叶，世界粮食一度再次发生危机。但高产作物品种的育成，

使得农业领域出现了“绿色革命”。

1950年，墨西哥的小麦亩产还只有60千克。1961年，美国洛克菲勒基金会的一个农业小组在墨西哥育成“墨西哥小麦”，亩产很快提高到200余千克。墨西哥原来每年需要进口粮食15%～20%，1967年以后，墨西哥成为小麦出口国。1965年，美国又在菲律宾成立国际水稻研究所，育成“菲律宾水稻”，这种水稻生长期仅105天，在热带地区可一年三熟，单季亩产600千克，三熟亩产可达1500千克。“绿色革命”应用遗传学原理培育出高产矮秆谷物品种，采用化肥、农药、灌溉和现代耕作技术，大大提高粮食产量，对缓解世界粮食问题发挥了巨大的作用。

尽管粮食的悲观主义预言都没有被历史证实，但并不意味着粮食已到吃不完的程度。恰恰相反，粮食“过剩”只是相对的，发展中国家的人均粮食增长率大大低于发达国家，仍有相当人口处于饥饿状态。要全面解决世界粮食问题，需要世界各国的长期努力。

联合国粮农组织《2015 年世界粮食不安全状况》指出，全球约有 7.93 亿人遭受食物不足的困扰，比十年前减少 1.67 亿，比 1990—1992 年减少 2.16 亿。发展中区域虽然经历了人口快速增长，但食物不足人口数量降幅更大。其食物不足人口数量在总人口数量中所占比例已从 1990—1992 年的 23.3% 降至 12.9%。

第二次世界大战严重破坏了欧洲和亚洲的农业。为使战争破坏的农业得到恢复，联合国成立了粮食及农业组织（FAO），研究农业发展的长期战略。1974 年 11 月，联合国在罗马召开了具有重要历史意义的世界粮食会议，发表了《消除饥饿及营养不良的世界宣言》，将免受饥饿和营养不良作为人类“不容剥夺的权利”。1976 年，还筹建了国际农业发展基金（IFAD）。发展中国家的粮食生产进入新阶段。

现代社会的粮食供给，直接影响着国家和地区的政治稳定与经济发展，甚至影响着全球局势。因此，大国之间针对粮食安全和消除贫困问题的合作日趋紧密。

为什么当今世界上遭受食物不足困扰的人口在持续减少？世界各国还应该为消除饥饿做哪些努力？

食品储备技术的进步

在传统社会里，除了一定程度的冷藏之外，人类一直使用盐腌、干燥和熏制等方法来保存食材，但这些方法都会影响食物风味，且未能保存食物中的大部分养分。17 世纪以后，科学家对食物腐烂分解过程产生兴趣，并进而研究预防这种情形发生的方法，试图找出更好的食物保存方式。法国人阿佩尔最先发明了食品的罐装技术。

1795 年，为了改善士兵与水手在战争期间的伙食，法国政府提供奖赏，鼓励研发保存食物的新方法。厨师尼可拉斯·阿佩尔通过试验发现，将食物储存在密封的香槟酒瓶内并通过沸水蒸煮可以防腐。后来，阿佩尔发明用锡罐来储存食物，并在巴黎附近建立了世界上第一个罐头食品厂。罐装食品技术很快被推广，阿佩尔称其为“Conserve”，传入中国时，根据发音和外形译为“罐头”。

罐头食品储藏技术的发明，使食品得以保存较长时间，且延长了保质期，为食品行业的发展做出了重要贡献。经过两百多年的发展，食品罐装容器从开始使用玻璃瓶罐、手工金属罐，到使用铝合金为材料的易拉罐，乃至纸质复合材料和蒸煮袋，越来越趋于新颖、多样、实用。

20 世纪，食品加工贮藏进入工厂化发展阶段。随着化学与生物技术的发展，食物的贮藏与储备方法也日趋多元化。当代，人们综合运用低温处理、高温处理、物理浓缩、化学防腐及辐射保藏等多种方法来防腐保鲜，大大提升了食品贮存的效率和质量。

一个典型的例子是种子银行。全世界大约有 1400 所种子银行，但其中许多要么容易受到战争或天灾波及，要么缺乏可靠的资金来源。比较成功的例子是斯瓦尔巴德的全球种子库。挪威政府为应对重大自然灾害或其他突发事件，在联合国粮农组织支持下在临近北极的北冰洋斯瓦尔巴群岛建造了一个深入山体的“全球种子保险库”。该种子库的总容量超过数十亿颗，不仅有钢门和密码锁严密把关，而且通过视频传输线路接受监控，还由架设在建筑物四周的运动探测器保护。它担负着保存人类“文明之种”的使命，是人类最大的宝藏。

现代食品储备技术的进步有什么意义？

关系民生的食品安全

近代以来，农业生产力的发展使人类以前所未有的速度和规模生产、贮藏和加工食物，解决了大量人口的粮食需求，但同时也带来了一系列生态和环境问题。

一方面，生产生活环境中化学毒素、生物毒素的增加，对食品的安全生产构成威胁；另一方面，食物生产的工业化以及包装、贮藏技术的进步，在给人类带来便利的同时，却使追溯食品的生产、加工过程变得愈加困难，而食品添加剂和防腐剂的滥用行为也亟待整治。

1987—1999 年，最早发生并流行于英国的疯牛病，致使 17 万余头动物被传染，有 30 多个国家和地区受到影响，造成了巨大的经济损失和严重的社会恐慌。1999 年，比利时、荷兰、法国、德国等国又相继发生了由二噁英导致的畜禽类产品及乳制品污染事件，造成的经济损失达 13 亿欧元，还致使执政长达 40 年之久的比利时社会党政府内阁垮台。

因此，当食品安全日益成为备受关注的社会问题时，政府的监管就应更加严格和规范。

随着科学技术的突飞猛进，当代农业日益向标准化、精准化、信息化和可持续化方向发展，各国在提高农产品产量和品质的同时，不断减少污染、保护生物多样性，努力推动人类迈向健康的美好未来。

想一想已经发生过的食品安全事件对我们有怎样的警示。

第二章
生产工具的改进与劳作方式的进步

导读

在古代社会，随着劳动经验的逐渐积累，人类使用的生产工具不断改进。与此同时，人类也学会利用各种自然力来驱动不同的生产工具，以提高生产效率。随着生产力的提高，人们的劳作方式也发生相应改变。进入工业社会以后，人类的生产工具发生重大变革，规模化的大机器生产随之出现，由此形成的工厂制度深刻改变了人们的劳作方式与生活方式。尤其是当科学技术飞速发展、智能技术被广泛应用后，现代人的劳作方式与生活方式更是出现了前所未有的变化。

一、古代的生产工具与劳作方式

古代社会，犁和水车是人类最重要的农业生产工具，窑炉和纺车是人类最重要的手工业生产工具。随着人类劳动经验的日益丰富和生产工具的不断进步，社会生产力逐步提高，进而引起人们的劳作方式发生变化。

犁与水车

在古代社会，农业和手工业是最重要的社会生产部门。在农业生产中，影响农业生产力的主要工具莫过于耕地所需的农具，以及灌溉所需的水利器具。

犁作为农耕作业中的核心工具，可以完成起土、翻土、疏松土壤的耕种过程，为播种做准备。犁与牵引畜力配合使用后，促使个体农业经营取代了原来的大规模奴隶劳动。因此，犁是衡量古代社会农业发展水平的一个重要标志。

约公元前2000年以前，埃及第十一王朝已普遍使用装有把手的犁。约公元前2500年至前1500年，印度开始使用装有燧石犁头的犁和木犁，并开始将水牛和牦牛作为耕畜。公元前11世纪至前8世纪，埃及、印度、希腊等国的木犁渐次安装上了铁犁铧，进入了铁犁时代。

埃及伊泰特墓壁画上的犁地图

在中国，犁由“耒”“耜”发展而来。春秋战国时期，铁犁牛耕已经形成。汉代，牛耕逐渐普及。唐代出现了曲辕犁，它可以根据实际需要，调节耕土的深浅，这样就使得犁的结构更为完备。

“耒”的基本形态是一根适于手握的木棒，将木棒的一端或两端制成尖状，木棒可以略有弯曲，以便施力。而“耜”由片状刮削器或砍砸器演化而来，端头较宽。曲柄耒与耜结合后，加以辅助部件，便成为犁的雏形。

江苏睢宁双沟汉画像石中的犁

中国犁，尤其是曲辕犁结构良好、各部分比例恰当，且最先采用了曲形犁壁，可以将土块翻得恰到好处。它传到欧洲后，曾被仿制。8世纪之后，欧洲犁又出现了前轮，有别于东方传统犁的形态。

清朝耕织图中的曲辕犁

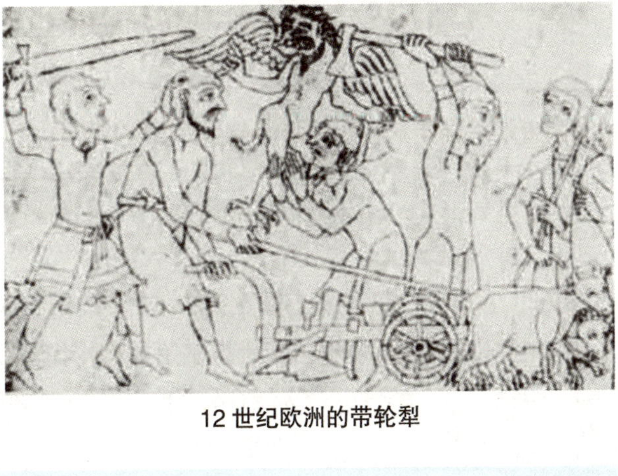

12 世纪欧洲的带轮犁

用牛拉犁的意义就在于，人类首次能利用自身体力以外的力量来做动力了。在这个意义上可以说，犁是蒸汽机、内燃机、电动机和核反应堆的先驱。

——[美]斯塔夫里阿诺斯：《全球通史：从史前史到 21 世纪》，51 页，北京，北京大学出版社，2005。

除犁之外，对于农业生产发展而言，灌溉和排水工具也同样重要。在中国，约出现于东汉时期的龙骨水车（也称“翻车”），可以把水从低处提到高处，而且是最初的带式传运器。公元前254年，希腊人已使用带气室的活塞水泵。公元前3世纪，阿基米德的水螺杆（螺旋汲水器）开始在尼罗河三角洲用于灌溉。这种螺旋汲水器的核心技术于明末传入中国，被徐光启称为“龙尾车”。

中国的龙骨水车

16世纪，欧洲最早的方形板叶链式抽水机直接模仿了中国龙骨水车的设计。17世纪末，英国海军仿制了中国的龙骨水车，用以排除船舱污水。荷兰人范布拉姆·霍克吉斯特将龙骨水车介绍到美国。1938年，古典式的龙骨水车再次由中国传入美国，用于从犹他州的大盐湖中抽出可结晶的盐水。

铁犁的发明与使用对古代人类农业生产有怎样的作用？

窑炉和纺车

远古时代，生产工具往往是通过打、揉、磨、钻等物理手段制造，而这种方式对天然物的形状、质地改造非常有限。当燃烧这一化学手段在工具生产中运用后，人类能更容易地改变陶土、金属等原料的性状，制造符合需要的各类器具，并使批量生产成为可能。

在窑炉出现之前，人们通过露天堆烧的方式生产粗糙的陶器。这种办法升温太快，烧制不均匀，也缺乏冷却阶段对陶坯的保护。有了窑炉以后，不仅烧制温度可以大大提高，而且在火膛和窑室的保护下，外部环境对气流的影响被弱化，火势可以更加平稳，燃料利用率也大为提高。

中国、缅甸、印度等地均存在原始烧窑技术。其中，中国云南地区的“一次性泥制薄壳窑”是在地面挖一个浅坑，坑底铺上牛粪，堆上土陶坯，在陶坯的四周堆满牛粪饼、稻草、椰子壳、木材等燃料，最外表敷以黏土，形成一个馒头状的窑。在窑顶，还留出几个烟孔。窑下有焚烧口和通风口。可以说，这种“一次性泥制薄壳窑”较露天堆烧有了很大的进步，已经具备了窑炉的雏形。

人类冶金业的发展直接与冶炼设备及其炉温供给水平有关。铜合金比纯铜的熔点低，而且液态流动性比纯铜液好，硬度、强度和耐磨性也好。于是，古代冶金家将铜矿石与锡矿石进行混合冶炼，生产出了青铜器，人类物质文化史从此进入了一个新时期。铁的熔点比铜高，因此，矿石炼铁的实现依赖于炼炉的逐步改善。由于自然界中铁矿石比铜、锡矿石丰富，铁器又比青铜器更有韧性，因而铁器的冶炼和使用使人类文明进入更高阶段。

自古以来，除了裘革类制品外，几乎所有的衣料都是纺织品。纺织的出现，是人类脱离原始时代、进入文明社会的标志之一。纺织工具曾经历漫长的手工机器纺织发展阶段。从缫车到纺车，以及脚踏织机，劳动生产率比原始手工大幅度提高，生产者也逐渐职业化，这为动力机器纺织及工业时代的到来奠定了技术基础。

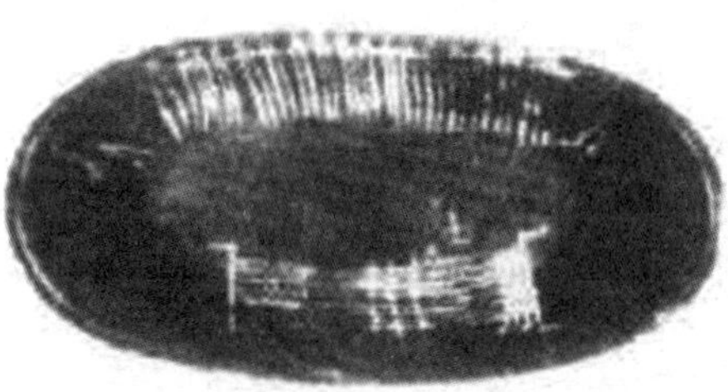

埃及陶碟上的地织机

秘鲁陶碗上的原始腰机

中国古代的水转大纺车包括三个部分：原动机、传动机构和工作机。原动机部分为水轮；传动机构由锭子和纱框组成，用来完成加捻和卷绕纱条的工作；工作机即加捻卷绕机构，由车架、锭子、导纱棒和纱框等构成；工作机与原动机之间的传动则由导轮与皮弦等组成。

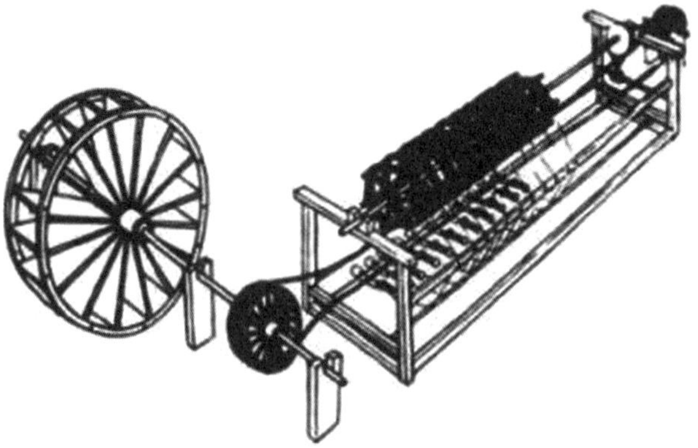

中国元代水转大纺车复原图

欧洲中世纪晚期，出现了手摇纺车。大约 14 世纪，欧洲纺机已应用水力作为动力。

中国水转大纺车的工作机已达到极高的工艺技术水平，即使用18世纪后期英国工业革命时代纺纱机器中的工作机作为尺度来衡量，也是如此。以著名的珍妮纺纱机为例，它最初仅拥有8个纱锭，后来才增至12～18个纱锭，而大纺车却拥有32个纱锭；珍妮纺纱机仅靠人力驱动，而大纺车却可以用水力、畜力或人力作为动力。

珍妮纺纱机

车纺工多日百斤，更凭水力捷如神，世间麻苎乡中地，好就临流置此轮。

——（元）王祯：《水转大纺车诗》

古代手工业工具的进步对提高人类生产生活水平有什么意义？

劳作方式的变迁

古代社会，由于生产力落后，人们在土地公社或村社制度下广泛进行劳动协作，依靠集体生产弥补低劳动生产率。随着生产力水平的提高和土地私有制的出现，家庭个体劳作方式逐渐兴起。

古埃及的劳作场景

当时，人类劳作的时间受地域和时令限制，劳作与休闲的时间具有明显的季节性。春种、秋收等农忙季节从事农业劳动，冬季休耕，或从事工程、军事工作。

中国从春秋战国开始，集体生产渐次向个体生产过渡。西周是“千耦其耘”“十千维耦”的大规模集体耕作制；春秋变为“二十五家为一社”的小规模集体耕作制；战国则演成“百亩之田，匹夫耕之，八口之家，可以无饥”的家庭耕作制；秦汉以后，则以“一夫挟五口，治田百亩”的小家庭耕作制为主，“男子力耕”“女子纺绩”，即男耕女织。

欧洲农民的劳动依月份和季节而行。中世纪的耕作包括播种、收获、修剪果枝、剪羊毛、脱粒、榨葡萄汁、照顾牲畜等。中世纪的农民在农忙时节，如收获期，除每星期为地主正常劳役之外，还要负担特殊义务，要替地主修理采邑中的房屋、外屋和围墙等。

农民劳动图（1460 年的法国日历）

古代劳作方式有什么特点？制约其发展的原因有哪些？

二、近代以来的大机器生产与劳作方式

工业革命后出现的规模化大机器生产，造成了资本和技术的高度集中。这不仅改变了社会资源的配置方式，也改变了人们的劳作方式与生活方式。随着智能技术的出现和广泛应用，人类的劳作方式、生活方式与之前相比，不断发生新的变革。

大机器生产与工厂制度

18 世纪，以英国为先驱，在手工纺织机器工作机件一系列改进的基础上，蒸汽动力的使用实现了机械化。同时，工作机、原动机、传动机向大型化发展。蒸汽机动力的使用，解决了金属部件的切削、锻压、起重等动力问题。金属切削机床的出现，开启了机械零件标准化生产

进程。机器制造业的迅猛发展，为钢铁等行业提供了大量的市场需求。人类由此进入了大机器生产时代。

工业设备的规模与成本的扩大，一方面要求生产规模急剧扩大，另一方面要求技术和资本集中。家庭手工业生产逐步被集中性的大规模工厂生产代替。在生产中，技术人员和管理人员的专业化成为普遍趋势。

阿克赖特是近代大工业的第一个企业家。他的克罗姆福德工厂坐落在德温特河岸。工厂采用了水力纺纱机，提高了产品质量，比最熟练的纺纱工人用手纺车纺出的纱还要结实、耐用。到1779年，该厂已有几千个锭子并雇佣300多个工人。

工厂主虽然不是发明家，但他具有区别于工程师和商人的特点：他既是企业的发起人，也是生产的组织者和人力资源领导者，代表一个社会阶级和一种经济制度。

就拿纺纱厂做例子罢。棉花至少要经过六道连续工序才会成为棉纱，并且这些工序大部分是在不同的车间进行的。其次，为了使机器不断运转，就需要工程师照管蒸汽机，需要技师进行日常检修，需要许多工人把生产品由一个车间搬到另一个车间等等。所有这些劳动者——男人、女人和儿童——都被迫按照那根本不管什么个人自治的蒸汽机权威决定的时间开始和停止工作。

——恩格斯：《论权威》，见《马克思恩格斯全集》第十八卷，342页，北京，人民出版社，1964。

大机器生产和工厂制度的出现，不仅促进了社会生产分工，而且使社会经济形式从自然经济演变为商品经济。

大机器生产和工厂制度有怎样的联系？工厂制度有哪些特点？

劳作方式与生活方式的改变

随着工业革命的推进，工作与家庭分离开来，人类逐渐由农业社会向工业社会过渡。相对于农村，城市不断发展壮大，工厂的劳作方式开始占据主导地位，工人和雇主之间的关系发生了变化。由此，人类改变了依赖自然界的节奏进行生产生活的状况，工人被迫适应新的工作纪律，在严密的监督下按照有规律的工时和标准化的程序来工作。同时，劳作方式全面突破了自然生产力的限制，进入了人体体能生产的时代。

1851 年，在英国纺织工厂里工作的妇女

当然，工业化时代的劳作方式也给人类带来了一定的负面影响。社会生产的深度分工和对自然生产力的不断超越，将工人们安排在生产线的某一环节上，进行高强度、专业化、标准化、程序化的操作，易造成劳动者劳动负荷超标、工作独立性和成就感下降，损害其身心健康。

在机器旁工作，对于隶属于机器的人来说形成了“异化”。并不是机器本身使他们异化，机器使他们的工作烦恼和乏味，如工人必须接受强加给他们的条件，必须服从全面的工作计划，必须一次又一次地做重复劳动，他们不懂它们对技术和整个社会生产过程的意义。这种工作剥夺他们那种属于种田或经商所有的自由……工作本身是单调的，因为产品是机器而不是由操作机器的工作制造的。

——［意］卡洛·M·奇波拉主编：《欧洲经济史》第三卷，346 页，北京，商务印书馆，1989。

机器大工业不仅生产出可供世界市场消费的工业品，而且产生了世界市场所需要的交通和通讯工具。蒸汽船、火车的速度和力量象征着新的时代精神，“开动蒸汽”“铁路速度”扫除了中世纪的悠闲懈怠的贵族习气，代之而起的是紧张、忙碌的新鲜气息；社会分工的深化，也使人们的社会活动能力全面提升；技术不断改变人类的生活，使大众的消费文化发展起来。两三百年间，人类的物质和文化生活发生了远甚于古代的巨大变化。

18世纪人类的生活方式与古代埃及人和美索不达米亚人相比，并没有什么本质区别。人们使用同样的材料建造房屋，同样的牲畜运人运物，同样的帆和桨驱动船只，同样的纺织材料缝制衣服，同样的蜡烛和火炬照明。但是今天，金属和塑料制品补充了石材和木材；铁路、汽车和飞机取代了牛马和骡子；蒸汽、柴油、核动力船只取代了风力和人力；多种合成纤维与传统的棉布、羊毛和亚麻竞争；电力取代了蜡烛，成为只需按动开关就源源不断的能源。

——［美］斯塔夫里阿诺斯：《全球通史：从史前史到21世纪》，477页，北京，北京大学出版社，2005。

伦敦第一辆电车通车

随着生产力的发展，工业生产对市场的依赖程度日渐加深，对消费者的需求日益关注。在物质产品愈益丰富、廉价的趋势下，工人的生产生活条件逐渐得到改善，人们开始能支付少量的享乐费用，出现了大众化休闲消费，第三产业兴起。在这一变化与技术进步的共同作用下，社会就业量大幅度增加。

1850 年以后的西方社会，与工业化最初几十年的西方社会有了很大差别。更高的工资和工作时间的减少使普通人有了新的机会。工人阶级的旁边成长起了一个由秘书、职员、推销员等构成的庞大的白领劳动大军，他们为不断膨胀的大企业和国家机构中的官僚体系提供服务。

——［美］皮特 · N. 斯特恩斯等：《全球文明史》下册，656 页，北京，中华书局，2006。

劳作方式的改变对人们的生活方式产生了哪些影响？

电话的发明为女性开创了新的就业机会

智能技术与生产生活

20 世纪中叶以来，随着信息技术的发展和推广，程序自动化和机器操作自动化发展起来。新的技术大范围地改造了传统产业，大大解放了人的脑力，使生产效率成倍乃至几十倍地提高，劳动生产方式发生了质变。

早期的电子计算机主要应用于科研和军事部门。后来，人们开始研究，如何用现有的计算机模拟大脑的某些智力活动。于是，人工智能作为计算机科学的一个分支而出现，计算机开始被用于处理人的智慧才能完成的工作。

随着智能技术逐步向社会经济各部门推广，一系列新的产业得以产生，社会就业结构也发生了相应的变化。自控的机器取代了大量劳动力，使传统产业工人减少，从事创造性劳动的工作者大量增加，同时，也对劳动者的专业素质和应变能力提出了新要求。进入 21 世纪，计算机技术不仅成为发达工业社会的命脉，加速了其信息业务的发展，而且已全面融入人类日常生活，使整个世界加速“数字化”。

2008 年，国际商业机器公司（IBM）首席执行官彭明盛首次提出“智慧地球”（smart earth）的概念，它的主要内容是把新一代的信息技术充分运用到各行各业，即把传感器装备到人类生活的各种物体之中，并且连接起来，形成物联网。这一理念使人类能以更加精细和动态的方式管理生产和生活，通过各种传感信号，使计算机网络与物理世界融为一体。

过去技术革命的实质在于用机器代替人手的功能。可是，工人在操纵劳动工具和机床时，他的脑子还继续执行一系列简单的、纯执行性质的脑力职能……如果说在十八世纪末的技术革命时人手的某些职能转移到机器上去，那么在现代科学技术革命中，人脑摆脱了一部分工作，把人脑的某些职能转交给包括电子计算机在内的自动化机械系统。以前技术革命的实质在于用机器代替人手的职能，而现在科学技术革命与它则有根本性的差别，其实质在于用自动化机器代替人脑的某些职能。

——于东林：《新技术革命与经济科学》，43 页，沈阳，辽宁人民出版社，1986。

智能技术与大机器生产、工厂制度在改变人们的劳作方式及生活方式上有什么不同？你对未来智能技术的发展有怎样的看法？

第三章
商业贸易的发展与日常生活

导读

商业贸易是人类社会的重要组成部分。东西方的早期商业贸易，既有相近之处，又存在差异。中世纪时，东西方都形成了大型的商业城市。古代的贸易通道为区域间的商贸往来架起了桥梁。

货币、信贷、商业契约是商业贸易的主要媒介。金属货币的出现促进了商业的发展。信贷行业的形成使商贸活动更为便利。商业契约保证了商贸活动的规范有序。

新航路开辟以后，世界市场逐步形成，商品开始在世界范围内流动。20世纪以来，贸易自由化和金融一体化成为世界经济的潮流。如何互利共赢、共抗风险，是各国必须面对的新课题。

一、商业贸易的起源、活动和通道

商业贸易的起源很早，其发展经过了一个漫长的过程。在不同的历史时期，不同国家和地区的商业活动各具特点。商贸通道的开辟，将不同地区的贸易活动联结起来。

日中为市与市政广场

原始社会末期，随着社会生产力的发展，剩余产品以及对不同产品的需求开始出现，由此产生了直接的物物交换。简单偶然的物物交换逐渐发展为经常的物物交换。随着社会生产力的进一步发展，专门从事商品交换的商人群体形成。商业产生了。

中国的春秋战国时期，由于生产力水平的提升，原材料采购和产品出售需求的增加，城市中出现了专门用于商品交换的场所——“市”。文献中出现了“日中为市，致天下之民，聚天下之货，交易而退，各得其所”的记载，表明商业交换已经有了固定的时间和场所。

几乎在同一时期，古希腊也出现了具有商品交易功能的场所，即市政广场。随着城邦政治经济的发展，作为城邦内集会场所的市政广场，一定程度上增加了贸易的功能。市政广场是包含市政厅、议事厅、法院、神庙的公共活动场所，也是城邦经济、政治生活的中心。普通市民在这里闲逛、交谈，买卖商品。以雅典为例，市政广场定期开市，每月公民大会召开的日子，就是居民交易的日子。市政广场内部除了设有固定摊位的集市外，还有很多常年经营的手工业作坊和店铺。

公元前4世纪的士人尤勃勒斯说：“在雅典，你可以在同一个地点买到一切：无花果、一串串的葡萄、萝卜、梨子、苹果、传唤的证据、提供证据的人、玫瑰、粥、蜜蜂窝、鹰咀豆、诉讼状、占卜器、蝴蝶花、油灯、滴漏、法律、起诉书……”

——［美］刘易斯·芒福德：《城市发展史——起源、演变和前景》，161页，北京，中国建筑工业出版社，2005。

人类很早就开始了商业贸易，如何认识这一现象？古代中国和古希腊的商贸活动有什么异同？

汴京的市场与威尼斯的水城贸易

古代的商业活动主要以城市为中心或枢纽。东西方都出现了繁华的商业中心城市。在中国，以汴京为典型；在欧洲，以威尼斯为代表。

北宋的都城汴京，是当时的政治中心，居民数量达到百万以上，人们需要大量的粮食、燃料及其他日用消费品。因此，汴京的零售业、铺坊加工业、餐饮业和服务业不断发展。在汴京城内的市场上，各种时新的花果、衣着、布帛、金玉等日用品和奢侈品应有尽有。

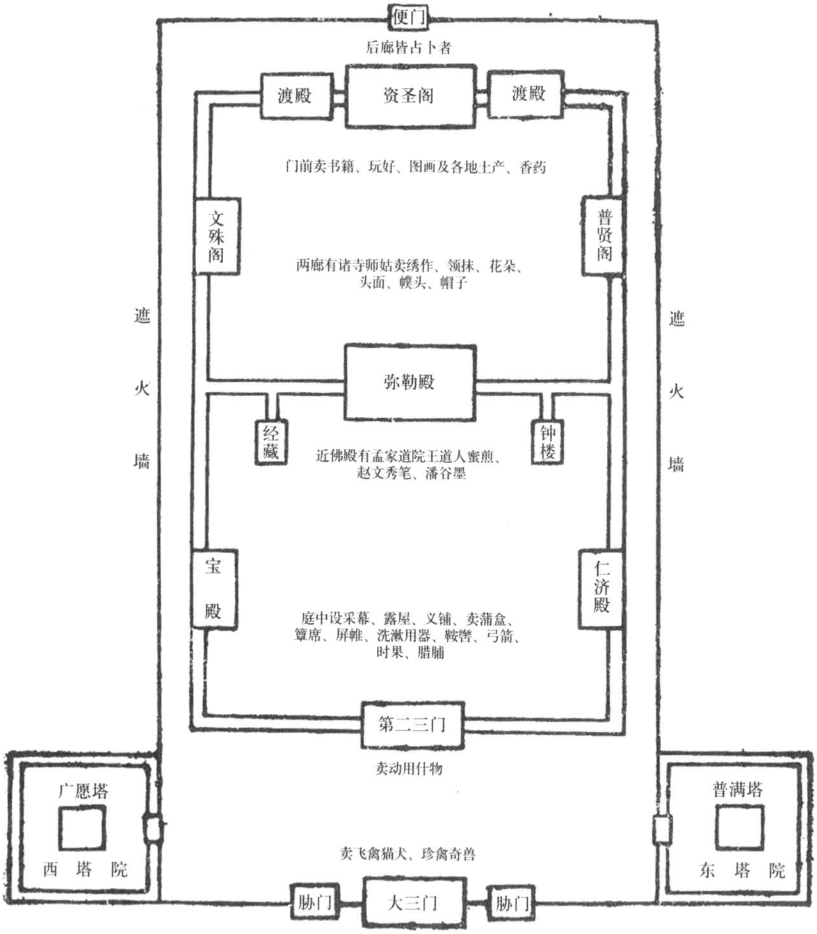

北宋汴京大相国寺主院“庙市”复原图

汴京通过水道与江淮地区、东南沿海和四川地区发生联系，又通过陆路与北方地区连接。因此，汴京成为当时水陆货物的主要集散地。南方运来的稻米、金银、珠玉，以及北方运来的麦面以及域外的货品在此汇聚，既满足了本地人的日常需要，又经由这一中心集散地输送各地。

北宋时期，汴京城内沿街设店比较普遍，形成了很多繁华的商业区。城门附近的城关区域，人口流动频繁，出现了热闹的交易场所。汴京城内“夜市”密集，各种店铺营业时间通宵达旦，经营方式灵活多样。

> 直抵正系旧封丘门。两行金紫医官药铺。如杜金钩家、曹家独胜元、山水李家口齿咽喉药……其余香药铺席，官员宅舍，不欲遍记。
>
> 夜市直至三更尽，才五更又复开张。如要闹去处，通晓不绝。
>
> ——（宋）孟元老：《东京梦华录》

由于商业的发达，汴京内的各种商业店铺，结成了商业行会。商业行会发挥着规范本行业内部经营的职能，主要包括：统一商品价格、避免无序竞争、保护行内从业者的权益。此外，行会还承担着分派、协调官府差役的功能。商业行会的存在，一定程度上保证了汴京商业贸易的有序进行。

威尼斯始建于5世纪，是意大利东北部一个港口城市。它建在上百个冲击小岛上，由约170条水道和400座桥梁连成一体。城中大部分建筑物临河濒海，舟船便捷，远胜车马，形成了独特的水城景观。

9—10世纪，威尼斯是意大利北部的商业中心之一，10世纪末发展为地中海地区显赫的城邦国家。14—15世纪，威尼斯拥有20万人口、近2万名水手和3000艘商船，是地中海上不可忽视的力量。

威尼斯地处东西方交通的枢纽，从东西方的商贸交易中获得了财富。威尼斯商人活跃于地中海和中东地区，将东方的丝绸、香料、珠宝等贵重商品转运至西欧各地。威尼斯社会上有一股崇尚商业的风气。威尼斯人以经商为荣，平民、贵族都投身于商业。

结合汴京和威尼斯两座有代表性的商业城市的发展过程，思考10世纪前后的中国和地中海地区的商贸活动各自有什么特点。

“丝绸之路”与地中海贸易圈

沟通大洲的远距离贸易通道是人类商贸活动的重要组成部分。

中国古代连接外部世界的贸易通道，被称为“丝绸之路”。“丝绸之路”分为陆上和海上丝绸之路。

陆上“丝绸之路”包括三条：最重要的一条是公元前2世纪西汉的张骞出使西域后打通的陆上欧亚交通线路，即“绿洲丝绸之路”。至8

世纪中叶，它一直是古代中国与外部世界交流的最主要通道。另外两条早在张骞以前分别连接中国与欧洲地中海地区、印度的“草原丝绸之路”和“西南丝绸之路”。这三条“丝绸之路”共同构成了“陆上丝绸之路”。秦汉时期，“海上丝绸之路”形成。在长期的演化中，海上丝绸之路分为南北两段。北段连接中国与古代朝鲜、日本；南段穿过印度洋，抵达东非和欧洲。8 世纪中叶以后，“绿洲丝绸”之路逐渐衰落，伴随着中国古代经济重心的南移，“海上丝绸之路”的南段日渐兴盛。

通过陆上、海上丝绸之路，中亚的石榴、葡萄、核桃、芝麻、苜蓿等传到中国，中国的丝绸、瓷器、茶叶、药材、书籍等纷纷传入外国。文化交流也通过“丝绸之路”得到加深和扩大。

古代西方的贸易通道以地中海贸易圈为典型代表。公元前 11 世纪至公元前 8 世纪后期，腓尼基的商人逐步在地中海中的岛屿及其沿岸建立起商业据点和殖民地，由此控制了地中海海上贸易的大部分。自那以后，希腊人也开始建立商业据点，形成商路，和腓尼基人展开竞争。

到了罗马帝国时期，统一的国家、辽阔的疆域使地中海成了帝国的内湖，地中海地区结成了更为紧密的整体。和平保障了商人的旅途安全，从而促进了一定规模的经济共同体发展。稳定、通用的货币和完备的交通体系有助于地中海贸易圈的繁荣。

在早期罗马帝国的经济生活中，商业成为仅次于农业的重要部门。大一统的国家致力于促进商业发展：海上贸易受到海军的保护，畅通的交通道路随之建立，国家不再干涉私人的商业活动，高卢、西班牙和多瑙河流域各省开辟了新的安全的市场，原来动荡的地区也逐渐安定下来。

罗马帝国各个行省之间的贸易，是国家经济中非常重要的组成部分。沿地中海各个地区及罗马帝国腹地，是不同原材料和产品的生产地。由于陆上运输耗费巨大，它们依赖廉价的海上运输连接，以满足罗马居民的需要。人们通过路上短途运输，将货物运到最近的河边或海岸集镇，然后通过水运或海运，将货物运走。地中海贸易是罗马帝国内部资源再分配的主要途径。可以看到，意大利的红釉陶器、西西里的谷物、橄榄，小亚细亚的木材，埃及的亚麻料衣服、苇纸，西班牙、高卢和多瑙河流域的金属，周流于地中海沿岸城市。

古代人类进行贸易活动的通道有哪些类型？其形成原因是什么？

二、日常生活中的货币、信贷与商业契约

货币、信贷与商业契约都有着悠久的历史。它们的出现和形态演变是人类经济生活自然发展的结果。家庭收支与商业往来都离不开货币，信贷与契约也逐渐成为维持商业运转的重要因素，并渗透到人们的日常生活中。

货币与人们的生活

货币是人类经济生活自然发展的结果，是随着交换的发展而产生的。货币的发展经历了商品货币、金属货币和信用货币三个阶段。人类经济活动先由自给自足发展到物物交换，然后过渡到间接交换的商品货币，即人们选择一种或几种能够共同接受的物品来充当交换媒介。中国最早的商品货币主要是贝，其次为布帛、农具等。在世界历史上，很多地区曾以牲畜为交换媒介。例如，在古代波斯、希腊、意大利等地，都有用牛、羊作为货币的记载。《荷马史诗》中，经常用牛来衡量物品的价值。

目光炯炯的雅典娜降临在他们中间，带着那面永恒不败的埃吉斯。埃吉斯的周围飞舞着一百条做工精致的金流苏。每条流苏都与一百头牛相等价。

——《荷马史诗》第二卷

而克罗诺斯之子宙斯让格劳科斯失去了心智，用自己的金铠甲换来了提丢斯之子的铜铠甲，前者价值一百头牛，而后者仅值九头牛。

——《荷马史诗》第六卷

随着经济的发展，商品货币因其不易贮藏、不易分割、不易携带等缺点，无法满足日益增长的交换需要。于是，人类选择可以克服上述缺点的金属来充当货币。公元前 7 世纪到前 6 世纪，古罗马使用铜

块作为媒介进行交易，这就是罗马早期货币。这种铜块没有标记和规定的重量，在交易时通过称量来确定价值。

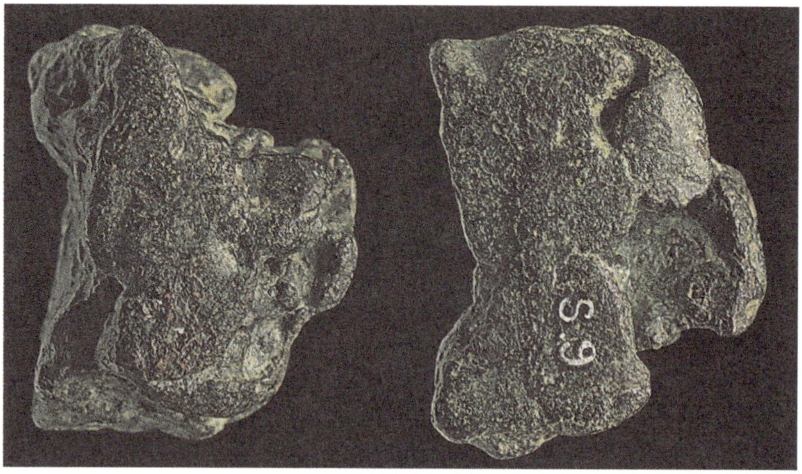

粗铜，两个不同的侧面，高 29 毫米

后来罗马发行了厚重的圆形青铜铸币——“罗马重铜”。一枚标准罗马重铜硬币为 1 阿斯，即为 1 罗马磅。大约在公元前 212 年，罗马共和国采用了德那留斯银币。与德那留斯同时流通的是阿斯青铜币。直到公元前 1 世纪，金币才成为罗马铸币体系的一部分，并逐渐成为用于交易的主要货币。

罗马重铜硬币阿斯

不同的阿斯上印有数量不等的点，每个点代表1阿斯的十二分之一，即一盎司。例如：三分之一阿斯上有四个点，意思为四盎司，或四个十二分之一阿斯：四分之一阿斯上有三个点；六分之一阿斯上有两个点；1阿斯上只有一个点。二分之一阿斯上印的不是六个点，而是“S”，代表semis，意为“一半”。

中国最早由周天子在公元前7世纪末或6世纪初发行青铜“布币”和“刀币”。当时，中国诸侯国林立。各诸侯国都有其特定形状的钱币，如齐国的刀币、赵国的布币、楚国贝币或秦国的圆形方孔形币。公元前221年，秦统一六国并将自己的圆形方孔钱推广为全国标准货币。钱币上从右到左印有“半两”二字，故又称为“半两钱”。中国钱币的形制从此确立。在铜币流通的同时，金、银也用作货币支付。汉朝在公元前118年以“五铢钱”取代“半两钱”。从此，五铢钱作为主要的钱币样式在中国流通了七百多年。621年，唐朝结束“五铢钱”制，发行“通宝钱”，形成了新的钱币体制。

农工商交易之路通，而龟贝金钱刀布之币兴焉。所从来久远，自高辛氏之前尚矣，靡得而记云。

——《史记·平准书》

随着经济越来越发达，交易活动日益频繁，金属货币也无法满足社会经济生活的需求，面值超过货币材料本身价值的信用货币应运而生。信用货币是以发行者的信用为基础发行的货币。我们生活中常见的人民币便是由政府发行的信用货币。1948年，由华北银行、北海银行和西北农民银行合并成立的“中国人民银行”开始发行中国人民银行券，即“人民币”。

由于中国人民银行是全国的发行中心，各项人民币的收支活动都以人民银行为起点和终点，通过各种社会、经济活动所形成的渠道进入市场流通，从而发挥货币的职能。人民币投放的渠道有：1. 工资投放。国营企业和事业(包括合资企事业等)、机关、学校、部队、团体、集体经济组织等单位向银行提取现金，支付职工工资、奖金津贴和各项劳务支出。2. 收购投放。商业、外贸、供销合作社及某些单位收购农副产品，手工业品、工矿产品、废旧物资及收兑金银等的支出。3. 各单位的管理费用。4. 财政信用投放，发放农业贷款和救济款、提取储蓄存款等。

——千家驹、郭彦岗：《中国货币史纲要》，244页，上海，上海人民出版社，1986。

人类的经济生活中为什么需要货币？当今世界上有影响力的货币主要有几种？

信贷的出现及演变

信贷是一个很古老的经济范畴。信贷关系存在的基础是私有财产的出现。根据历史记载，信贷存在实物借贷和货币借贷两种形式。随着商品货币关系的发展，货币日益成为借贷的主要对象，说明货币、信贷二者的联系日益增强。

在中国，早在战国时期就存在放款取息的现象。古代借贷基本上都是信用放贷，没有抵押。仅凭债务人出一张券契，债权人和债务人各执一半，到期合券还款。在唐朝以前，中国人对闲置资金选择窖藏或托管，没有加以利用，不属于信用业务。唐初国家稳定、经济发展，金融市场诞生，放款、存款、汇兑业务随之产生。“飞钱”就是唐朝的汇兑。当时的人们凭借纸券取钱而不必远途运输，钱能无翅而飞，故称为“飞钱”。飞钱也叫“便换”。

齐人有冯谖者，贫乏不能自存，使人属孟尝君，愿寄食门下。……后孟尝君出记，问门下诸客：“谁习计会，能为文收责于薛者乎？”冯谖署曰：“能。”……于是约车治装，载券契而行，辞曰：“责毕收，以何市而反？”孟尝君曰：“视吾家所寡有者。”驱而之薛，使吏召诸民当偿者，悉来合券。券徧合，起，矫命以责赐诸民，因烧其券，民称万岁。

——（西汉）刘向：《战国策·齐策》

（宪宗）时，商贾至京师，委钱诸道进奏院及诸军诸使富家，以轻装趋四方，合券乃取之，号飞钱。

——《新唐书·食货志》

在古代西方，随着商品货币关系的推进，出现了货币兑换商和银钱业。它们的主要职能是：鉴定和兑换各国之间，或一国之中，成色各异的铸币和货币金属块；接受委托而保管货币，并收取保管费；允许长途商旅凭汇兑文书于异地取款的汇兑功能。

后来因贸易发达，交易的数额增加，较大的信用机构出现了。他们不但替商人估定并兑换钱币，而且向其提供存款业务，在收到各种钱币后，折算为标准货币，记录在账。商人可利用这些账面货币清算债务，由此免除币种不同带来的不便。随着兑换、保管和汇兑业务的发展，银钱业主手中聚集了大量的货币，于是逐渐发展出了贷款业务。当银钱业主不仅开展贷款业务，还通过提供服务和支付利息来吸收存款时，古代银钱业就开始向现代银行业进化了。

在雅典与希腊各邦以及东方国家之间的贸易中，由于使用的货币不同，商品交易存在着种种困难。于是，希腊历史上最早的货币兑换商应运而生。在雅典和比雷埃夫斯的市场上，这些货币兑换商被称为“坐在桌边的人”（trapezitai），专门经营与钱币有关的业务，在按照一定的比例进行本邦与外邦的钱币兑换业务的同时，也兼营一些钱贷业务，他们被认为是历史上最早的银行家和金融家。

——易宁、祝宏俊、王大庆等：《古代希腊文明》，212页，北京，北京师范大学出版社，2014。

现代的银行是在资本主义生产关系发展之后产生的。1580年，在意大利建立的威尼斯银行是世界上首先用“银行”命名的信用机构。在西方国家的银行体系不断发展的时候，中国信用领域发挥主要作用的，仍然是旧式的票号和钱庄。中国出现的第一家新式银行，是1845年由英国人开设的丽如银行。

1694年，在英国政府支持下，出现了最早的股份银行——由私人创办的英格兰银行，这标志着现代银行制度的建立。到了18世纪末、19世纪初，资本主义国家不断涌现出规模巨大的股份银行。

19世纪末，各帝国主义列强的银行，先后来华设立分支机构。外国资本在华贸易的发展，推动了中国自身现代银行业的产生和发展。与此同时，在挽回利权运动的刺激下，国民兴办银行的热情日益高涨，清政府也基于财政需要而支持银行建设。1897年，中国自办的第一家银行——中国通商银行成立。中国现代银行事业由此拉开了序幕。

信贷的出现需要什么条件？现代银行业的出现与发展说明了什么？

商业契约与社会生活

契约关系产生于人们的经济生活中，特别是在物物交换或买卖交易中。在中国古代，文字产生之前，就已经有了以口头声明为主的契约形式。买卖契约伴随着买卖行为出现，是一种对人们的买卖行为或关系进行约束的文字记录。早在商周时代，我国就已出现买卖契约的雏形，称为“质剂”“傅别”或“傅辩”。

云“质剂，谓两书一札，同而别之，长曰质，短曰剂”者。案《地官·质人》云：“大市曰质，小市曰剂”，郑注：“大市，人民马牛之属，用长券；小市，兵器珍异之物，用短券。”言两书一札，同而别之者，谓前后作二券，中央破之，两家各得其一，背无手书字，异于傅别，故郑云：“傅别、质剂，皆今之券书也。”

——（汉）郑玄注，（唐）贾公彦疏：《周礼注疏》卷三。

买卖契约出现之后，经历了长时段的发展，从形式到内容都有很大变化。契约的形式，自魏晋以后，由原来的简牍文契变成了纸质券契，唐代出现了私契与公券的区分，南宋时发展为由诸州官府掌控。契文的内容，根据买卖双方在实践中的需求，经历了由条款不完备到完备，由没有预防性词语到有多方面预防性词语的逐步完善过程。到了晚唐五代时期，买卖契约的内容较汉代已经有很大变化，买卖契约已经发展成熟。

宋朝商业进一步发展，契约的使用也相应增加。宋代史料说明，人们甚至在买卖盐、茶、稻米、荔枝等日常生活用品时都会使用契约。现存的宋代契约多出自徽州地区。徽州契约年代最久远的一份是1215年的，记录了祁门县一宗出卖山地的交易。

南宋嘉定八年（1215）祁门县吴拱卖山地契

录白附产户吴拱，祖伸户，有祖坟山一片，在义成都四保，场字号项七仁后坞贰拾柒号尚山在坟后高山，见作熟地一段，内取叁角，今将出卖与朱元兴。系拱分，并买弟扦等分，共计一半，计价钱官会陆贯省。其山地东止高尖降及三保界，西止坟后山，元买项七山长坞心为界，北降。今从卖后，一任朱元兴闻官受税，锄作，变种衫苗为业。如有外人栏占，并是拱自祇当，不及受产人之事。所有本户元买张敏中并弟扦等官印亲契，共计贰道，一并缴付朱元兴执照。其契内别有照使，供即别立领，于朱元兴名下领去。今恐人心无信，立此卖契为据。

嘉定捌年四月初一日。

吴拱（押）

今于契后批领：项七仁后坞高山山地价钱前去足讫，并无少欠。今于契后批领为照。同前年 月 日。吴拱（押）

助押契人黄德和（押）

——张传玺：《中国历代契约会编考释》上册，532～533页，北京，北京大学出版社，1995。

随着商品经济的进步，契约在人们交易过程中的使用范围越来越广，专业化程度越来越高，成为法律上认可的、规范双方行为的有效手段，交易行为因此而更加规范有序。到了元朝统治时期，契约的语言与理念已深入到中国人的日常生活之中。

在西方，契约同样具有悠久的历史。古罗马早期法律中就已存在很多条文与契约有关，反映出古代契约大致经历了以下三个阶段。

耐克逊是“契约”的最古老的形式，其拉丁文本意为“拘束”，实质上是一种财产的让与，是从最早的让与行为发展而来的。它的主要作用是使让与行为得到承认并获得重视。因此耐克逊是一种当事人双方同意的相互让与的“协议”。耐克逊后期采用了曼兮帕蓄形式。曼兮帕蓄与耐克逊作用相似，也是早期的让与行为，不过增加了买卖的意味，因而更具契约的作用。曼兮帕蓄的出现，标志着契约发展完成了第一阶段。

口头约定又称“要式口约”，是契约的早期形式，产生于《十二铜表法》以前。拉丁文原义为“约定”。“要式口约”通常以口头问答的方式达成协议，受法律保护。它的成立不需要人证、物证，其形式上也是一种口头契约，但与后来出现的更为正式的“口头契约”不同。

契约是较为成熟的一种形式，大约出现于“要式口约”被废前后，包括口头契约（与“要式口约”有直接继承关系）、文书契约、要物契约和合意契约（又称诺成契约）。

古罗马契约成熟的标志是诺成契约的出现。这种契约以双方缔约人合意为契约成立的必要条件，无须履行任何固定的形式或烦琐的手续，也无须交付标的物，分买卖、租赁、合伙、委托四类。总体看来，古罗马契约的发展过程与中国古代契约形式的演进基本对应。

罗马法上的契约可依具体保护方法的有无而分为两大类：有名契约和无名契约。有名契约包括口头契约、文书契约、要物契约和合意契约。其中要物契约分为消费借贷、使用借贷、寄托、质权契约；合意契约分为买卖、赁借贷、合伙和委托。罗马法上的无名契约包括互易、换工、行纪、和解。

——江平、米健：《罗马法基础》，325～326页，北京，中国政法大学出版社，2004。

信贷、契约的出现和发展对人类社会经济生活有怎样的意义和作用？

三、世界市场的形成与20世纪以来的贸易和金融

新航路开辟以后，整个世界联系在一起，世界市场逐步形成。商品、原材料、劳动力、资本以及技术，都通过世界市场进行配置。20世纪以来，特别是第二次世界大战以后，贸易自由化、金融一体化成为世界经济潮流，人类的贸易、金融联系更加紧密。

世界市场的形成

新航路的开辟，使欧洲国家与世界各地结成了商业网络。在此基础上，早期的世界市场开始形成。

最早支持新航路开辟的国家，是葡萄牙和西班牙，它们也因此成为最早开辟世界市场的国家。葡萄牙在亚洲占据了具有战略地位的岛屿和沿海据点，由此控制了印度洋上的商船路线。经由海路，葡萄牙将亚洲的香料运往欧洲，获得了巨大利润。西班牙则在美洲建立殖民地，大量掠夺当地的金银矿藏。西班牙还建立起生产单一作物模式的种植园，专门种植烟草、棉花、咖啡、甘蔗等，供应欧洲市场。

17—18 世纪，葡萄牙和西班牙在世界市场的地位被荷兰、法国和英国等西北欧国家取代。17 世纪上半期的荷兰拥有超过欧洲其他国家总和的商船，通过政府支持下的垄断性贸易公司，积极参与殖民掠夺。到了 18 世纪，荷兰的海外贸易活动逐渐落后于英国和法国。这一时期欧洲国家的海外竞争，主要是掠夺殖民地的竞争。英法两国在北美洲、非洲和印度展开殖民地争夺，英国最终取得胜利，建立起殖民地遍布全球的“日不落帝国”。欧洲宗主国通过野蛮的奴隶贸易，将人口从非洲转移至美洲，同时掠夺了大量的财富，为日后资本主义的发展积累了劳动力和原始资本。从此，欧洲、美洲、非洲和亚洲在贸易上的联系更加紧密，世界市场得到进一步拓展。

伴随着欧洲国家对美洲、非洲和亚洲的殖民，大量的贵金属和原材料从殖民地流入欧洲，财富发生了世界范围内的再分配。殖民还引发了大规模的奴隶贸易。欧洲殖民者从非洲劫掠奴隶，运往美洲。奴隶在生产糖、烟草、咖啡、棉花等作物的大庄园中充当劳动力。廉价劳动力进一步促进了欧洲资本主义的发展。

1729 年英国东印度公司在伦敦的总部

18 世纪 60 年代到 19 世纪中期，第一次工业革命在英国、法国、美国等欧美国家展开。伴随着生产力的极大进步，新兴的工业国需要原材料和市场，用于支持工业生产及倾销商品。它们纷纷加强了对殖民地的原材料掠夺，并将殖民地变成商品倾销的市场。位于美洲、亚洲、非洲的殖民地，也被裹挟到世界性的商品生产和交换体系中，成为世界经济的组成部分。从全世界来看，宗主国与殖民地之间的关系更多地表现为生产者与原料产地和销售市场之间的关系，商贸的规模空前扩大了。19世纪末到20世纪初，在第二次工业革命的推动下，伴随着殖民体系的全球扩张，形成了真正意义上的资本主义世界经济体系。欧洲的宗主国进一步将殖民地变成它们的资本投资场所。在资本浪潮的推动下，殖民地旧有的生产方式逐步瓦解，宗主国的生产方式在其经济体系中占据更大比重。随之而来的是殖民地更深地卷入到世界范围内的经济活动中，世界经济的联系日趋紧密，世界市场进一步发展了。

在工业革命以前，欧洲国家主要在殖民地进行直接的财富掠夺。但是工业革命以后，欧洲国家开始将新的生产方式带到殖民地，改变那里原有的经济社会结构。殖民者大量兴修铁路、港口、水利工程等基础设施，开设工厂、银行，使殖民地逐渐成为它们经济体系中的一个组成部分。

怎样理解世界市场形成以后，殖民地原有的社会经济结构发生了改变这一论断？

第二次世界大战后的资本主义世界经济体系

随着世界市场的拓展，到19世纪末、20世纪初，以欧洲为中心的全球性资本主义世界经济体系形成了。各国经济联系更加密切，相互依赖程度逐渐加深，直至第一次世界大战和1929年美国经济大萧条的爆发打断了这一进程。

第二次世界大战以后，美苏“冷战”使世界陷入两极对立的割裂状态，但资本主义世界经济体系还是有新的发展。随着欧洲普遍衰落，美国成为资本主义世界经济体系的中心。1944年7月，在美国新罕布什尔州的布雷顿森林，美国、英国、法国、苏联、中国等44个国家代表举行了联合国家货币金融会议，通过了一系列统称为《布雷顿森林协定》的文件。根据《布雷顿森林协定》，国际货币基金组织和国际复兴开发银行——世界银行于1945年成立。前者的目的在于稳定国际货币体系，后者的目的在于复兴成员国经济。

布雷顿森林体系是一种以美元为中心的国际货币金融体系，确立了美元按照35美元1盎司的官价与黄金挂钩，其他成员国货币按照可调节的固定汇率与美元挂钩的原则。美元取得了国际核心货币的地位，各国为了发展国际贸易，必须用美元作为结算与储备货币。

1947年，美国、英国、法国、中国等23个国家，在日内瓦签署了作为“布雷顿森林协定”补充的《关税与贸易总协定》。其目的就是削减商业壁垒，充分利用世界市场资源以及实现贸易自由化。《关税与贸易总协定》和其他各项协定共同构成“布雷顿森林体系”。

国际货币基金组织和世界银行的建立、关贸总协定的签署，共同标志着世界经济开始朝着金融一体化、贸易自由化方向的迈进。在此基础上，国际间的货币结算更为便捷，经贸往来更为顺畅，世界经济的发展步入了快车道。

第二次世界大战后，以美国为中心的资本主义世界经济体系的形成对世界经济的发展起了什么作用？怎样全面评价它？

世界经济的区域集团化与经济全球化趋势

20世纪70年代，“冷战”格局的松动使经济全球化的进程再度兴起。20世纪90年代以来，随着“冷战”的终结，世界经济日益呈现出统一性与多样性并行的趋势，区域集团化和经济全球化相互带动、共同推进，世界市场也向着制度化、法制化和规范化的方向发展。

一些国家和地区为了降低经济成本、扩大利润，结合成紧密的区域经贸集团。其中比较典型的是欧洲联盟、北美自由贸易区和亚洲太平洋经济合作组织。

欧洲联盟简称“欧盟”，建立于1993年，它的前身是1967年成立的欧洲共同体。欧盟不仅建成了统一的内部市场，还建立了欧洲中央银行，发行欧洲通行的货币欧元，实现了欧洲经济货币联盟。欧洲经济一体化极大地推动了欧洲的贸易和金融发展。在此基础上，欧洲联盟努力向政治领域迈进，试图将欧洲联结成一个全方位的紧密的整体。

北美洲的国家也试图通过建立贸易区的形式打破贸易壁垒，促进内部的经贸往来。1994 年，美国、加拿大和墨西哥三国成立了北美自由贸易区，成为世界上首例发达国家与发展中国家合作的区域经济一体化组织。

亚洲和环太平洋地区是世界上另一个经济体众多、经济联系活跃的地区。这一地区的国家也尝试探索经济合作的新形式。1989 年，澳大利亚等 12 国在堪培拉成立了亚洲太平洋经济合作组织，简称“亚太经合组织”。1991 年，亚太经合组织通过《汉城宣言》，确立了一系列主要目标，包括：减少区域内贸易与投资壁垒、发展开放的多边贸易体系、促进区域经济互补、推动区域发展等。中国于同年正式加入亚太经合组织，更积极地参与到区域贸易合作中。亚太经合组织经过多年的发展，已经成为世界经济中活跃的组织之一，有力地推动了各成员国和地区的经济发展。

我们重申反对各种形式保护主义的承诺。我们将把不采取新的贸易投资限制措施的承诺延长至2018年底，同时重申取消保护主义和扭曲贸易措施的承诺。我们致力于最大限度地克制使用可能符合世界贸易组织规则但具有明显保护主义效果的措施，并及时纠正这些措施。

——《亚太经合组织第二十二次领导人非正式会议宣言》，2014。

与此同时，经济全球化的浪潮席卷世界各国，贸易、金融自由化和国际资本流动推进到新的阶段，并进一步走向制度化、法制化和规范化。1995 年，世界贸易组织（WTO）成立，它取代了关贸总协定，成了新的协调全球国家经贸活动的主导性组织。世界贸易组织的目标是建成一个完整的，包括货物、服务、投资及知识产权等内容的规范化、法制化的全球多边贸易体系。它致力于促进开放各国市场，实现真正的全球贸易自由化和金融一体化。在这一框架的协调下，国与国的经济壁垒逐渐减少，经贸联系逐渐增强。普通人则享受到更多的福利，不但可以购买到免关税的外国商品，还可以到海外投资，甚至在外国工作。

国际货币基金组织自 1970 年起开始发行特别提款权（Special Drawing Right，SDR），亦称作“纸黄金”。这是国际货币基金组织分配给成员国的一种使用资金的权利，用以缓解美元贬值带来的问题。2015 年 11 月 30 日，国际货币基金组织正式宣布人民币于 2016 年 10 月 1 日加入特别提款权。与美元、欧元、日元、英镑共同构成一篮子储备货币。人民币“入篮”成功，表明中国在世界经济中的地位得到认可，并将进一步促进人民币国际化的步伐，全球金融的一体化得到了深化。

现代信息技术的飞速发展和广泛应用，促使全球贸易的时效性大大提高，各种生产要素能够相当便捷地实现跨国流动，为经济全球化提供了有力支持，使人们的社会经济生活更加丰富、便利。世界性金融网络依托信息技术，可以实现全球范围内的资金调配；信用消费、电子支付等新交换方式，改变了传统的商业模式；作为重要生产要素的科学技术，也能够在全球范围内实现优化配置。

西方发达国家是经济全球化的主导，从中获得了极为丰厚的利润。不过，东西方经济发展的不平衡愈加凸显，全球性金融危机的风险也逐渐增加。在经济全球化的过程中，由于世界经济的紧密联系，一国的金融风险往往会酿成波及全球的金融危机。1997 年亚洲金融危机、2008 年美国金融危机都对全球金融行业造成了不小的影响。发展中国家抵御风险的能力较弱，经济全球化对发展中国家来说，既是机遇，更是挑战。如何利用经济全球化带来的全球竞争及其对资本、科技重新配置的机会，深化改革，推动自身市场体系的规范化、法制化、制度化，积极融入全球主流经济，提升竞争力，尤其是抵御金融风险的能力，是发展中国家必须面对和思考的课题。同时，如何加强合作、共同抵御金融风险，也是全球经济一体化格局下世界各国面临的新课题。

经济全球化趋势对人类社会的生产生活产生了哪些影响？其未来走向如何？

第四章
世界性区域开发与生态环境的变化

导读

人类历史经历了一个从分散到整体的发展过程。在古代，人们基于征服、政治需要及环境变迁等因素，在特定的区域内进行人口迁徙和区域开发。新航路的开辟拉开了世界市场和国际分工的序幕，也开启了跨洲大规模移民和区域开发的进程。第二次世界大战后，人类开发的足迹深入全球各个角落。地方经济发展和全球生态环境之间的矛盾日益引起世界各国的广泛关注，可持续发展成为全球共识。

一、古代亚欧地区人口迁徙与区域开发

在古代亚欧地区，由于征服、战乱、政治需要及环境变迁等原因，出现了区域性人口迁徙和区域开发现象。其中，罗马军团的征服与莱茵地区的开发、中国古代的北人南迁与南方地区的开发、清朝对西部地区的开发，颇具代表性。

罗马军团与莱茵地区的开发

公元前 509 年，罗马共和国建立。此后，罗马军团不断向外扩张，征服了欧洲、亚洲、非洲的广大地区，将它们纳入罗马的版图之中。到公元前 1 世纪中期，罗马军团征服了莱茵河以西地区，在这里建立了行省，开始了对该地区的统治。后来，罗马统治者试图征服莱茵河以东地区，但没有获得成功。因此，罗马军团统治的莱茵地区实际上指的是莱茵河以西地区。

莱茵地区地处罗马帝国的西北边陲，担负着防御莱茵河以东地区日耳曼人的重任，战略地位重要。因此，罗马帝国在这里派驻的军团数量最多，规模最庞大，最多时达到8个军团4万多人。

罗马军团对边疆各地的征服过程，也是罗马人向被征服地区迁徙的过程。在这个过程中，大量罗马人以军事人员的身份迁移到被征服地区。其中有很多军团士兵与当地妇女通婚，实现了永久定居，与当地居民融为一体，共同参与了当地的开发。在以军事防御为主的莱茵地区，同样如此。

人数庞大的罗马军团，既是消费者又是生产者和建设者。军团的巨大物资消费，客观上推动了莱茵地区农业、手工业和商业的发展。军团中不乏各种能工巧匠，他们广泛从事各种经济活动，成为当地经济建设的生力军。他们修筑道路，建立了完善的道路交通网，可以直通罗马；建设引水渠和高架水桥，完善了经济和社会生活的基础设施。

军团的长期驻屯和定居，还带动了大批官员、商人、手工业者及妇女等为军团服务的外来人口的迁入。这些人在军团驻地附近定居下来，与军团士兵、当地居民交往融合，促进了新兴城市的出现。科隆、美因茨、波恩、诺伊斯等德国城市就是这样兴起的。

军团与当地居民的融合，大大促进了莱茵地区社会生活的罗马化。军团给莱茵地区带来了先进的罗马法和城市自治制度，大量的当地居民通过参加罗马辅助军队等方式取得了罗马公民权，拉丁语成为莱茵地区居民的通用语言，圆形剧场、公共浴池、葡萄酒文化等广为流行，城市建设风格、服饰、宗教和丧葬仪式等也打上了深深的罗马化烙印。

经过罗马军团的长期开发，莱茵地区的经济、社会生活及生态环境得以全面改善，走上了文明的发展道路。

罗马军团对莱茵地区的社会环境产生了极其深刻的影响。当地居民为了满足军团对食品物资、原材料和手工业产品的巨大需求，不得不改进生产技术，大力发展农业、手工业和商业。当地经济的发展吸引了大量的内地人。这些人中，既有非农业人口，包括政府官员、工匠、商人及其家人；也有农民。这些迁入的外来人口和罗马军团一道，成为开发莱茵地区的主力，他们将先进的罗马文明带到了这个地区。

罗马军团不仅带动了当地居民和外来非军事人员对莱茵地区的开发，而且他们本身就是开发当地的生力军。他们当中有建筑师，有工程师，有测量员，也有手工业者；他们广泛从事各种经济活动，既可务农，又能经商，还是各种工程建设的劳动者。

罗马军团对莱茵地区的人口迁徙和经济开发分别起了怎样的作用？

北人南迁与古代中国农业格局的变迁

中国历史上曾多次出现大规模的人口迁移，其中规模最大、持续时间最长，对中国乃至东南亚的经济、文化、社会和人口发展模式影响最为深远的，是自北向南的扩散性迁移。北人南迁从根本上改变了长期以来北方地区在人口分布和经济发展格局上的优势地位。

魏晋南北朝时期，汉族统治阶级内乱和少数民族内迁，加之北方黄河流域经过长时间开发，农业生态环境迅速恶化，导致北方人口大量南迁，形成中国历史上北人南迁的第一次高潮。这一时期，北方农业历经破坏和恢复，发展相对缓慢；江南得到迅速开发，初步形成了稻麦兼种、水陆互补的作物体系，南方的耕地面积和产量大幅度提高。但黄河流域毕竟是传统农业区，自然条件优越，开发较早，人口稠密，因此经济重心仍在北方，南北经济发展趋于平衡。

（中原）大疾疫，兼以饥馑，百姓又为寇贼所杀，流尸满河，白骨蔽野。

——《晋书·食货志》

楚越之地，地广人稀，饭稻羹鱼，或火耕而水耨……江淮以南无冻饿之人，亦无千金之家。

——《史记·货殖列传》

北人南迁的第二次高潮发生在唐代“安史之乱”以后。黄河流域经济发达地区因战乱破坏，人口锐减，经济衰退，大批北方人口再度南迁，涌入长江流域及其以南地区。北方人口大量南迁，给南方带去了先进的农业生产技术，补充了大量的劳动力，大大促进了江南地区的开发。仅江南兴建和修复的水利工程，就大大超过六朝的总和。江南地区的土地资源得到进一步开发，成为粮食重要产地。中国经济重心开始南移。

三川北虏乱如麻，四海南奔似永嘉。

——（唐）李白：《永王东巡歌》

寂寞天宝后，园庐但蒿藜。我里百余家，世乱各东西。

——（唐）杜甫：《无家别》

两宋之际，靖康之乱引起北方人口的第三次南迁高潮，经济重心南移完成。南方最发达的江浙地区长期成为全国的经济重心，南宋时，流传着“苏湖熟，天下足”的谚语。史书记载，“国家根本，仰给东南。”

故宫博物院收藏的宋代耕获图

（江南）地广野丰，民勤本业，一岁或稔，则数郡忘饥。

——《宋书·沈昙庆传》

北人南迁改变了我国的人口分布，推动了长江流域的农业开发，同时对南方城市交通、商品贸易和文化教育的发展也产生了深远的影响。

影响北人南迁的因素有哪些？中国农业格局的变化对中国经济和社会发展产生了怎样的影响？

清代的西部开发

清朝前期，国家政局稳定，疆域空前统一，尤其是康乾时期，通过一系列措施巩固了统一多民族国家，为西部开发提供了基本条件。

清政府在西部地区实行“修其教不易其俗，齐其政不易其官”的政策，尊重少数民族的宗教信仰和风俗习惯，根据各地的不同情况，采取灵活的方式进行管理。在西北地区，清政府实行较为积极的屯田开发政策。

乾隆朝时，随着对大小和卓之乱的平定，天山南麓重新纳入中国版图，清廷设伊犁将军统辖新疆各部，设总理回疆事务参赞大臣管理回部。清朝把立足本地，实现“以边养边”作为经营目标，把康雍时期为配合军事行动的局部屯田扩大为全面屯田，西北屯田进入鼎盛时期。乾隆、嘉庆两朝在新疆实行“重北轻南”政策，天山以北民屯分布广泛。道光时期，南疆屯垦也有了较大发展。

西部地区的矿产资源相当丰富，清朝前期也得到了一定的开发。为适应屯田发展，清政府在西北兴建了一批铁厂，满足了铁制生产工具的供应，促进了农垦发展。为解决城市驻军和居民的炊事取暖等生活需要，清政府在乌鲁木齐、伊犁等地注重开发煤矿。此外，西南地区云南铜矿业的开发也取得了空前显著的成就。

雍正年间，清政府在西南一些少数民族地区推行了废除土司制、改行流官制的政治改革。这一改革减少了叛乱因素，加强了政府对边疆的统治，有利于少数民族地区社会经济的发展。大量移民加入西部边疆建设行列，改变了西部边疆地区的民族构成，有利于增强中华民族的民族凝聚力和向心力。

川、黔、楚三省均有苗疆，川省酉阳一隅，自改土归流后，久与齐民无异。

——《苗防屯防实录》卷三十四《屯防条奏事宜》

清朝后期，为西部开发做出重大贡献的主要有林则徐和左宗棠。

第一次鸦片战争期间，因清政府腐败无能，采取主和派的投降政策，林则徐被发配新疆。在新疆期间，他明确提出“屯田耕战”，主持兴修水利，推广坎儿井和纺车，人们为纪念他的业绩，称它们为“林公井”“林公车”。

19 世纪中叶，列强入侵，西部边疆告急。左宗棠力排众议，率军收复新疆。在此期间，左宗棠为保证军粮供给，改善天山运道，修筑盘曲山路，大力发展地方经济，兴办屯垦业，其功绩遗泽至今。

左宗棠两次率部西征，一路进军，一路修桥筑路，沿途种植榆杨柳树。不出几年工夫，从兰州到肃州、从河西到哈密、从吐鲁番到乌鲁木齐，凡湘军途经之处所植道柳，除戈壁外，皆连绵不断，枝拂云霄，这就是被后人所称的“左公柳”。清代诗人肖雄有一首名诗，专为咏颂“左公柳”而作：

十尺齐松万里山，连云攒簇乱峰间。
应同笛里迎亭柳，齐唱春风度玉关。

西部开发的效果具有两面性。一方面，清政府为自强发展，在西部边疆地区兴办“新政”，带动了近代工业体系和教育事业在西部的发展，一定程度上促进了当地人们对外部世界的认识和了解，改良了当地经济结构；另一方面，由于中国面临着严重的社会、民族危机，西部开发受到很大的影响。当时，西北地区 44 万平方千米的领土沦入沙俄之手，西藏地区则受到英国的武装侵略。中国的领土完整遭到破坏，资源和财富大量外流。西部地区的经济遭受了很大破坏，一度陷于停滞和倒退。

清代西部开发对中国发展有哪些重大战略意义？为今天国家的发展提供了怎样的启示？

二、近代以来美洲的人口迁徙和区域开发

美洲被发现以来，欧洲殖民国家成为大规模移民和区域开发的先行者。美国的西进运动是独立开发的典范，既推动了地区发展，也引发了环境恶化、印第安人遭受不公正对待等问题。拉丁美洲的区域开发是强制开发的代表，繁荣与依附并存。美洲的移民与开发是欧洲文明对原有文明的摧毁与替代。

北美洲早期的移民和开发

欧洲移民来到北美洲的时候，这里森林遍布，水道纵横，湖泊众多，不同族群的印第安人在其间迁徙往来，人口有 500 万～ 1000 多万。17 世纪中期，欧洲殖民者带来的天花和其他传染病，经墨西哥传入北美洲平原和东部的森林区，给当地的土著居民带来了毁灭性的打击，到 1800 年仅剩 60 万人左右。

继西班牙对北美洲大陆东西两端的探险之后，法国、英国等国的移民接踵而至，先后开发永久性的殖民地。1600—1800年，大约100万的欧洲移民来到北美洲大陆。截至1800年，移民的后裔增加到500万，还有100万非洲奴隶的后裔。法国移民在加拿大东部定居，探险队和商人则不断探索圣•劳伦斯河、俄亥俄河以及密西西比河，一直到墨西哥湾的广大地区。

在这一过程中，以美洲海狸为基础的毛皮贸易发展起来，货栈不绝如缕，货品多种多样。主要供应欧洲上流社会和市场需求的毛皮贸易既是移民探险的动力，也是移民财富的来源。

英国在移民政策上最积极，英属北美洲殖民地的人口稠密。1607 年，英国在弗吉尼亚的詹姆斯敦建立了其在北美洲的第一个殖民。此后，英国移民沿着今天美国的东海岸建立了一系列殖民地，这为日后美国的独立奠定了基础。殖民者以极其低

海狸皮制成的各种帽子

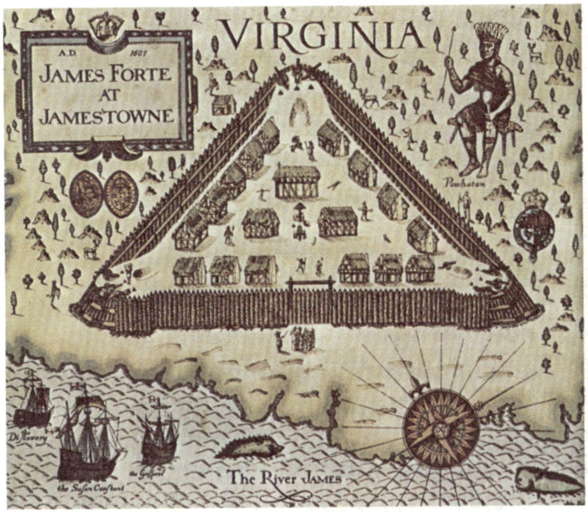

17 世纪早期的詹姆斯敦

廉的价格向印第安人购买大量土地，再按人头将土地授予移民，后来由殖民地政府直接出售土地。在实践中，移民往往直接抢占土地。他们划分地界，开辟农场，驱逐土著居民。在对农耕沃土的争夺中，农耕经济兴起，同时也造成了移民和土著居民之间的冲突。17 世纪末，黑人奴隶成为南部殖民地的主要劳动力，大量非洲奴隶在种植园中劳作。

经过殖民者的早期开发，北美洲被拉入世界经济体系之中，成为世界近代历史上著名的“黑三角贸易”中的一极，洲际贸易持续扩展、繁荣。黑奴、黄金、蔗糖、谷物、木材、烟草等商品，在北美洲殖民地和非洲、欧洲之间往来不息，支撑着殖民地的经济发展。

北美洲早期的移民和经济开发有怎样的特点？如何全面评价？

美国的西进运动和中西部大开发

早在北美洲殖民地时期，东海岸的人们就开始了对中西部的拓殖。美国独立之后，西进的步伐大大加速。东部移民们越过阿巴拉契亚山脉、走过大平原、翻过落基山脉，最后到达太平洋西海岸，直到 19 世纪末，绵延百余年的西进运动和中西部的开发才告一段落。

18、19 世纪之交，美国移民在原先印第安人小道的基础上，开辟了诸多通向中部密西西比河流域的道路。著名的有穿越阿巴拉契亚山脉的丹尼尔·布恩小道，又称荒野之路，18 世纪的最后 25 年，30 万人穿过这条山间走廊。这条小道西端的终点是坎伯兰山口，由此向西，人们又开辟出了一条通向中部伊利诺伊的坎伯兰大道。

丹尼尔·布恩护送定居者穿过坎伯兰山口

人们开始在大草原上定居下来。比如肯塔基，意为浩瀚的牧场，在 18 世纪后期就成了农民的乐园和猎人的天堂。这里土地肥沃，森林广阔，到处都是水牛、角鹿和火鸡。

在中部大草原上，农业社会逐渐形成，定居点和市镇林立，公路、水路和无形的商业网络将人们联系起来。来自欧亚大陆的作物在这里蓬勃生长，运送毛皮的舢板穿梭于密西西比河之上。

大草原分为东西两大区，东部温暖湿润，适合农耕定居，西部则向着落基山脉缓缓上升，干燥少雨。但山那边的太平洋呼唤着人们，尤其是加利福尼亚发现金矿的消息，更是激起了持久不息的淘金热潮。旧金山的得名就来源于此。对“天定命运”的信仰、对财富的渴望，驱使大篷车队向着落基山脉、向着日落处的太平洋进发。

准备翻越落基山脉的大篷车队

"天定命运"（Manifest Destiny）一词最早由《美国杂志和民主评论》主编约翰·奥沙利文(John L. O'Sullivan)于1845年提出，意指美国人负有向西部扩张领土、扩展自由制度的特殊使命。最初是为西进运动进行的辩护，后来专指美国对外扩张的意识。其中的天定意识，源自清教思想中的宿命论和早期移民内心中的盎格鲁—撒克逊种族优越论。

南北战争结束后，随着第二次工业革命的全面展开，由公路、铁路、运河等组成的现代交通网络不断扩张，西进运动以前所未有的速度和规模大幅推进。这一方面推动了美国中西部的大开发，为美国的全面崛起奠定了基础；另一方面，也埋下了大草原生态环境恶化、尘暴来袭的病根。

同时，一部西进运动史，也是一部印第安人被驱逐和奋起抗争的血泪史，直到最后被"保留"在若干地块之中。正是西进运动彻底摧毁了北美洲印第安人的古老生活方式，使之消逝在历史深处。

消逝的生活

美国的西进运动，伴随着一个移民国家拓殖垦荒、独立发展的进程，是自主开发内部空间的典型。

如何全面认识和评价美国的西进运动和中西部大开发？

拉丁美洲的殖民和开发

15、16世纪之交，正是拉美原住民农业文明的黄金时代。这时，西班牙人率先来到加勒比海地区，接着，他们又陆续攻陷了墨西哥的阿兹特克帝国和秘鲁的印加帝国。由于天花导致的大规模人口灭绝、土著社会内部的分裂，加上殖民者技术上的优势，使古老的文明在短时间内就覆灭了。

1519年，西班牙冒险家和殖民者埃尔南·科尔特斯征服了阿兹特克帝国。16世纪30年代，弗朗西斯科·皮萨罗征服了秘鲁的印加帝国。到1550年，西班牙人征服了除巴西以外的整个南美洲。

埃尔南·科尔特斯与阿兹特克帝国皇帝蒙特祖玛的会面

从墨西哥城到圣奥古斯丁城，从巴拿马城到利马、布宜诺斯艾利斯，城市大量兴起，西班牙在北至墨西哥、南抵阿根廷的中南美洲建立起区域性的殖民统治。受惠于早先同西班牙签订的协议，葡萄牙获得了南美洲东北部地区巴西的权益。1500—1800年，约50万西班牙人和10万葡萄牙人横渡大西洋，移民到美洲，并永久定居下来。

整个殖民时期，采矿业、农牧业等，以及围绕这些行业而进行的地区间贸易和跨洲贸易，是拉美区域开发的主要内容。16世纪时，西班牙船队穿梭往返于秘鲁的卡亚俄港和巴拿马的贝略港之间。秘鲁的矿山财富和从印第安人贡赋中获得的收入流向西班牙，欧洲的制成品输入殖民地。

采矿业以金银矿的开采为主。今天的哥伦比亚是西班牙在美洲的主要黄金来源地之一，整个殖民时期提供了3000万盎司黄金。葡属巴西的黄金产量，18世纪时达到3200万盎司。但更多的财富来自西班牙攫取自美洲银矿的白银，殖民地时期总产量达10万吨。来自美洲的白银和黄金，不仅曾经左右过西班牙和欧洲的经济活动，而且支撑了拉美殖民帝国的全球贸易，尤其是对于亚洲的贸易。

波托西银矿是有史以来世界上最大的银矿之一，今属玻利维亚，1545年发现于上秘鲁遥远的山区。由西奥多·德百瑞（Theodore de Bry）创作于1590年的《波托西银矿》版画，描绘了沦为奴隶的劳工，他们创造的财富极大地刺激了欧洲的经济发展。

《波托西银矿》（版画）

以矿山为中心，拉丁美洲的农牧业也发展起来，它既满足内部的需求，又供应外部的市场。拉丁美洲种植的作物除了原有的品种外，还有来自欧洲的小麦、水稻、甘蔗、葡萄等；畜牧业方面，在继续放牧骆马、羊驼之外，还从欧洲引进了马、牛、骡、羊、猪等牲畜。

殖民者还将本土的大庄园制移植到拉丁美洲，拓殖了大种植园和大牧场。主要的劳动力是土著居民和非洲黑人，他们被紧紧束缚在种植园的经济活动中，成为种植园经济的附属品。生产加工蔗糖、咖啡、烟草等，构成了种植园的主要经济活动。巴西就有一种独特的咖啡种植园奴隶制。

拉丁美洲开发史上还有一项很特别的“鸟粪经济”。秘鲁附近的海岛上，生息繁衍着大量的海鸟，留下了厚厚的鸟粪沉积物。19 世纪，作为利润丰厚的农业肥料，鸟粪得到大规模开采。

在鸟粪出口的繁盛期，
1868 年 7 月 28 日独立日这天，利马的一处公共广场装饰一新

从殖民时期到独立时期，来自世界各地的移民和当地土著居民汇聚一处，使得拉丁美洲成为人种的大熔炉。欧洲白人和美洲印第安人结合所生的混血儿，称为梅斯蒂索人；欧洲白人和非洲黑人的混血后裔，称为穆拉托人；美洲印第安人与非洲黑人所生的后代，称为桑博人。

拉丁美洲的区域开发，是外部殖民力量主导的强制开发、依附性发展的代表。19 世纪以来拉丁美洲各国在政治上实现了独立，但在经济上，仍然在原来殖民经济的轨道上，处于依附地位，以致有“拉丁美洲——被切开的血管”之说。

什么原因导致了拉丁美洲的发展道路，其特点有哪些？

三、经济全球化趋势下的区域开发与生态环境

经济全球化的深入发展促进了世界范围的资源配置，贸易的增加和市场的扩大，加快了区域开发的步伐。区域开发促进了当地经济的发展，但过度开发对生态环境产生了破坏性的影响。

亚马孙雨林的开发与保护

雨林被喻为“地球之肺”。全球的热带雨林主要分布在赤道南北两侧，东南亚地区、非洲刚果河流域和南美洲亚马孙河流域是三大集中分布区。

亚马孙雨林总面积约700万平方千米，是地球上最大的热带雨林，也是生态系统最丰富的地方，其中70%左右在巴西境内。

亚马孙雨林

16世纪，西班牙、葡萄牙殖民者首先开发了亚马孙森林。受过去殖民经济的影响，亚马孙地区的发展水平至今仍相对落后，人口主要集中在狭窄的大西洋沿岸地带。生活在浓密雨林中的印第安人，以渔猎、采集和传统的迁移农业为生。

20世纪，亚马孙地区为数有限的开发项目大多是通过引进外国资金实施的。外国资本要集中在工矿业、热带农业、木材开采等见效快、投资回收期短的项目。

亚马孙河流域的大规模开发始于20世纪40年代中期。到了六七十年代，随着人口急剧增长，土地需求膨胀，以巴西为代表的亚马孙河流域各国加快了开发的步伐。1966年，巴西通过亚马孙河开发计划，即在亚马孙河中游以前封闭的地区选择若干地段对外开放，实行优惠政策吸引外国资金，租让大片土地、森林和矿山，进行大规模、多领域、多层次的综合开发。

巴西政府兴建了大型水库和水电站，开通了以亚马孙横贯公路为主干的总长1.3万千米的公路网，在许多地区开展水陆联运。

随着公路的开通，大量东部移民深入原始密林，将树砍倒，再放火焚烧，开辟出农场和牧场，种植大豆或发展养牛业，产品主要运往国际市场。各开发公司利用当地丰富的铁、铜、铝土等矿产资源，发展开采以及冶炼和加工制造业。旅游业也随之兴盛。

经过多年的开发建设，亚马孙河流域初步改变了当地贫穷落后的面貌。例如巴西的马瑙斯自由贸易区，从一个不通铁路、公路的小镇，发展成为拉丁美洲最大的电子工业中心和亚马孙河上游最大的国际河港和航空港。

亚马孙地区在取得经济建设成就的同时，也由于自然灾害和乱砍滥伐、人为焚烧等人为灾害而遭受了热带雨林急剧萎缩的厄运，一些地方变得干旱而贫穷，物种基因库的丧失造成了不可弥补的损失。事实证明，亚马孙流域虽然植物繁茂，但是98%的土壤相当贫瘠，经营3～5年以后地力下降便很难再恢复森林植被。

对于这片雨林的开发与维护，不仅牵涉到亚马孙河流域的生态与经济，也牵涉到全球的生态环境。亚马孙河流域各国联合制订了热带雨林自然生态保护计划，巴西政府颁布《亚马孙地区生态保护法》，统一管理全国森林，实现可持续的开发利用。如今，亚马孙河流域已受到特别保护的地域约占总面积的40%。

1992年联合国环境与发展大会亚马孙地区诸国关于保护雨林的六项措施：

建立雨林自然保护区；加强雨林缓冲区的建设；提高公民环保意识；设立国际基金，使当地从管理和保护中获益；鼓励保护性开发方式；森林选择性采伐与更新造林相结合。

亚马孙地区的开发经历了怎样的过程？20 世纪中期亚马孙地区经济发展存在怎样的矛盾，面临着什么问题？

全球捕捞业与海洋生态环境

海洋是资源的宝库，而海洋自然灾害、近海污染、过度捕捞，则是影响海洋生态环境的“三大敌人”。1998 年 6 月 5 日，世界环境日将主题定为“为了地球上的生命——拯救我们的海洋”，旨在提醒全社会人们关注此严重问题。

海洋中约有 20 多万种生物，其中已知鱼类达 1.9 万种。海洋渔业资源主要集中在浅海大陆架海域，其渔获量占世界海洋渔业总产量的 90% 以上。20 世纪 50 年代以来，随着科技和管理水平的提高，人们利用各种渔具、渔船及设备，捕捞海洋鱼类和其他水生经济动物，世界渔获量迅速增加。

从空间分布上看，太平洋是全球渔业资源最丰富的海域，东北大西洋和东印度洋次之。从捕捞产量上看，中国、印度尼西亚、美国、俄罗斯是海洋捕捞业比较发达的国家。

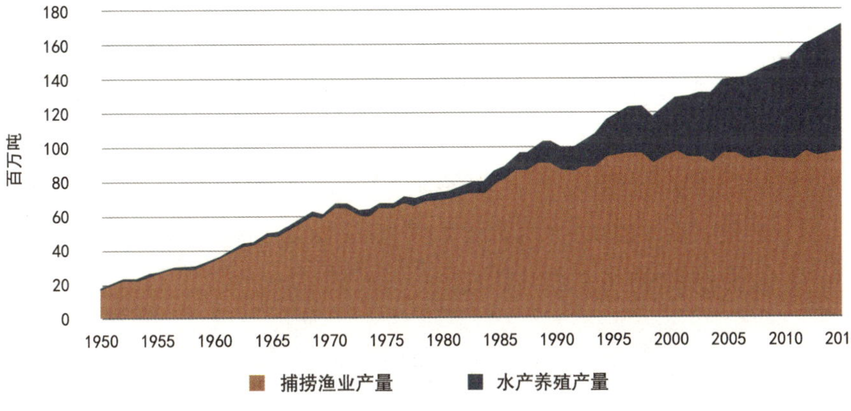

1950—2015 年世界捕捞渔业和水产养殖产量示意图

——材料出自：联合国粮食及农业组织《2016 年世界渔业和水产养殖状况》，3 页，联合国粮食及农业组织，2016。

海洋捕捞业的发展满足了人们对水产品的需求，增加了渔民的收入。然而，海洋渔业资源虽可再生，但并非取之不尽，片面追求大发展、高产量的粗放型发展模式已造成过度捕捞。当前，传统经济鱼类资源不断衰减，优质鱼类出现资源危机，珍稀物种数量急剧减少。

1982年，《联合国海洋法公约》通过。这对于解决当前全球各处的领海主权争端、海上天然资源管理和污染处理等问题，具有重要的指导意义和裁决作用。

第一九二条 一般义务

各国有保护和保全海洋环境的义务。

第一九四条 防止、减少和控制海洋环境污染的措施

1. 各国应在适当情形下个别或联合地采取一切符合本公约的必要措施，防止、减少和控制任何来源的海洋环境污染，为此目的，按照其能力使用其所掌握的最切实可行的方法，并应在这方面尽力协调它们的政策。

2. 各国应采取一切必要措施，确保在其管辖或控制下的活动的进行不致使其他国家及其环境遭受污染的损害，并确保在其管辖或控制范围内的事件或活动所造成的污染不致扩大到其按照本公约行使主权权利的区域之外。

……

5. 按照本部分采取的措施，应包括为保护和保全稀有或脆弱的生态系统，以及衰竭、受威胁或有灭绝危险的物种和其他形式的海洋生物的生存环境，而有必要的措施。

——《联合国海洋法公约》“海洋环境的保护和保全”中的部分条款。

对于人类而言，树立海洋生态环境全局观念、加强海洋管理、保护海洋环境至关重要。沿海国家尤其应该做到合理捕捞，捕养结合，实现海洋生物资源的可持续利用。

1970年4月22日，美国约2000万人发起了人类有史以来第一次规模宏大的群众性环境保护运动，旨在唤起人类爱护地球的意识，促进资源的合理利用。

作为人类现代环保运动的开端，它推动了西方国家环境法规的建立。美国相继出台了清洁空气法、清洁水法和濒危动物保护法等法规，促成了美国国家环保局的成立。1972年，联合国第一次人类环境会议在斯德哥尔摩召开。1973年，联合国环境规划署成立，国际性环境组织——绿色和平组织创建。

2009 年，第 63 届联合国大会决议将每年的 4 月 22 日定为“世界地球日”，其总主题始终是“只有一个地球”。

人类在发展过程中，应该如何应对经济开发与生态保护这一两难问题？

第五章
村落、城镇与居住环境的变迁

导读

居住条件的改善是人类文明进步的标志。在古代，由于自然地理环境和历史文化传统的不同，各地区形成了不同风格的居民建筑。然而，受生产力水平的限制，古代人们居住条件的改善较为有限。

定居生活的出现，导致了人类最初的聚居点村落的产生。随着社会分工和商品交换的发展，集镇应运而生。商品经济的发展，政治、军事活动的需要，促成了各种不同类型的城市的出现。

近代以来，城市化的快速发展，一方面使城市的居住条件和生活环境不断得到改善，另一方面也带来了一系列消极问题。人口拥挤、环境污染、贫困滋生、交通拥堵等，影响着人们居住和生活质量的提高。

一、人类居住条件与各地的民居

居住是人类的基本需求之一。伴随着人类文明的不断进步，人类居住的条件也在不断地发展和改善。然而，由于世界各地自然条件的差异，各地的民居建筑并不相同。这对人类的居住条件和民居形式产生了不同的影响。

居住条件的变迁

在农业起源之前，原始社会的人类以采集和狩猎为生。在这一时期，

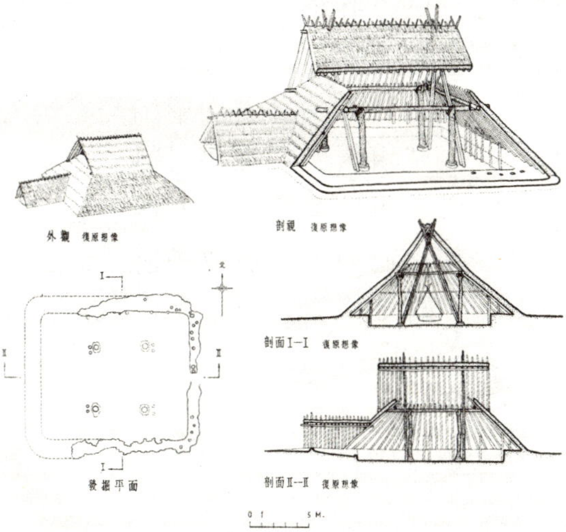

西安半坡大方形房屋的发掘平面与想象复原

他们只有天然石块、木棍等工具，尚不具备营造居所的条件，主要居住在“构木为巢”的“巢居”中，或居住在靠近水源的天然洞穴里，过着“穴居”生活。

农业的产生为人类提供了较为充足的食物保障，使人们有更多精力开发新的工具和技术。农业生产的规律也要求定居生活。这两方面共同促进了人类居住条件和形式的改善。在“巢居”和“穴居”的基础上，人们学会了利用木、竹、苇、草、泥等建造房子。房屋的结构有木骨泥墙和梁柱式构架，屋顶为茅草或草泥。房屋多为半地穴式。

上古穴居而野处。

——《周易·系辞》

昔者先王未有宫室，冬则居营窟，夏则居橧巢。

——《礼记》

上古之世，人民少而禽兽众，人民不胜禽兽虫蛇。有圣人作构木为巢以避群害，而民悦之，使王天下，号之约‘有巢氏’。

——（战国）韩非：《五蠹》

当时（指新石器时代的仰韶时期）的房屋，就构造技术来说，已经是长期定居条件下积累了相当经验的结果。所用于木料加工的工具，有石刀、石斧、石锛、石凿等。半坡村的氏族公共大房屋的中心四个木柱直径各达45厘米，周围壁内较小的33根木柱的直径也有20厘米左右，由此可知当时采伐木料和施工技术所达到的水平。

——刘敦桢：《中国古代建筑史》，23页，北京，中国建筑工业出版社，2008。

随着社会的发展，各地区住宅之间的差异逐渐增大。各地不同的资源状况决定了构建居所选用的主要材料有别。在森林资源丰富的地方，木材成了构建住宅的主要材料，中国住宅就以木构架结构建筑为主；而在盛产石料的地区，石材则成为建筑居所的主要材料，如罗马住宅多用石料。在交通和科技条件改善、资源运输较为方便之后，人们发展出了砖、木、石混筑的住宅，使自己的生活更加舒适。这时，不同的居住环境、复杂的生活需要，乃至多样化的民俗文化，共同促成了各地民居的地域特色。

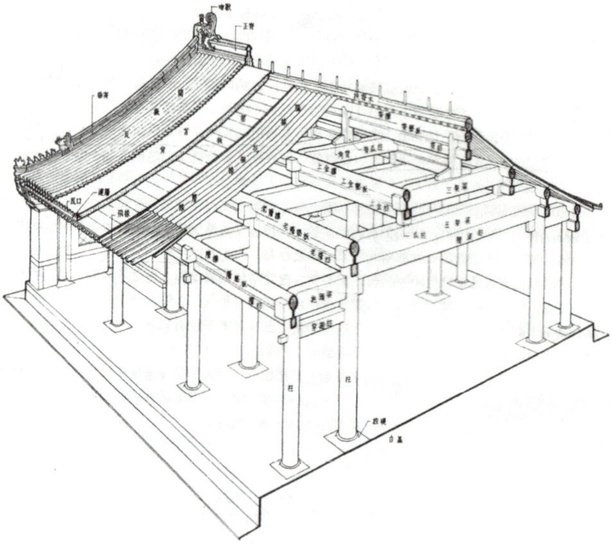

中国建筑木构架

人类居住条件的不断进步说明了什么？早期不同地区人类的居所有怎样的特点？

各具特色的中国民居

我国的民居建筑有两个突出的特点：一是整体建筑以木构架结构为主。木构架建筑具有便于适应不同的气候条件、利于材料供应、减少地震危害等优点。二是传统民居多采用院落组合的形式。这种形式对于家庭而言，既能够兼顾生产，又能营造舒适温馨的家庭氛围。因地域、气候、风俗的不同，各地民居又有不同的特色。

庭院式是中国民居的常见组织形式。庭院式民居是以单间组成的条状房屋群为基本单位，组成各种形式的院落，形成一种室内、室外共同使用的居住生活空间形态。北京四合院是北方庭院式民居的典型形式。四合院的标准形式是前后三进院落，其他形式都是由这一标准形式衍生而来。三院中以中院为主。中院一般面积最大、空间最为开敞，四周以游廊联系起来。整个四合院采用中轴对称的布局，一般坐北朝南。但住宅大门多位于东南角，以符合文王八卦中的“巽”位。从自然角度来看，门设于东南位置，易于接受阳光照射，温暖、明亮。大门后一般设有影壁，以遮挡外人视线，并具有心理防范的作用。

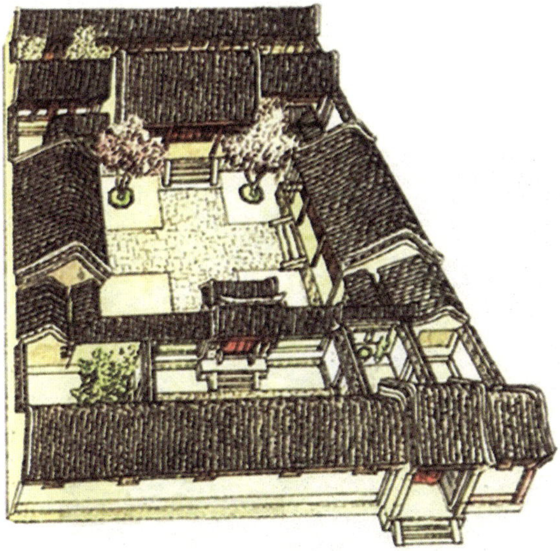

北京四合院

> 北京四合院的形制是封建社会宗法及伦理道德制约下的民居形式，很多地方反映出深刻的等级规定及尊卑差别。全宅的平面构图是按家长作为全家核心的原则布置的，一切房屋皆簇拥着正房，而且在开间尺寸、高矮、脊饰等各方面皆低于正房。
>
> ——孙大章主编：《中国古代建筑史》第五卷，172页，北京，中国建筑工业出版社，2009。

南方也有庭院式建筑。苏州大宅院是江南地区庭院式民居的典型代表。这种民居往往由若干个小院子组成中轴对称的格局。每个小院子中住屋相连，屋面搭接，紧紧包围着中间的院落。与北京四合院不同，苏州大宅院院落较小，在高大房屋之中，在夏季能够避免阳光直晒，形态类似井口，故又被称为“天井”。除此之外，天井在湿热夏季还能产生对流风，改善小气候。由于南方雨水较多，天井内一般皆有地面铺装及排水渠道。

福建土楼是一种特殊的庭院式建筑。这种住宅按照平面形状可分为方、圆两种类型。这种土楼一般中间为祖堂，内院布置猪舍、水井，外有一至多圈建筑。建筑可分若干层，低层多用于杂务仓储，高层住人。这种建筑适应于福建一些地区聚族而居的风俗，一座土楼中居住的不是一个家庭，而是一家族人。这样的建筑方式便于抵御外人入侵。

福建土楼（丁雨拍摄）

干栏式建筑是一种下部架空的住宅形式，能够通风、防潮、防盗、防兽，是我国气候湿热的西南地区和海南、台湾等地流行的一种建筑形式。干栏式住宅上层住人，下层为蓄养家畜或储存杂物。它的屋顶一般出檐深远，能够很好地遮挡阳光，又能够防止雨水淋湿房屋构架。这对于适应炎热多雨的环境十分有利。“巢居”实际上就是干栏式建筑的原始形态，在我国浙江的河姆渡遗址就发现过干栏式建筑的遗存。壮族的“麻栏”和苗族的半边楼都是干栏式建筑的典型代表。

“麻栏”为壮族语的音译，意思是“回家住的房子”。麻栏为全木构结构，一般分三层：下层为支柱层，并制作栅墙，以圈养家畜；中层为居所；上层有阁楼。

平面形式则多种多样。

苗族生活于贵州东南地区，这一地区山高流急，民居多依山而建。因此房屋结构往往随地形布置。大部分民居前半部架空为干栏式，后半部坐于山坡台地上。当地称之为“半边楼”。这种“半边楼”干栏建筑可灵活选用地形，即使在坡度很陡的地方也可建房，适应性很强。“半边楼”一般也分为三层，一层圈养家畜，中层住人，上层储存粮食。

“麻栏”示意图

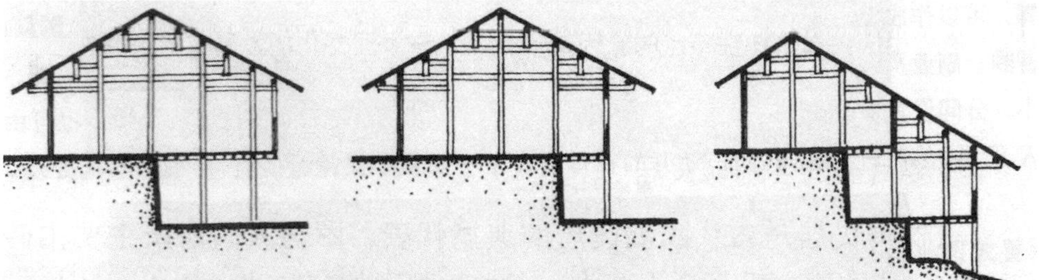

苗族“半边楼”

在我国，还有一些形式特殊的民居建筑。它们是当地居民根据特殊的自然环境而创造的生活居所。窑洞是我国黄土高原流行的一种民居形态，它一般是在黄土断崖处，横向挖掘洞穴而成。与我国主流的木构民居不同，窑洞是一种以土材料为主要建筑材料的民居类型。它施工简便、成本较低，又有冬暖夏凉的特点，因此深受人们喜爱。窑洞最突出的外观特征是拱券门洞。窑洞民居主要有靠崖式、平地式、下沉式等几种类型。

毡房是草原民族的民居，俗称蒙古包，是一种可以随时拆合的住宅。它一般以木条为骨架，外面覆盖毛毡，可以抵御草原上的寒冷。草原民族以游牧生活为主，每年会因换季发生迁徙，因此需要采用可拆卸的房屋居所。同时，草原地区缺少建筑材料，因此，草原民族从内地进口少量木材，而主要使用草原常见的动物皮毛作为房屋的材料。毡房一般为圆形，这有利于减少对风的阻力，使之不易被草原上的大风吹倒。

材料是民居实体的必需因素，任何建筑都是凭借材料才能得以成形，然后被使用，民居自然也不例外，不同的建筑类型，其材料的使用具有不同的特点。

我国民居建筑材料的最大特点是经济，而它的另一个特点则是与“经济”密切相关的因地制宜性，各地民居的材料多取自当地，毕竟普通百姓经济水平较低，建房大多只能利用当地所生木材料、生土、野草，建成木架、土墙、草顶的房屋。……因此，普通民居建造方便、经济、省时、省力，同时又因此表现出自然质朴的风格与特色。

——王其钧：《中国民居》，11～12页，北京，中国电力出版社，2011。

形成中国民居多样性特点的原因是什么？它与中国文化的发展有何关联？

千姿百态的各地域民居

古罗马民居是古代欧洲民居的典型代表。罗马人的居所主要由砖石构筑，从结构上看可分为两类，一类与中国的庭院式民居十分相似，是带有天井的住宅。这类建筑原先结构较为简单，由四周的平房围成院落，形成天井，成为整个住宅的采光之处。随着罗马人口的增多、地价的上涨，此类建筑逐渐仅为富人所有，并朝着舒适、复杂的方向发展，楼层加高，面积扩大，有些甚至在屋后建有柱廊式建筑的花园。

绝大多数的罗马城市居民租住在公寓式住宅中。这类住宅一般为3～5层的楼房。这些楼房与今天现代城市中的楼房不同，仅临街的房屋有窗户，通风与采光条件很差，也没有方便的供水和排水设施，因此，居所内往往恶臭难当。

由于维苏威火山爆发，火山灰使庞贝古城于1900多年前毁于一旦。但庞贝古城在沉睡了1600多年之后，又重见天日。由于火山尘砾的保护，庞贝城当年的城市结构、建筑装饰都得以保留原样，使得挖掘出来的庞贝古城犹如天然博物馆。

韦蒂住宅大约修建于公元前200年，位于意大利古城庞贝。这是典型的天井式住宅，中央天井是住宅中心，带来了充足的阳光。廊柱为在天井四周，朴素庄重，另外还有幽静别致的花园，颇具浪漫风情。与希腊式的院墙不同，它采用了内围廊的模式，艺术表现力得到加强，美观实用。

——苏华等编：《图说西方建筑艺术》，41页，上海，上海三联书店，2008。

因纽特人生活在北极地区。面对常年严寒的气候，因纽特人利用冰雪构建了自己的住宅。他们就地取天然冰雪，制成雪砖，砌筑半球形房屋。这种冰屋在南面开小窗，小窗上方伸出板形冰块，遮挡雪花，并可折射太阳光线，利于室内采光。为防风雪，冰屋外往往覆盖有一层草木、一层海豹皮，此外在冰屋内部墙壁也常悬挂兽皮以保温。冰屋中有良好的通道和通气孔。因纽特人一般以鲸的脂肪为燃料进行室内取暖。

阿曼地处中东，临近海滨，气候酷热干旱。阿曼人为抵御阳光暴晒和海上风暴，利用当地生产的棕榈和阿拉伯胶树建造居所。当地居民利用木材制作居所构架，墙壁用棕榈叶平行覆盖。出于防水需要，斜屋顶用双层棕榈叶排列。同时用石块等加固墙脚。此外，这种住宅还有用苇草编织的围墙。

人类的居住条件与生存环境之间有怎样的联系？

二、古代的村落、集镇与城市

在严酷的自然环境中，人们为了生存而聚居在一起，逐渐形成了村落、集镇和城市等不同规模、不同形态的聚居场所。在不同的地理环境和历史发展进程中，村庄、集镇和城市也表现出不同的形态和特征，并对人类社会生活产生了不同的影响。

村落的起源

在远古时代，人类为了生存，需要聚居在一起，建立共同的居住地来抵御风霜雨雪和各类野兽的侵袭。这些聚居地就形成村落的雏形。然而，受制于落后的采猎经济，人们不得不时常迁徙，这些早期的村落并不稳定。

随着生产力的发展，新石器时代的人们逐渐学会了栽培作物、饲养家畜。农业的出现使人们能够将自己的活动固定在一定的范围，而不必再辗转迁徙。因此，人们得以聚居在相对固定的地点，建立自己的居所，继而发展为较为长久的村落。村落的产生，改善了人们的生存环境，并对生态环境产生了一定的影响。

在人们的生产、生活中，村落根据需要被划分为不同的区域，一般的村落包含居住地、墓地和一些公共区域。由于自然环境不同，村落也存在不同的类型。按照职能分类，村落大体可分为农业村落、山村、牧村、渔村等几种类型。村庄的结构和类型也影响了集镇和城市的发展。

姜寨遗址揭露面积1.6万平方米……村落的平面性状基本呈不规则的圆形，其西面和西南面紧靠临河，其余几面有人工挖成的围沟环绕，面积约2万平方米。居住生活区位于围沟以内的中心广场周围，共有五群房屋。每群房屋约20座左右，都能分成大、中、小型三类。……每群所有房屋的门道全都朝向中心广场。在一些房屋的周围还分布着窖穴等经济设施和儿童的瓮棺葬。广场偏西北和偏西南还发现有饲养家畜的圈栏。……村落围沟以外已经发掘出三片墓地，从三者各自成独立单元的情况判断，墓地和居住区内不同的建筑群或许存在着对应关系。……另据当地居民称，遗址西南的临河岸边曾发现过集中分布的（陶）窑群，只是早已被破坏殆尽。

——张江凯、魏峻：《新石器时代考古》，119～120页，北京，文物出版社，2004。

在新石器时代的村落中，人们是怎样生产和生活的？

集镇的出现

随着经济的发展，社会分工进一步扩大，人们需要通过交换来满足日常生活生产中的需求。因此，在交通方便之处，出现了一些以交换为中心的场所，这就是集市。集市往往有相对固定的场所和固定的时间，当越来越多的人来集市从事交换活动时，相关的服务业发展起来，围绕着集市产生了客栈、仓库、饭店等场所。这进一步扩大了集市的规模，聚集了更多人口定居于集市附近。随着定居集市周边的人口日益增多，集镇出现了。在这些集镇中，有一些后来扩大或升格为城市。

还有一种类型的集镇，是在城市出现之后，作为城市商业功能的扩展地带出现的。明清时期商品经济日益发达，工商业城市增多，在一些重要城市附近，逐渐形成了新的集镇。这些集镇承担一定的区域经济分工，以农副产品加工和商业集散为主要职能。这是其与那些人口少、规模小的早期集镇最大的不同。

狭小的街道上，只见挑夫扛着扁担满载瓷器。……景德镇位于昌江畔，江水流自江西东北与安徽隔邻为界的背面山区……宋朝初年，此地只是个市集小镇，靠交易活动而存在，因此可以依商业需求扩张，在水火无情破坏后不断重建、扩大。……景德镇，这座闻名全中国的“四时雷电镇”，殷弘绪（编者注：在中国传教的法国传教士）抵达之时是全球最大的工业复合生产区。三千座窑窑布全镇，凌乱地挤在四周坡地，是当时居民赖以为生的资源。邻近城镇如东南四公里外的胡田村也有无数陶窑。

——［美］罗伯特·芬雷：《青花瓷的故事》，24～25页，海口，海南出版社，2015。

集镇的形成需要哪些条件？它对人们的生活有怎样的作用？

城市的形成及特点

城市是“城”与“市”的结合，高大的城墙和喧闹的集市都是构成城市的要素。目前关于城市的起源有多种解释。从军事角度来看，高大的城墙可能是为防御外敌而修筑的；从社会经济角度来看，城市应是经济发展到一定程度后，商品增多、交换规模扩大、市场发展的产物。另外，想要促成城市这样大规模的建筑，需要极强的组织力和凝聚力。这种组织力、凝聚力可能是由政治、宗教或信仰提供的。不同区域的城市可能存在不同的形成原因，但只有人类的能力发展到一定阶段，才能进行城市建设这样的大型工程。

早在5000多年前，城市就已经在两河流域的美索不达米亚平原出现了。宗教是两河流域城市产生的重要因素。这一地区地形平坦，资源丰富，农业起源和发展较早，这些为城市的形成奠定了基础。乌尔城、尼布尔城、乌鲁克城等城市在此相继出现。这些城市以神庙建筑为城市的核心，表明宗教在当时的社会组织和城市建设中的重要地位。与两河流域不同，埃及人的生活以王室为核心，法老的权力在组织城市建设中起到了关键作用。

神庙在早期苏美尔（两河流域的一个地区）城市文明的所谓“内城”中居支配地位。在这片内城的城墙中，神庙与王室的宫殿和显贵的宅邸比邻而立，这种布局让整个城区充满着一种神庇护下的安全感。

——［美］乔尔·科特金：《全球城市史》，6页，北京，社会科学文献出版社，2006。

几乎与两河流域同时，中国也出现了带城墙的城市。中国古代城市在不同历史阶段有不同的特点。与以皇帝为核心的政治体制相适应，中国古代的都城一般以官署宗庙建筑为城市的主体，如汉长安城、曹魏邺城等。都城的布局影响了地方城市，普通的地方城市往往以地方官署为核心。隋唐以前的城市商业区与居民区分离，并受到严格的管理，到隋唐时期形成了较为整齐的里坊制度。“百千家似围棋局，十二街如种菜畦”的唐长安城就是这种城市的典型代表。

筑城以卫君，造郭以守民。

——《墨子·七患》

自曹魏邺城开始，诸代王朝都城内的中央衙署便开始集中，例如西晋、北魏的洛阳，其中央衙署即集中在宫城南出大街铜驼街的两侧。但在衙署外围另筑一城，即皇城，则是隋代以前所未有的。……这个隋文新意，既把一般居民和宫城隔得更远，又把皇帝住地的宫城和其他大小统治者的宅第严格分开，以使宫城的卫护更为加强。

——宿白：《隋唐长安城和洛阳城》，载《考古》，1978（6）。

郑州商城遗址位于今河南省郑州市，城址平面近似长方形，南北长1785米，东西宽1695米，周长近7000米，面积约296万平方米。城墙全为夯土筑成，有基槽。西北、西南、东南城角基本呈直角……四周城垣共发现11处缺口，其中有些是商代的城门遗址。在城内中部偏北和东北部一带发现20多处商代建筑夯土基址。有的基址上还保留有柱洞和柱础，估计是宫殿区和祭祀场所遗址。在中部偏南，也发现夯土基址，为一般平民居址。城外发现有手工业作坊、铜器窖藏、墓地和居民区遗址。

——李孝聪：《历史城市地理》，54页，济南，山东教育出版社，2007。

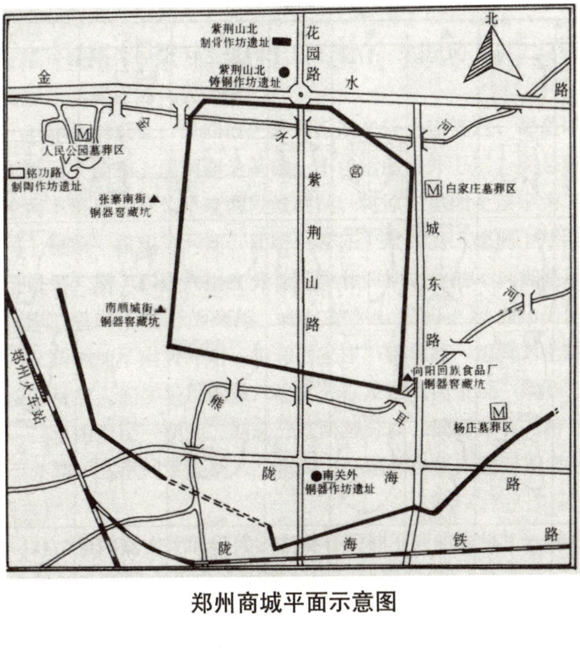

郑州商城平面示意图

隋唐时期，随着社会经济的发展，一些交通发达的城市，成为当时的国际大城市，扬州就是其中的典型。唐代扬州位于大运河与长江的交汇之处，并有航路通海，为当时商品辐辏之地，是物资转运的中心，南北中外商人均在此地进行贸易活动。当时扬州商业兴旺、市场繁荣，是世界知名的国际商业城市，在中西交流的过程中起到了重要的枢纽作用。

在中世纪的欧洲，城市往往出现在教区附近。在主教的教堂附近会有其他的教堂，而这些教堂又有自己的居民区。这些居民区吸引了手工业者和商人从事商业活动，甚至定居，从而扩大了聚落的范围，形成城市。德国的科隆至今仍能辨认出早期教堂和修道院的分布情况。除了宗教因素以外，领主城堡、河流交汇处也能对人口起到聚集作用，从而形成城市。中世纪欧洲城市的形成是多种因素合力的结果，这些城市的选址对后来近现代城市的兴起也具有重要的影响。

除了宗教、政治因素以外，城市的形成还可能与什么因素有关？古代城市形成以后，对人类社会生活产生了怎样的影响？

三、近代以来城市化中的居住条件和生活环境

近代以来，随着城市化进程的不断加快，人们的居住条件和生活环境日益改善。从高层公寓到郊区别墅，从设施简单、绿化不足到设施完善、环境宜人，城市变得越来越宜居。但是，人口拥挤、环境污染、交通拥堵等城市病，也给人们的居住和生活环境带来不良影响。

居住条件的改善

近代以来，在城市化、工业化的推动下，城市住宅的建筑材料得到更新，建造技术不断提高，建筑形式和规划设计日趋现代化，城市居民的居住条件日益改善。

近代早期，在英国、法国、荷兰等城市化发展较快的国家里，城市住宅普遍用砖石建筑取代了木结构建筑，五层以上的楼房取代了低层楼房。此外，一些城市的上层人士还开始向郊区发展，建造乡间别墅。

19 世纪，随着工业革命的开展，玻璃、铁及铸铁、钢筋混凝土等新型建材的陆续使用，大大提高了城市住宅的质量。城市中既有供富人居住的低密度、高档次独栋别墅，也有主要供社会中下阶层居住的高密度、低造价的多层联排公寓。在郊区，居民独家居住，居住密度低，

街区宽大，视野开阔，绿地环绕。无论是市区还是郊区，住宅中逐渐实现了电气化，通上了自来水，采用了集中供暖，有条件的家庭还有了独立的室内卫生间。

19 世纪，高层公寓在欧美工业国家的城市中非常流行。这种住宅起初为下层居民建造，后来一些社会中上层人士也开始迁入。混居式公寓在欧洲大陆十分常见。如在下图所描绘的巴黎的这座五层公寓中，底层住着房主，二层住着比较富裕的家庭，不太富有的富人住在三层，四层住的是小市民，穷人、艺术家和老人则住在顶层。富人住房面积大，房间多；家中装饰豪华，设施齐全。19 世纪后半期，这种联排公寓随着城市的改扩建和一些贫民窟的拆除而得到进一步推广，成为广大低收入阶层的主要居住场所。

19 世纪中期巴黎的混杂式公寓楼

19 世纪上半期，欧美工业国家新兴工业城市中的居住和生活环境一度恶化。与此同时，火车、电车、汽车等新式交通工具日益普及，公路建设不断扩张，19 世纪后半期，电话、电报等现代通讯工具开始使用。交通和通讯的便利为想要寻找健康环境和安静居所的人们提供了另一种选择，越来越多的城市居民离开日益拥挤的中心市区，到市郊居住。城市郊区化的时代拉开了序幕。

20 世纪以来，城市住宅纷纷采用现代钢框架结构，使高层公寓建筑的层高大为增加，既节约了城市空间，也改善了室内的采光和通风条件。在一些发达国家，城市建设开始实行功能分区，将居住区与工作区、商业区、行政区等分开，住宅与公共服务设施尽可能地建在居住区内，大大方便了居民生活。同时，以平台屋顶式住宅群取代成片的单独住宅，从而增加了城市的绿地和空间，缓解了城市住房和交通压力。这种模式逐渐成为现代城市规划的主流。

发达国家的城市郊区化趋势更加迅猛，20 世纪 90 年代以来发展成远郊化。分散型、多中心、多功能和大规模郊区化的空间布局，成为这些城市发展的方向。

随着装修业的兴起，住宅装修越来越现代化、个性化和多功能化。目前，电气化、自动化和信息化已进入了城市普通居民家庭，节能环保、以人为本，日益成为城市家居装修的时尚追求。

在中国近代的城市中，水泥砖头结构的新式住宅逐渐取代了土木结构的传统院落式住宅。其中，既有供社会上层居住的高级公寓、独院式高级住宅和花园洋房，也有面向普通大众的居住大院和中西合璧的里弄住宅。中华人民共和国成立后，特别是改革开放以来，城市的居住条件有了显著的改善。在今天，住房宽敞舒适、内部设施完善、装修环保，外部环境优美、交通便利，成为人们的普遍追求。

19 世纪欧美国家城市居民的居住条件有了怎样的改善？为什么会有这些改善？

生活环境的优化

在城市居住条件改善的同时，城市的公共设施日益完善，社会服务日趋成熟，城市居民的生活环境随之逐步优化。

近代早期，在现代化程度较高的欧美国家，城市的公共设施建设有了进一步发展。宽敞平整的林荫大道、空间开阔的中心广场、现代化的剧场和大型游乐场、雅致的街心花园等，成为城市的重要组成部分。一些大城市还建立了大型的博物馆、艺术馆和图书馆等文化设施。此外，城市绿化也较前有所加强。

进入 19 世纪后，工业革命的发生推动了各项公共设施的日渐完善。由火车、汽车和地铁组成的城市公共交通网初具规模；供电、供暖、煤气、给排水和卫生设备、电气化城市照明和道路信号系统等城市基础设施逐步齐备；市政厅、股票交易所、歌剧院、图书馆和现代化医院等公共服务设施纷纷建立；大商场、百货公司和流动售货车等消费设施遍布城中。

20世纪以来，在发达国家，城市建设开始走向以有利于居住、生活为中心，城市规划合理化、市政管理科学化、公共服务人性化成为流行理念。公共交通更加发达，绿色环保、低碳出行受到推崇，综合性多功能购物中心、休闲娱乐和运动健身等公共设施成为城市的亮点。城市绿化备受关注，街区环境更加优美。

布里茨大居住区，德国柏林，1925—1930 年

19世纪50年代后，在中国一些通商口岸城市中，宽敞整洁的石材或水泥马路代替了旧式土路，垃圾处理系统、电灯、电话、自来水、邮电通信、公共交通等现代公共设施陆续建立。中华人民共和国成立后，尤其是20世纪末以来，中国加大力度发展以地铁、公交车为中心的公共交通体系，提高市政服务和管理水平，改善公共设施和城市绿化状况。

“城市病”的影响

城市化进程在推动城市居住条件和生活环境改善的同时，也带来了人口拥挤、环境污染、交通拥堵等一系列“城市病”。

16、17 世纪，一些欧美国家的大型城市刚刚兴起之时，就曾因管理不善、职能不全出现过人口膨胀、治安混乱、贫困化严重、卫生状况堪忧等问题。工业革命到来后，城市化近乎失控的无序扩张使这些问题急剧恶化。新兴工业城市问题尤其严重。这些工业城市往往布局凌乱，肮脏不堪，污染严重，疾病流行，缺乏基本的市政管理与公共服务设施。

19 世纪的工业化时代，成为近代以来城市居住和生活环境最恶劣的时期。城市缺乏阳光、清洁的水和无污染的空气，饮食单一，而且大多数人处在慢性饥饿状态中，即使较为富有的阶层也不得不面对这种状况。工人的处境更加悲惨，他们劳动时间长，工作强度大，缺乏最起码的工作安全和生活保障。他们通常居住在被隔离起来的臭气冲天的贫民窟里，饱受饥饿、疾病和瘟疫的折磨，往往年纪轻轻就被夺去了生命。工业革命的高歌猛进带来的却是城市居住环境的空前恶化。

19 世纪的曼彻斯特，照片显示出其作为新型工业城市的肮脏和冷酷气氛

古斯塔夫·多雷：《伦敦两座铁路高架桥之间的贫民区》（版画），1872

20 世纪，发达国家的城市化进程基本结束，城市发展的混乱无序状态在多种治理方案下得到有效控制，居住环境问题大为缓解，但人口拥挤、贫困化、交通拥堵等传统问题依然不同程度地存在着。此外，汽车尾气排放造成的空气污染、恐怖袭击等新问题也日益凸显。在某些发展中国家，城市发展的无序化、巨型化和畸形化，使得新老问题叠加到了一起，形势更加复杂、严峻。

在近代中国的城市发展过程中，也表现出了工业化早期的诸多问题，如失业人口数量庞大、贫困问题严重、城市治安混乱等。中华人民共和国成立后到改革开放前，城市居民住房紧张，公共设施不完善成为城市发展中的突出矛盾。改革开放后，尤其是进入 21 世纪以来，中国在加速现代化的进程中，也不可避免地出现了一些矛盾。如人口和工业过于集中，城市部分功能混淆，出现了交通拥堵、空气污染、资源紧张、治理难度加大等一系列问题。面对这些问题，中国政府不断加大力度，通过“疏”“控”结合、地区协同发展等途径，综合予以治理解决。

19 世纪工业国家城市中人们的居住环境存在哪些问题？其原因是什么？当代城市化建设应该如何扬利除弊？

第六章
交通运输的进步与社会变迁

导读

交通在人类社会发展中扮演着重要角色。在古代，人们已经发展出较为发达的水陆交通系统。罗马大道、中国驿道、人工运河，是古代交通建设的重要成就。马车、独木舟、帆船是古代交通运输的主要工具。

进入近代，交通运输领域发生了革命性的变革。新航路的开辟促进了远洋航海的大发展。工业革命后，汽车等新式交通工具的发明和交通基础设施的兴建，推动了交通运输新纪元的到来。

20世纪以来，交通运输业获得了前所未有的发展。一个由铁路、公路、水路、民用航空和运输管道组成的现代化交通运输网逐步形成并日益完善。这不仅推动了经济发展、提高了民众生活质量，也促进了思想观念的更新。

一、古代的水陆交通

为了运输货物、传播信息，人们发明了不同的交通设施和交通工具。随着人类生存空间的拓展、活动范围的扩大，交通方式也不断更新和完善。水陆交通的发展，加强了跨地区的人口流动，促进了各地之间的经济、社会与文化交流。

罗马大道、驿道、大运河

最早的罗马道路主要沿意大利的河流山谷分布，有些沿史前交通线延伸。罗马人在公元前4世纪后期开始从事道路建设，自公元前2世纪后期起形成一股强劲的修路浪潮，构建了四通八达的道路交通网。

罗马大道宽阔笔直，有优质地基和路面，在必要的地方建有隧道、路基和桥梁。道路的底层是置于坚硬泥土中的大石块，中层为沙砾，上层是大石板。路面修成凸形，使路面的水排入路两侧的沟渠。很多罗马道路因建设良好，一直沿用到中世纪，有些甚至使用到现在。

罗马人修建道路的最初目的，是为了便于部队调动，以及将罗马和各殖民地连接起来，从而进行更好地交流和管理。但这些军事道路逐渐为普通百姓所用，由此带动了贸易的发展和罗马文化的快速传播。

古罗马也实行驿站制度。奥古斯都最早在军用大道沿线设有专人传递消息，后来设置了驿站马车。为了更快捷地获取情报和传达命令，罗马帝国在其广阔的统辖地区到处设立驿站。每隔八九千米便有一处，每个驿站通常备有 40 匹马，驿差通过骑马接力的办法，沿罗马大道一天可以跑 161 千米左右。

奥古斯都为了把政府公文在各行省之间传递，派驿差换班传送，从此以后就形成了用马和马车传递的邮传制度，他让马车换班接送公文，这样可以使重要的消息亲口传达到他那里。这种制度也可以用来为必要的远征运送军队，但在这种情况下必须出具皇帝的通行证。

——牛秋实、葛臻明：《秦汉帝国与罗马帝国的交通及社会比较研究》，82页，天津，天津人民出版社，2014。

在中国，秦统一之后，为控制广大国土，秦始皇下令修建以咸阳为中心的全国道路系统，联结各郡县，并在各地沿驿道设立亭舍，制定相关法令。汉代改善了驿传制度。此后各代在秦汉驿道及其管理制度的基础上，进一步开辟新道路，并根据当时的需要对驿道传递制度进行改革。宋代驿传制度改革较大。为适应军事需要，以军卒代替百姓为递夫，并设置驿铺，传递军事信息。明代的驿传则设置了水马驿、递运、急递铺三套机构，将分工进一步细化。至近代铁路、公路兴起，驿道的作用才逐渐衰落。

为驰道于天下，东穷燕齐，南极吴楚，江湖之上，濒海之关毕至。道广五十步，三丈而树，厚筑其外，隐以金椎，树以青松。

——《汉书·贾山传》

道路交通具有鲜明的经济性。道路交通随着人们的生产实践和社会交往而发展，道路交通作为物资流通领域的纽带，物资流通数量的增多和流通地域的扩大，道路建设也就不断地延伸，从城邑之间逐步向乡镇辐射，沟通物资流通的渠道。这种物资流通和道路建设相互作用的结果，带动了中国古代社会经济的繁荣和发展。

——中国公路交通史编审委员会：《中国古代道路交通史》，10页，北京，人民交通出版社，1994。

驿道对中国古代经济及其他领域的发展有怎样的意义？

水路能够运载大宗货物，自古以来在交通运输中占有重要地位。但是天然河道的方向与人们的需求并不完全一致，因此，人们通过开凿人工渠道以弥补天然河道的不足，运河由此而生。中国最著名的运河是京杭运河，这条运河的形成经过了长期的过程。

京杭运河南起杭州，北至北京。它的开凿可追溯至春秋后期吴人开凿邗沟，以沟通江淮两大水系。此后历代对局部河段均有开凿。至隋代，隋炀帝迁都洛阳，为控制广大国土，他下令开凿永济渠以通涿郡，开通济渠以通邗沟、江南运河，直达江南。隋代京杭运河的开凿极大地促进了南北两地的沟通与交流。

隋唐之后，原有的大运河逐渐堵塞废弃。至元代，统治者为将南方粮草运抵大都，加强对南方的控制，先后开凿了济州渠、会通河、通惠河等河段，京杭运河重新贯通，但河道走向与隋唐运河不同，大大缩短。此后历代多有疏浚，河道未有大变。

东至于海，西暨于河，南尽于江，北至大漠。水涓滴以上，皆为我国家用。东南之粟，岁漕数百万石，由海而至者，道通惠河以达。东南贡赋凡百上供之物，岁亿万计，绝江、淮、河而至，道会通河以达。商货懋迁与夫民生日用之所须，不可悉数。二河溯沿南北，物货或入或出，遍天下者犹不在是数。又自昆仑西南，水入海者，绕出南诏之后，历交趾、阇婆、真腊、占城、百粤之国；东南过流求（即古琉球国）、日本，东至三韩，远人之名琛异宝、神马奇产，航海而至；或逾年之程，皆由漕河以至阙下，斯又古今载籍之所未有者也。

——（元）欧阳玄：《中书右丞相领治都水监政绩碑》，载（明）王琼：《漕河图志》卷五。

道路交通和水路交通在人类的生产生活中有怎样的意义和作用？

独木舟和帆船

独木舟是最古老的船型。早在新石器时代，我国就已经出现了独木舟。浙江的跨湖桥遗址出土的独木舟，残长 5.6 米，经检测距今约 8000 年。这是目前发现的世界最早的独木舟。浙江河姆渡遗址出土有做工精细的木桨，距今约 7000 年。独木舟的发现表明我国先民很早就学会了利用舟楫穿行于江河湖海之间。

刳木为舟，剡木为楫，舟楫之利，以济不通，致远以利天下。

——《周易》

有嘴双耳喷口罐，绘有一艘多桨船。
约公元前 730—前 720 年，高 30.9 厘米

铁器时代早期的陶罐上也能看到古希腊人航海的证据。到公元前 800 年至前 450 年，希腊人对基本用划桨驱动的船只进行了改良。他们一开始使用的是排桨船。这是一种航速很快的小船，两边船舷各设置一排划桨。此后逐渐发明出三桨大船，即一种带甲板的船只，两边的船舷各配置三排划桨。大约从公元前 700 年起，

三桨船配备了鹰钩型的冲撞装置用于海战。这种装置从此改变了海战的特征。此前的船只只是设计来运送士兵登陆作战的，现在它本身就是作战场地。

在公元前4世纪至前3世纪罗马领土扩张以前，罗马没有航海传统。与迦太基之间的战争催生了罗马的航海力量。罗马商船多为圆壳或平底，船头和船尾向上弯曲，无龙骨或有龙骨的均有，船的边缘用木板加固。横梁与长度的比例通常是1∶4或1∶3。

罗马多数船只长15～37米，排水量150～350吨。有的船只体积会更大。商船有帆，很少用桨，以节省人力。当时船的航速不高，夜间航海观察星斗，白天则靠路标和风向来辨别方向。古代西方不存在客轮，旅行者只能使用商船。但大多数船只仅专门载货，只有船长有住处。乘客跟船员都睡在甲板上。

中国出现用于船舶的风帆与西方相比较晚。在战国时期出土的一些图像上，有风帆的形象，表明那时帆已经出现。风帆的出现为船的远航提供了极大的便利。战国、秦汉时期，齐王、秦王先后遣使入海求仙，表明当时的船舶制造技术已经达到了较高水平，能够在一定程度上抵御风暴。在历史变迁之中，中国先民先后发明了船尾舵、水密舱壁、车船，为世界造船技术的发展做出了巨大贡献。到明代，我国的造船业趋于繁盛，郑和下西洋时所乘载的“宝船”，长140米，宽57米，是当时世界上最大的船舶。

郑和宝船复原图

从独木舟演进到帆船需要什么条件？帆船的出现对人们的生产生活有怎样的作用？

马、车和骆驼

在现代交通工具发明以前，马是世界上最重要的交通工具之一。马能够负重，又具有一定的速度，因此常常被用于战争中。人对马的使用有着漫长的历史。中国对马的使用可早至远古时期。殷商时期，人以马拉车。春秋战国时期，则出现了人直接骑在马上的单骑。单骑不仅在驿传中使用，由单骑组成的骑兵部队更是成为军队战斗力的重要体现。秦汉之后，马驾车或单骑用于交通的情况都已经非常普遍。

众庶街巷有马，阡陌之间成群，而乘字牝者，摈而不得聚会。

——《史记·平准书》

组建强大的骑兵，除提高战士的体能和骑射技能外，还需为骑兵提供大量优良的战马，改良马种势在必行。汉武帝为求良马，先设法引进乌孙名马，后又不惜动用武力从大宛引进名马，就是分别称为“西极马”和“天马”的优良品种，对改良汉马的马种起了很大作用。从此头小而英俊，颈长而弯曲，胸围宽厚，躯干粗实，四肢修长，臀部圆壮的“天马”，取代了自先秦至汉初的马种，头大颈粗体矮腿短为形貌特征的旧马种，逐渐被淘汰。

——杨泓：《美术考古半世纪》，129页，北京，人民美术出版社，2015。

秦汉遗址出土的铜车马

不晚于商代，我国已能造车。车原本既用于交通，也用于战争。但战国晚期以来，骑兵体现出更强的战斗力，车马组合逐渐退出战争，而更多地用于交通运输。到汉代，车辆制造技术已臻于成熟，此后直至近代变化不大。古代的车有很多类型，可根据大小分为大车小车，也可根据乘坐方式分为安车和立车，根据驾车的牲畜还可分为马车、牛车、驼车。

汉代丝绸之路开辟以来，骆驼就被用于中西商贸交通中。唐代三彩作品，骆驼形象大量成组出现，这些骆驼往往驮人载物，所载物品中包含了商队贩运的货物和生活用品。这表明了骆驼在唐代对外商贸交通中发挥了重要作用。唐代疆域拓展至中亚地区，对骆驼的需求大量增加，外来使团和商团带来的骆驼则满足了唐朝的需求，而官方也设置专门的牧监对驼群进行专门管理。骆驼是中国通过丝绸之路对外交通的重要工具和标志。

像对马匹一样，唐朝政府不得不从外国寻求骆驼，以满足国内的巨大需求。骆驼作为献给皇帝的礼物，作为土贡、商品以及战利品，源源不断地进入了唐朝境内。回鹘和吐蕃都曾经向唐朝贡献过骆驼；来自玛纳斯河流域的处密以及突骑施使团也带来了骆驼。……沿着古代商道，在塔里木盆地的城郭诸国都可以买到骆驼。

——［美］薛爱华：《撒马尔罕的金桃》，198～199页，北京，社会科学文献出版社，2016。

三彩釉陶胡人牵驮俑

马车的出现和使用对人类的活动有什么意义？

二、近代交通运输的进步

近代以来，交通运输取得重大进步。新航路的开辟推动了远洋航海业的发展，工业革命催生了轮船、火车、汽车等新式交通工具，铁路、公路、运河、码头、车站等交通基础设施不断完善。这一切不仅方便了人们的生活，也加速了传统社会向现代社会的转变。

新航路开辟与远洋航海

15 世纪末至 16 世纪 20 年代新航路的开辟，促进了欧洲远洋航海技术的进步和远洋航海业的发展。

新航路开辟后，欧洲人的地理知识大大增加，地图绘制技术取得显著进步，地图制作的专业化和实用性日益提高。随着投影法被广泛应用于地图制作，接近真实的世界地图被绘制出来。到 18 世纪时，初具雏形的现代地图分类标准规范化技术也出现了。

造船技术和航海技术也有了长足进步。葡萄牙的大海船，西班牙的大帆船，荷兰的“弗鲁伊特”大货船，代表了工业革命前帆船制造技术的典范。其中，17 世纪荷兰的帆船制造技术是当时世界上最先进的。在远洋航海中，日益成熟的经纬仪技术有助于更加精确地确定经纬度，使船队可以不用绕道，直达目的地。

葡萄牙制造的大海船航行速度快，灵活机动，便于操纵。它的舰队是当时印度洋地区唯一装备了远程海上大炮的武装力量。活跃于太平洋海域上的西班牙大帆船，是一种大型三桅帆船，通常船尾和船舷均高，前桅和主桅装有横帆，1 至2 根后桅装有大三角帆。这种帆船坚固、快捷、载货量大。荷兰的造船技术后来居上。聪明的荷兰人用风车和其他装置产生的动力取代人力，发明了新式大货船“弗鲁伊特”。这种船既造价低廉，又经济实用，代表了商船设计方面的重大进步。在引进钢体船体之前，“弗鲁伊特”船的总体比例成了货运船的标准。此外，他们建造的用于大洋航行的船只，船尾可以架设大炮，战时可作军舰用。凭借先进的造船和航海技术，荷兰在17 世纪上半期几乎垄断了全世界的海上运输贸易，成为名副其实的“海上马车夫”。

远洋航海业的发展源于欧洲商业经营方式的重大变化。新航路开辟

荷兰人捕获西班牙船只

后，按照股份制组建的垄断性海外贸易公司纷纷建立，比较著名的有东印度公司、西印度公司、利凡特公司和伦敦公司等。证券业、银行信贷业也发展起来，英国的伦敦、荷兰的阿姆斯特丹是其中比较发达的两个城市。商业经营方式的革新增加了欧洲的海外市场业务，使欧洲与世界各地的商贸往来更加频繁，进一步推动了远洋航海业的发展。

新航路的开辟对欧洲远洋海运产生了怎样的影响?

工业革命与交通动力系统

新航路的开辟打开了真正意义上的世界市场的大门，推动了工业革命的到来；而以动力革命为主导的工业革命，又反过来为交通运输业提供了更先进的动力系统。18 世纪后半期，英国率先掀起了工业革命的浪潮，其标志性成就是 1785 年瓦特在前人基础上制成的“万能蒸汽机”。1807 年，美国人富尔顿用蒸汽机驱动轮船试航成功，开启了远洋航行的新时代。1814 年，英国人史蒂芬孙发明了蒸汽机车。1825 年，使用机车的第一条铁路通车，陆路运输也进入新时代。

新的铁路时代——乔治·斯蒂芬 1829 年制造的“火箭”铁路机车复制品

美国卡茨基尔山区的高架铁路

19世纪70年代，工业革命进入新阶段，电力、内燃机两种新型动力登上历史舞台。19世纪80年代初，电力开始成为交通运输动力，电力火车、电车等随之出现。随后，以汽油和柴油为燃料的内燃机相继发明。1885年，德国人卡尔•本茨研制成功了世界上第一辆以汽油内燃机驱动的汽车——“奔驰一号”。此外，内燃机也开始取代蒸汽机成为火车和轮船的动力系统。交通动力系统的革新，大大提高了交通运输效率，进一步密切了世界各地的联系。

第二次鸦片战争后，在欧美国家工业革命浪潮和中国洋务运动的推动下，中国交通的现代化也缓慢起步。1872 年，中国第一家轮船航运公司——轮船招商局成立，中国水运现代化由此起步。1881 年，中国自建的第一条铁路——唐（山）胥（各庄）建成通车，揭开中国陆路交通近代化的序幕。但直到 1911 年，中国自建的铁路仍旧较少，绝大多数铁路由外国修建和控制。

中国第一艘商轮、招商局的第一艘轮船“伊敦轮”复原图

唐胥铁路使用的“中国火箭号”机车，因水柜两侧各镶嵌有一条龙饰，
又称为“龙号”机车

交通动力系统的进步对推动工业的发展有什么重要作用？

交通基础设施建设的进步

近代以来，伴随着新航路的开辟和工业革命的开展，交通基础设施建设也取得了重大进步。

工业革命前，公路运输和内河航运是内陆运输的主要方式。英国、法国、荷兰和美国都建立起了比较发达的公路网，担负着客运服务和包裹运输的重任。内河航运以低廉的价格主要从事大宗笨重货物的运输。欧洲大陆国家是内河航运的开拓者。为了构建起便利的内河航运网，许多国家除了充分利用天然河道外，还纷纷致力于人工运河的开凿。其中，英国、法国、比利时和美国的运河建设成就显著。

随着工业革命的进行，远洋航运的繁荣带动了港口、码头、船坞等海事工程的建设。英国的利物浦和伦敦、法国的勒阿佛尔、荷兰的阿姆斯特丹和鹿特丹、德意志的科隆，都是著名的港口城市。这些城市的港口，建有防波堤的石砌码头，大型船坞坚固耐用，可以供大型船舶停靠；港内的配套设施完善，用于修造船舶和打捞沉船的浮动船坞以及用于指引远洋航行的海岸灯塔、灯塔船等，一应俱全。

19 世纪 60 年代起，采用钢制材质和双螺旋桨、复合发动机建造的金属轮船投入运营，海上冷冻运输技术日臻成熟，电报技术逐步推广，这一切使得帆船运输日趋没落，汽船运输开始成为洲际交通的最主要方式。远洋运输进入汽船时代。

与此同时，世界各国掀起了铁路建设的高潮，宣告了铁路时代的到来。其中，美国、英国和欧洲大陆国家建设成就最高。19 世纪末 20 世纪初，这些国家在国内已经建立起了四通八达的铁路网，跨国界、跨洲的铁路也应运而生。铁路成为名副其实的陆上交通霸主，公路运输和内河航运成为铁路运输的辅助方式。

1869 年 5 月 10 日，在犹他州奥格登的普罗蒙特里，联合太平洋铁路和中央太平洋铁路会师合龙，横贯北美洲大陆的铁路贯通

在城市交通方面，轨道交通蓬勃兴起。有轨电车、地铁成为欧美大城市的重要客运交通方式。形形色色的轨道和公交车道，各具特色的电车站、地铁站和公交车站，成为工业化时代一道独特的城市风景。

近代交通运输的进步，加强了世界各地的联系和信息传递，促进了世界市场的形成和整合，加快了城市化的进程，推动了人类文明的发展。同时，它也极大方便了人们的出行，提高了人们的生活质量。

近代以来的交通进步与社会变迁存在怎样的关系？

三、20 世纪以来交通运输的新变化

20 世纪以来，科技的进步引发了交通运输领域的新变化。汽车运输后来居上，航空运输异军突起；地铁、城轨遍布城中，高速铁路、高速公路突飞猛进；远洋运输、管道运输蓬勃发展。高度现代化的交通运输推动了经济社会的全面进步，也给民众带来了巨大福祉。

铁路和公路

20 世纪以来，随着科学技术的进步，陆路交通运输的现代化程度不断提高，高速化、自动化和信息化成为主要趋势。进入 21 世纪后，智能交通悄然兴起。

欧洲之星高速列车

在铁路方面，机车制造和铁路运输技术日益成熟。蒸汽机车逐渐被内燃机车和电力机车取代，磁悬浮和高速铁路相继问世，铁路运输的运营管理也实现了信息化。除了地上客运和货运外，地铁、城铁日益成为城市客运交通的新宠。虽然面对公路、航空和管道运输的迅速发展，铁路运输不断受到冲击和挑战，在发达国家一度处于萎缩状态，但在第二次世界大战后又重获生机。

公路运输后来居上，家用汽车日益普及。世界上许多国家都建有庞大的、经过改良的公路系统，高速公路建设更是一日千里，汽车公路运输已成为陆路运输的中坚力量。近年来，新能源环保型汽车越来越受到欢迎。交通信息服务系统、智能化道路交通指挥管理系统、全自动电子收费系统（ETC）等智能交通技术成为 21 世纪陆路交通的主流和发展方向。

20 世纪上半期，中国交通的现代化程度较低，呈现出人力与机械动力并存的鲜明特点。在城市，既有人力驱动的人力车（又称黄包车、

洋车）、三轮车、自行车，又有机械动力牵引的火车和汽车。

中华人民共和国成立后，特别是改革开放以来，中国已形成了由铁路、公路、民用航空等组成的现代化交通体系。铁路建设成就斐然，各省、自治区、直辖市都已通了铁路，省会城市和直辖市都有铁路与首都北京相连，形成了以北京为中心的全国铁路网。铁路的电气化率不断提高，高铁技术世界领先，磁悬浮列车投入运营，地铁、城铁、城际轨道交通发展迅速。

1952 年 8 月 1 日，中华人民共和国第一台国产蒸汽机车“八一号”诞生

“复兴号”高速列车

公路方面，中国已建立起比较密集的公路网，在西北、西南地区也建成了沟通少数民族地区的干线公路。全国范围内基本实现了公路村村通。高速公路建设也于 20 世纪 80 年代起步，发展速度居世界前列。家用汽车走向普及，进入千家万户。

世界上第一条商业运营的磁悬浮专线——上海磁悬浮列车示范运营线

中华人民共和国成立以后，铁路、公路建设取得的成就，对国家发展有怎样的重要意义？

航空、水运与管道运输

航空运输是20世纪的新兴部门。1903年，美国人莱特兄弟以内燃机为动力，将飞机开上蓝天，预示了航空运输时代的到来。从20世纪50年代起，民用航空业走向成熟。随着四引擎飞机的广泛应用和波音、空中客车等大型喷气式客机的投入运营，世界范围的航空网形成了。在今天，空中航线越来越繁忙，民航客运票价更加低廉，安全性能日益提高。

威尔伯·莱特像

奥维尔·莱特像

莱特兄弟在试飞

20世纪20年代，中国开通空中航线，中国民航业拉开了序幕。但直到1949年，中国仅有民航线路1.13万千米和12条短程航线。

中华人民共和国成立后，中国民航事业发展迅猛。目前，中国已经建成了现代化的空中交通管理系统，机场、航管等基础设施建设也已接近世界航空发达国家水平；已经建成了以大城市为中心枢纽、联结全国各地的国内航空网，以及以北京、上海、广州为起点，通往世界主要国家和地区的国际航空网。

中华人民共和国运输线路里程增长情况（单位：万千米）

项目	1949 年	1978 年	1999 年		
			数量	为 1949 年的倍数	为 1978 年的倍数
铁路营业里程	2.18	5.17	6.74	3.1	1.3
公路通车历程	8.07	89.02	135.17	16.7	1.5
内河通航里程	7.86	13.60	11.65	1.5	0.86
民用航空航线里程	1.13（1950 年数据）	14.89	152.22	134.7	10.2
输油（气）管道里程	—	0.83	2.49	—	3.0
合计	19.24	123.51	308.27	16.0	2.5

——材料出自：《中国交通年鉴 2000》，31 页，北京，中国交通年鉴社，2000。

在水路交通方面，蒸汽动力逐渐被淘汰，内燃机被广泛用于船舶，燃料也由煤变成柴油。20 世纪末，轮船已经成为各大陆之间最主要的货运方式，而且实现了汽轮化、大型化和高速化的飞跃。

20 世纪上半期，中国水路运输比较落后。港口泊位不足，设施落后，货物装卸主要依靠人力。中华人民共和国成立后，特别是改革开放以来，港口建设突飞猛进，现代化程度大大提高，大型集装箱码头建设达到世界一流水平。船舶的大型化、专业化和标准化程度不断提高，远洋船舶运输规模和能力步入世界前列。

现代管道运输业兴起于 19 世纪末。20 世纪以来，随着石油等能源工业的发展，管道运输业迅速崛起。目前，管道运输凭借其高度自动化的管理水准，成为世界范围内石油和天然气运输的主要方式。中国的管道运输起步于 1958 年，迄今已经基本上形成了贯通全国、输配有序的石油、天然气管道体系。

中华人民共和国成立以后，交通运输业的发展有怎样的特点？

发达的交通运输网络与民众生活

20 世纪以来交通运输的新变化，大大促进了经济社会的发展和进步。交通运输逐渐成为一个重要的经济部门，在各国经济中发挥着越来越重要的作用。它创造了就业岗位，拉动了内需，带来了附加利润；带动了能源、钢铁、制造、建筑、物流、旅游等诸多相关行业部门的发展，加强了各地经济联系，促进了生产要素的流动和配置，提高了经济运行效率，成为经济发展的基础性产业。此外，交通运输系统的发达也间接加快了城市化、郊区化的进程，使城市发展更趋合理、有序。

国际和洲际交通的发展，加强了世界各地的经济联系，促进了生产要素的跨国流动和配置，支持着世界经济向区域集团化和全球化的方向发展。跨国公司、世界贸易组织等各种国际经济组织，成为高度发达的现代化交通运输的受益者；便利、发达的交通运输，也促进了世界各地不同文化的交流与传播，加深了各国人民之间的了解和沟通，带动了世界文化产业的繁荣，有利于世界的和平与发展。

四通八达、方便快捷、多种多样的现代交通运输，使民众生活发生了翻天覆地的变化。首先，它改变了人们的出行方式，节约了出行时间，降低了出行成本，提高了安全性，极大地方便了人们的工作、学习和生活。其次，它丰富了人们的生活内容，提高了生活品位和生活质量。在今天，旅游度假时尚的兴起，自驾游、一日游、出境游的流行，快递业务的崛起，都离不开便利快捷的交通系统。在欧美一些发达国家，还形成了各具特色的汽车文化，美国就是世界闻名的“车轮上的国家”。

交通运输领域的新变化，还带来了更深层次的社会变迁。发达便捷的交通运输，不仅扩大了人们在空间范围内的横向流动，而且使得不同社会阶层人们的接触和沟通日益密切，工作、学习和交流的机会大大增加，加速了纵向的社会流动，促进了社会结构的变迁。同时，它也在一定程度上促进了人们思想观念的变化。日常出行的方便、行程范围的扩大、生活节奏的加快、工作效率的提高，有助于形成视野开阔、思想开放、注重效率、接受变动的现代人格取向和思维特征。

先进、高效的交通运输体系对国民经济的发展至关重要，高速公路、高速列车、城际高速轨道交通、港口和民航的快速发展和建设，缩短了人员交往和商品流通的时空距离，为人与物的流动创造了有利条件，为经济社会和对外贸易发展以及沿江、沿海产业带的形成和区域经济协调发展提供了重要支撑。

交通运输的发展在促进经济和社会发展的同时，也方便了人民生活，提高了城乡人民生活质量。现在人们出行可根据不同的需要，选择不同的出行方式……交通运输网络的形成，为城乡居民提供了一个快捷、安全、清洁、方便的出行环境，大大地方便了人民生活。

——国家统计局：《新中国 60 年》，98 页，北京，中国统计出版社，2009。

纵横交错的现代高速公路

20 世纪以来，交通运输的发展对经济社会和民众生活产生了什么影响？

第七章
疫病、医疗与公共卫生

导读

古代人类时常受到疫病的侵袭。人类与疫病的不懈斗争，推动了医学的进步和公共卫生知识的积累。中国人在对抗疫病的实践中创建了闻名世界的中医药体系，对世界医学的发展做出了杰出贡献。在西方，细菌致病理论的提出为现代医学的产生奠定了基础。随着医生地位的提升，以及护理业与医院的发展，以医疗服务为目标，医生、护理和医院为主体的现代医疗卫生体系正式建立。这套体系的作用日益提升，惠及人类社会。

一、古代历史上的疫病

人类与大规模疫病的斗争由来已久。黑死病暴发于商贸繁荣时期，灾难性的后果客观上推动了医学和公共卫生体系的早期发展。清代江南大瘟疫频发与人们日常生活方式有关，引发了人们对公共环境卫生的关注。人类与天花的斗争带来了疫苗接种这一对抗疫病的科学方法。

黑死病引发的灾难

在人类历史上，大规模的疫病一旦暴发，其破坏力常常是十分巨大的。这是因为疫病所携带的病毒一般都具有极大的传染性。同时，随着社会经济的发展，乡镇演变成为人口众多的城市，地区间的人员流动与商贸往来日益频繁，从而扩大了疫病的连锁效应，一人感染疫病，整个地区都可能遭殃。

14世纪中期，中西方商贸往来频繁之际，一场疫病引发了全球性的灾难，整个欧洲更是遭到毁灭性的破坏，这就是一度令欧洲人谈之色变的“黑死病”。黑死病亦称鼠疫，起因于鼠疫杆菌的感染，从东亚起源，随后传到中亚，再从中亚地区不断向西扩散，迅速传遍欧洲大陆。

据估算，当时这场疫病致使欧洲、西亚、北非和印度地区大约三分之一到二分之一的人口死亡。许多城镇人口凋零，鲜有幸存者。

在欧洲，黑死病导致的灾难不仅表现在高死亡率与巨大的物质损失上，更体现在宗教与文化领域。面对黑死病的威胁，教士们因害怕感染而躲避不幸患病的人们，不肯主持临终圣事，这动摇了人们的宗教信念。死神形象从此经常出现，成为中世纪晚期文化的组成部分。此外，因为黑死病，欧洲人开始重视医疗科学的发展，这一定程度上促进了医学的进步。

鼠疫带来了人口锐减，没有放过任何群体，农民和劳工、工匠和手工工人、商人和银行家、神父和修女、统治者和官僚纷纷倒下，引起劳动力的大量短缺，产生了社会动荡。

——［美］杰里·本特利、赫伯特·齐格勒：《新全球史文明的传承与交流：1000—1800年》，149页，北京，北京大学出版社，2014。

当鼠疫暴发把濒临死亡的恐惧植入整个社会时，日常规范和习俗制约随之崩溃。这时各种仪式纷纷登场，以社会认可的方式来消除恐惧；鼠疫对文学的影响也持久而广泛，因为频频遭遇瘟疫突然造访，不时面对不可思议的生命消失，绘画风格也逐渐呈现出阴郁色彩。鼠疫的肆虐使得人们的基督教信仰陷于崩溃，快乐主义和各种颇具宿命色彩的异教哲学复兴。而城市当局在面对鼠疫侵犯时，则采取保障食物供应、建立检疫所、招募医生，制定相关行为规范等方式做出反应。鼠疫造成的社会影响及城市当局的应对策略，对欧洲意识形态的划时代转变意义重大。

——［美］威廉·麦克尼尔：《瘟疫与人》，109～112页，北京，中国环境科学出版社，2010。

历史上，疫病的暴发和流行对社会造成了哪些影响？

清代江南疫病

疫病的暴发源于自然界中种类繁多的细菌和病毒，它们无处不在，并不时会发生变异。而它们之所以能形成疫病，祸及人类，往往与人类自身的因素密不可分。在造成疫病的众多因素中，人类的生活环境和不良的日常生活习惯扮演着重要的角色，这在中国清朝的江南疫病中表现得尤为明显。

清代江南是历史上疫病多发的地区，这首先与江南地区的气候条件有关。江南地区温暖湿润、水网密布，特别有利于霍乱、痢疾等胃肠道恶性传染病的暴发和扩散。尤其是春夏季节，各种疫病的致病微生物，如病毒、细菌、原虫和蠕虫等很容易滋生繁殖。一旦卫生条件不佳，便可感染传播。而江南地区居民的某些生活习惯，如在河水中洗刷马桶、倾倒粪便及以河水为生活用水等，恰恰为疫病的多发提供了便利条件。

以江南各府县乡镇志中的记载为基础，综合众多医书、笔记、文集、海关医报及今人著述等相关资料，可以计算出，清代江南地区每县平均暴发疫情 11.8 次，年均暴发瘟疫 2.44 次。按季节看，春夏季多发，秋冬季较少。

清代江南地区的疫病不断暴发，给人们的社会生活带来严重影响。虽然由于当时医疗条件的不足，人们无法通过科学手段彻底消灭疫情。但是，人们在长期与瘟疫做斗争的过程中，积累了丰富的经验，总结出不少应对措施，降低了疫病的杀伤力。在诸多防治经验中，搞好个人卫生，同时提升整个社会的公共卫生环境最为有效。正是由于人们对改良卫生条件的重视，江南地区的疫病虽然频发多见，但大都未造成特别巨大的人员伤亡和社会损失。

（瘟疫治疗与预防之法）沟衢宜打扫清洁，衣服宜浆洗干净，水泉宜早汲，用沙沥过，鱼蔬忌久顿，用冰更佳。房屋大者宜多开窗牖，小者须急放气孔。而尤要者，则厕桶积秽之处，日施细炭屑其上，以解移恶。

——（清）陈虬：《瘟疫霍乱答问》，见曹炳章主编：《中国医学大成》第 4 册，706 页，上海，上海科学技术出版社，1990。

生活习俗、气候环境等主客观因素与疫病发生之间有怎样的联系？

天花的威胁与防治

在长期与疫病做斗争的过程中，人类认识疫病和对抗疫病的经验日益丰富、技术水平不断提高，消灭天花这种危害巨大的恶性传染病就是一个典型案例。

天花是一种古老而又猖獗的疾病，据推测，它可能出现在公元前一万年，正值人类从游牧生活转为农业定居生活的时代。至 20 世纪，天花至少造成全球 3 亿多人死亡，是人类历史上致死人数最多的传染病。不过，与其他疫病不同的是，天花又是人类历史上第一个被确认为完全消灭的恶性传染病，对天花的防治开启了人类社会战胜疫病的征程。

19世纪著名历史学家、政治家马考莱将天花视为“死神的忠实帮凶”：“鼠疫或者其他疫病的死亡率固然很高，但是它的发生却是有限的。在人们的记忆中，它们在我们这里只不过发生了一两次。然而天花却接连不断地出现在我们中间，长期的恐怖使无病的人们苦恼不堪，即使有某些病人幸免于死，但在他们的脸上却永远留下了丑陋的痘痕。病愈的人们不仅是落得满脸痘痕，还有很多人甚至失去听觉，双目失明，或者染上了结核病。”

——曹志彪、张金方主编：《〈世界科技全景百卷书〉科技大发现系列（37）：医学大发现》，1 页，北京，中国建筑工业出版社，1998。

从1519年开始，天花伴随着其他疾病的流行毁灭了阿兹特克帝国，不到一个世纪，墨西哥的土著人口就减少了90%，由1700万锐减至130万人。当西班牙征服者在墨西哥确立统治时，土著民族的政治、社会与文化传统或是消失殆尽，或是为西班牙所同化。

——［美］杰里·本特利、赫伯特·齐格勒：《新全球史文明的传承与交流：1000—1800 年》，202 页，北京，北京大学出版社，2014。

天花虽无药可救，但可通过接种来预防。在与天花长期不懈的斗争中，中国在 10 世纪首先发明了把轻型天花病人痘疱液经鼻少量接种正常人，使接种者获得免疫的方法，称为“人痘接种”。18 世纪末，英国医生琴纳发明了更好的接种方式——“牛痘接种”。它具有安全性能高、副作用小、产生抗体快、抗天花感染能力强以及受种者不具有感染性等优点，琴纳也因此被誉为“天花征服者”。

琴纳立志于消灭天花，他经过长期观察，注意到挤奶女工都不曾感染天花，出于好奇，他研究了她们异于常人的基本情况，发现这些挤奶工人都经常接触牛乳头上的痘疮。经过多次实验，琴纳发现牛乳头上的一种“痘疮”提取出来并接种到人体后，也能预防天花，且危险性更小、效果更好。1798 年，他在反复试验的基础上，写出说明“牛痘接种”有效性的著作，得到社会普遍认可。

牛痘接种普及后，人们掌握了消灭天花的重要武器，为人类社会最终消灭天花奠定了基础。到 1980 年，世界卫生组织宣布已经在全世界范围内消灭了天花病毒，这是人类历史上对抗疫病的第一个重大胜利。

发明和接种天花疫苗在人类对抗疫病的征程中有怎样的意义？

二、中医药的成就与西医在中国的传播

中华医学源远流长，博大精深。从伏羲制九针，到李时珍《本草纲目》问世，中医药学创造了迥异于西方的医疗体系，取得了令人瞩目的成就。随着东西方文化交流的加深，西医在中国广泛传播，中西医的碰撞与融合为世界医药学带来了新的发展。

中医药的成就

人类自起源之初，就面临生老病死的问题。疾病是人类生存所必须克服的挑战，与疾病的斗争也成为人类历史的一部分。随着文明的发展，人类医学不断进步。其中，以汉民族医药学为主体的中国医药学创造了众多医疗奇迹，在世界医学史上独树一帜。

中医药学的起源可追溯至传说的三皇时代，伏羲、神农和黄帝被认为是中医药学的创始者。伏羲“味白药而制九针”、神农尝百草的传说，以及中医“岐黄”之名的由来，都表明中医药学起源于距今约 5000—4000 年前。

经历过夏、商、西周的巫、医并存时代，到春秋末期，生产力发展带动自然科学不断进步。人们对疾病的认识也逐渐摆脱鬼神束缚，治疗方式由祭祀和祈祷为主转变为药物为主，医生从巫师中分离出来，成为专门的职业。名医医和提出“六气致病”说，扁鹊提出“信巫不信医，不治”的“六不治”原则，并采用“望、闻、问、切”四诊法以及砭石、针刺、导引和汤药等治疗方法。

秦汉时期是中医药学的奠基时代，《黄帝内经》《难经》《神农本草经》以及“医圣”张仲景的《伤寒杂病论》先后问世。其中，《黄帝内经》《难经》奠定了中医药学理论体系的基础，《神农本草经》被奉为中药学祖书，《伤寒杂病论》则被誉为“众方之祖”，是临床医学和方剂学的基石，其“辨证施治”的思想逐步成为中医的基本规范。此外，“神医”华佗研制的麻沸散，在世界麻醉学和外科手术史上占有重要地位。

扁鹊画像

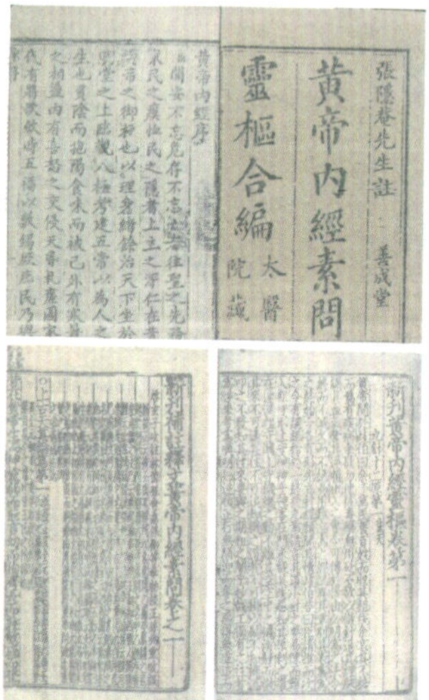

《黄帝内经》书影

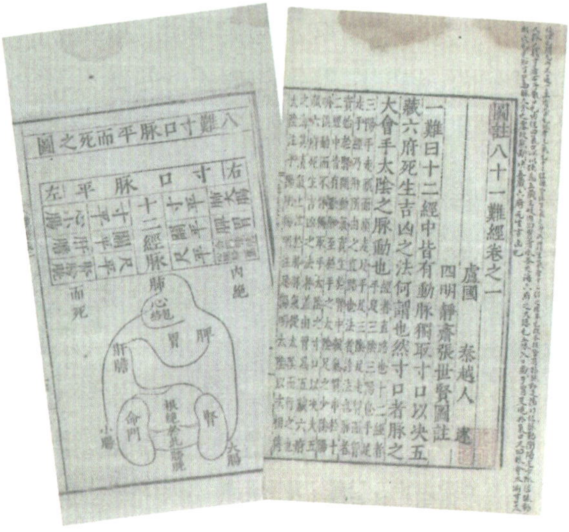

《难经》书影

神農本草經

《神农本草经》书影

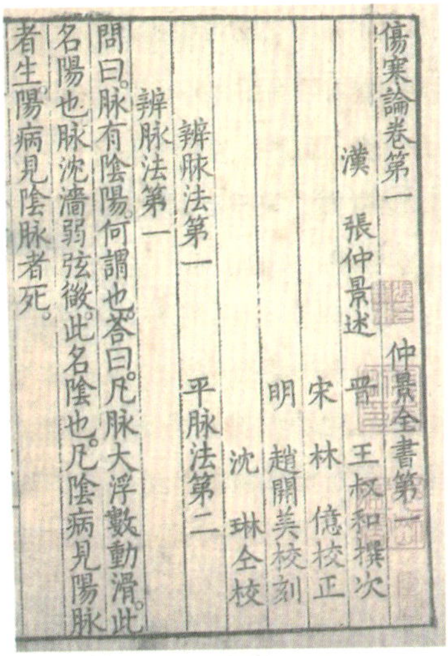
傷寒論卷第一　仲景全書第一
漢　張仲景述　晉　王叔和撰次
宋　林　億校正
明　趙開美校刻
沈　琳仝校
辨脉法第一　平脉法第二
辨脉法第一
問曰。脉有陰陽何謂也。荅曰。凡脉大浮數動滑。此名陽也。脉沈濇弱弦微。此名陰也。凡陰病見陽脉者生。陽病見陰脉者死。

《伤寒杂病论》书影

魏晋时期，受玄学，佛、道、儒思想的影响，养生论得到系统完善，并逐步形成养生文化。养生论主张与自然统一，遵循自然规律，提倡养神，以精神之乐为重，合理饮食，调养身体。嵇康的《养生论》是这一时期的代表。

隋唐时期是中医药学大发展的时期。隋朝太医博士巢元方主持编撰的《诸病源候论》是我国第一部由政府组织、集体编撰的医学论著，也是我国第一部病因症候学专著。唐代，由政府组织编修的《新修本草》（又称《唐本草》）是世界上最早的一部由国家颁布的药典。此外，医学家孙思邈编撰的《千金要方》和《千金翼方》被后人誉为中国古代的“医学百科全书”，“上承汉魏，下接宋元”。

孙思邈画像

两宋时期，针灸学成就显著。针灸铜人和《铜人腧穴针灸图经》的出现，使针灸在人体的穴位上更为标准化和规范化，为后世针灸研究奠定了基础。

明代医学注重典籍的整理与医学史

文献的研究，药物学与方剂学发展速度加快。其中，李时珍撰写的时代巨著《本草纲目》，不仅将药物分类进行了变革，还纠正了部分前人的错误认知，甚至开始有了对药性理论的阐述，对药学、医学，乃至植物学的发展皆有重大意义。这一时期，推拿作为一个医学分支，被列入医学十三科中，其地位得到肯定。

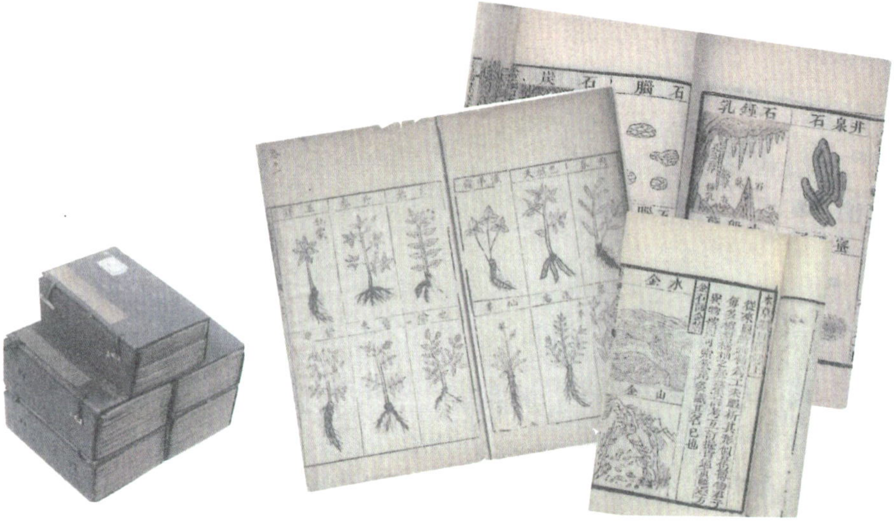

《本草纲目》书影

清代前中期，医学书籍被重新整理和注释。《古今图书集成》中，医学部分《医部全录》收录了从古至清初 120 余部医学文献，是一部全面的医学文献参考类典籍。疫病学方面，于 16 世纪发明的旨在预防天花的人痘接种术在此时得到推广，很大程度上遏制了天花的肆虐，具有里程碑式的意义。

中医药学传承数千年，涌现出诸如扁鹊、张仲景、华佗、孙思邈、李时珍等医药学大家，在理论构建、临床诊断与治疗、药物、方剂、外科手术与麻醉、针灸术、推拿术和疫病预防等多个方面均取得了巨大成就，形成了完整的医药学体系。后人追宗先贤，发展出温补学派、伤寒学派、滋阴学派等流派。各流派年代久远，名家辈出，名方众多，甚至出现中医世家，传承医药秘方，呈现“百花齐放，百家争鸣”的局面。中医药学以其立足本土，取材广泛，适用性强且价格低廉的优势，满足了广大民众的需求，在中国长盛不衰。

近代以来，随着国门洞开，西医大量传入中国。中医药学在西医的冲击与影响下，走向科学化与全面化发展的道路。一方面，一批中药辞书问世；另一方面，以中药为主要研究对象的药用动物学、药用植物学、生物学、中药鉴定学、中药药理学等新的学科也初步建立。

中华人民共和国成立后，中国中医科学院等中医史研究室大量成立，致力于发掘中医经验，编写与修订中医学教材，培养专门的中医药人才。同时，中医医院、中医专科门诊、中医诊所大量兴起，中医老字号受到广泛欢迎。除常见病症外，中医还在流行性乙型脑炎、血吸虫病等疾病的防治方面做出了贡献。现代中医药学在继承传统的同时，积极吸收西医的优秀成果，形成中西医结合的医疗卫生体系。2015 年，屠呦呦因发现治疗疟疾的青蒿素获得诺贝尔医学生理学奖。

中国各个时期中医药有哪些突出成就？这些成就说明了什么？

中医药的国际影响

传统中医药经历漫长变迁，时至今日，不仅在中国备受信赖，而且赢得了世界的认可与尊重。总体而言，中医药走向世界经历了从民间向政府，从交流向合作的转变与发展。

中医药的国际化始于唐代。唐朝的医学教育机构在接纳本土学生的同时，还接收外国留学生。中医作为文化交流的一部分，传入朝鲜半岛、日本和阿拉伯等多个国家和地区。《千金要方》在日本出版，《新修本草》是日本医学生学习医药的必读课本。明代外科学家陈实功的“医家五戒十要”被认为是世界上最早的成文医德法典，被美国《生命伦理学百科全书》全文收录。17 世纪，大量中医药典籍传入西方，为西医的发展注入新鲜血液。波兰耶稣会传教士卜弥格所著《中国植物志》是目前所知最早向西方介绍中国本草学的图书。

在政府的支持和推动下，当代中医药在海外有了进一步的发展。2003 年，世界卫生组织（WHO）采纳中国政府的建议，在其《全球医学发展战略》中明确指出，中国的针灸、中药等传统医药正在全球获得广泛重视。同时，在中外政府间合作协议框架指导下的高等院校和医疗、科研、生产机构间的合作也不断增多，进而带动海外中医药教育渐趋正规化。伴随着集中医药教育培训、科研开发与医疗服务合作于一体的综合集成模式的形成，区域性和国际性中医药学术组织纷纷建立，中医海外医疗规模不断扩大。

此外，自 2000 年澳大利亚首次以法律形式承认和保护中医药以来，美国、加拿大、阿联酋、泰国、南非等国家也相继承认了中医师、中医药的合法地位。韩国、越南、新加坡等亚洲国家还建立了专门的传统医学管理机构，对中医进行规范化管理。随着天然药物国际市场的形成和扩大，中国中药产品出口量不断上升，出口结构不断优化，出口地区进一步扩大至亚洲、美洲、欧洲和非洲。

中医药要取得更大发展还需要实现哪些突破？

西医在中国的传播

从独立发展到走出国门，中国医药学的成就举世瞩目。而历史上西方医药学的传入，不仅改变了中医药学的生存环境，而且对中国医学的发展产生了深远影响。一般说来，西医在中国的传播始于 16 世纪末。在西医东渐的过程中，传教士充当了十分重要的角色。

明末清初时期，西医初步传入中国。彼时正值欧洲航海扩张，利玛窦、汤若望等西方传教士来到中国，在传播基督教教义的同时，也带来了部分西方自然科学知识。然而，行医只是传教的辅助方式，加之当时来华传教士相对势弱，故而西医并未在中国社会发挥太大作用，影响局限于宫廷。

鸦片战争后，西方医学伴随着各种科技文化涌入，在中国广泛流传，大量教会医院开设起来。据统计，从 1876 年到 1905 年，全国范围内的教会医院由 16 所增加至 166 所，诊所由 24 个增加至 241 个。这些教会医院设备先进，规模较大，医疗水平较高，且具有一定的慈善性质，在中国近代的医疗救助与社会救济方面起了重要作用，不仅成为西方医学传入中国的重要基地，而且为我国医院系统的发展做出

广州博济医院

1880 年羊城博济医局《西医眼科》重刻本

了示范。其中，美国传教士嘉约翰于 1859 年在广州建立的博济医院最具代表性。

此外，教会还募资开办医学校或医学院招收学生，培养医学人才。清政府也仿效西方开办医学堂，如京师同文馆、京师大学堂医学实业馆等。随着时间的推移，前者成为西医教育发展的主流。如广州博济医院于 1866 年创办的南华医学堂，是传教医生在中国建立的最早的医学院。此后，正规医学院、军医学堂发展起来。到 1915 年，在华教会医学校已达到 23 所，护士学校、药科学校、助产学校 36 所。

传教士还翻译写作医学书籍，培养西医留学生等。这些举措不仅促进了西医在中国的传播，还培养了大批西医人才，确立了西医在中国的地位。时至今日，西医以其科学性与专业性受到中国人的普遍接纳，成为与中医并驾齐驱的重要就医选择。随着医学的不断进步，中西医将持续走向融合，共同发展。

中西医结合有怎样的现实意义？

三、现代医疗卫生体系的构建与社会生活

细菌致病论的提出为现代医学的发展奠定了基础，以医疗救治为目的、医生诊治为主体、医疗护理为辅助、医院管理为统筹的现代医疗卫生体系得以建立，并在实践中不断发展。随着这套体系的科学化、系统化、社会化和全球化，全球公共卫生管理体系逐渐成形，惠及大众。

现代医疗卫生体系的建立

在与疾病的长期斗争过程中，人类医学不断发展，随着细菌致病论的提出，现代医疗卫生体系得以建立，其主要特征是：以医疗救治为目标，以医生诊治和辅助护理为主体，医院统筹管理专业化的医疗服务体系。

医生与护理职业很早就存在，但在医学落后的古代，医生地位低下，护理也被视为家庭保姆的工作，两者都不被人重视。19世纪末，科学家们经过长期研究，发现了细菌病毒等微生物致病菌，认识到导致疾病的真正原因在于细菌感染，消灭细菌就可以消除疾病，获得健康。于是，主导消灭致病细菌工作的医生群体作用大为提升。

护理得到人们的重视，与英国护士南丁格尔有很大关系。在1853—1856年的克里米亚战争中，南丁格尔受英政府委派，护理伤病员，将伤员死亡率从40%降低到2%。她根据自己的护理实践写出总结报告，

医院中的南丁格尔

详细阐明了护理的价值。此后，南丁格尔开办护理学校，培训专业人才，护理工作的基本原则和方法得到普及，并迅速传遍世界。在她的启发下，瑞士银行家杜南于1864年创建了国际红十字会，推动全世界护理培训事业的发展。20世纪初，奥斯勒爵士写道："受过培训的护士是人类的一大幸事，与医师和牧师相比，她的使命并不亚于任何一位。"

医院作为一个机构很早就存在，但在医学落后的古代，医院主要作为社会抚恤机构而存在，主要功能是照顾病人、老人、伤残人士和其他需要救助的人，医疗救治的功能并不明显。随着诊治和护理工作作用的凸显，医院逐渐将工作重心转向医疗救治，并致力通过科学管理，为医生与护士创造最好的工作环境。

随着人体解剖学与显微镜学的进步，人体的细胞结构进入了科学家的视野。在法国微生物学家巴斯德与德国医生科赫的努力下，人类找到了疾病的根源和治疗的方向。

巴斯德被称为"微生物学之父"，他阐明了人体生病乃是源于细菌、病毒等微生物感染，只有消灭它们才能使人类免遭疾病侵害。在此基础上，科赫证实了每种疾病都有特殊的病原菌，并成功在体外培育病原菌，强调杀死病原菌就可以消灭疾病。

致病原因被发现后，消灭疾病有了确切对象。巴斯德在发现导致鸡霍乱、炭疽病和狂犬病致病细菌的基础上，相继研制出鸡霍乱、炭疽病和狂犬病疫苗，使得人类真正找到了消灭疾病的科学方法。

与此同时，药物学、医学诊断与治疗学也不断发展。可以杀死细菌的青霉素、链霉素、氯霉素和金霉素等药物相继出现；X光线的发现则使医生能更为清晰地探测人体，科学地诊断疾病；现代血型系统开始建立，输血配型有了确切依据，出现了输血与器官移植等新疗法。

医学理论、医疗技术发展与现代医疗卫生体系的建立之间存在怎样的互动关系？

现代医疗卫生体系的运行

现代医疗卫生体系建立后，为提升医疗效果，医学教育与科研得到重视，世界各国纷纷建立起专业的医学院校与医学研究机构。1900年，国际社会特别设立了诺贝尔医学奖，奖励那些对人类医学发展做出重大贡献的人。与此同时，各国政府也致力于用科学化的方式监管医疗卫生服务体系，根据现实需要确立或修改相关卫生制度和疫病防控程序。

在医疗服务实践中，现代医院管理也日益科学化，医学分科逐渐细化。各大医院都陆续成立了临床、保健、病理、药房、输血、麻醉、药学、行政等各类科室，医学也被分为内科、外科、妇科、儿科四大类，各大类又有心脏病学、内分泌学、精神病学、神经病学、整形外科学、胃肠病学等更为细致的划分。不仅如此，护士群体也得到重视，被视为医务人员中重要的组成部分。护理日益专业化，给予患者以更加周到细致的服务。

在现代医学的技术驱动与各国政府的积极推动下，现代医疗卫生服务的效果不断提高，社会影响力逐渐增强，其服务对象也不再局限于个体的病人，而是面向更大范围的社会群体乃至全人类。各国先后开始在现代医疗卫生体系的外围构建惠及整个社会的公共卫生安全管理体系。它不仅包括医疗服务机构，还涉及相关医疗企业、政府管理部门，以及各类社会组织，并与生态环境与公共设施关系密切。

国际性的官方医疗组织可以追溯至1909年。当时，一个国际公共卫生机构在巴黎成立，以监测鼠疫、霍乱、天花、斑疹伤寒和黄热病的发病情况，同时尝试为欧洲国家制定统一的卫生和检疫标准。在20世纪的两次世界大战之间，国联建立了一个卫生处，下属的几个特别委员会讨论过疟疾、天花、麻风病和梅毒等的全球发病情况。但这个时期更重要的工作是洛克菲勒基金会攻克黄热病和疟疾的计划。然后，在1948年，新的更为雄心勃勃的世界卫生组织组建成立。借助有力的政府支持，世界卫生组织开始把最先进的科学的医学知识应用于落后地区，只要当地政府愿意配合。1940年代以后，医学科学和公共卫生管理对人类生活的影响已经真正地全球化了。在大部分地区，传染病已不再重要。

——［美］威廉·麦克尼尔：《瘟疫与人》，172页，北京，中国环境科学出版社，2010。

现代医疗卫生体系的发展呈现出怎样的趋势？还有哪些发展空间？

现代医疗卫生体系对人类生活的影响

在以医疗服务为基础的现代医疗卫生体系和公共卫生管理体系的护卫下，民众的身体健康得到保障，人均寿命大为延长，许多疾病被抑制甚至消灭。一系列严重危害人类生命与健康的传染病、寄生虫病和营养缺乏性疾病得到有效控制，人均寿命普遍延长。据世界卫生组织的统计，截至 2018 年，全世界最长寿的国家是日本，人均寿命已经达到 84.2 岁，有 20 多个国家的居民人均寿命在 80 岁以上。中国居民的人均寿命从 1949 年的 35 岁提升到 1999 年的 70.8 岁。2018 年我国居民人均预期寿命增至 76.7 岁。

人口数量上，由于抗生素的发明以及各国政府针对各类常见传染病的大规模免疫计划的广泛启动，婴儿死亡率大幅度下降，人口不断攀升。1750—1900 年，全球人口大约从 10 亿增加到 16 亿，1950 年，这一数字上升至 26 亿，1999 年已经超过 60 亿，2018 年世界人口数量达到 74 亿 4000 多万。

不过，现代医疗卫生服务体系是建立在医学发展基础之上的，由于医学本身的局限性，这套体系也不是万能的。时至今日，人类社会仍然面临着艾滋病、疯牛病等传染病疾病的威胁，癌症也未能完全攻克。而且，由于各国各区域发展程度不一，尤其是亚非拉地区的发展中国家人口增长过快，医疗卫生资源存在严重不足，许多地方甚至严重匮乏。发达国家的下层民众也面临着缺医少药的困境。

实行全民医疗保障是社会的理想目标，但是由于医疗费用的迅猛增加，以及卫生资源的不合理分配，对医疗保障体制造成了严重的冲击。在英国，国家卫生服务体系已经成为政治足球，并且处境艰难。在美国，虽然 1990 年代中期卫生保健费用已占到国民生产总值的 15%，但依然有相当数量的人缺乏起码的医疗保险。在富裕国家，贫困者依然得不到足够的医疗；在发展中国家，由于缺乏国际援助，疟疾和其他热带病仍在肆虐。卫生资源分配不平衡的矛盾成为各国共同关注的问题，尤其是在 20 世纪 60 年代以后，临床医学高技术化发展使这一矛盾更加突出。如何公平与公正地分配卫生资源成为各国政府与卫生行政当局面临的难题。

——张大庆：《医学史十五讲》，223 页，北京，北京大学出版社，2007。

健康不仅为疾病或羸弱之消除，而系体格、精神与社会之完全健康状态。

享受最高而能获致之健康标准，为人人基本权利之一。不因种族、宗教、政治信仰、经济或社会情境各异，而分至轩轾。

各民族之健康为获致和平与安全之基本，须赖个人间与国家间之通力合作。

任何国家促进及保护健康之成就，全人类实利赖之。

各国间对于促进卫生与控制疾病，进展程度参差，实为共同之危祸。而以控制传染病程度不一为害尤甚。

儿童之健全发育实属基要。使能于演变不息之整体环境中融洽生活，对儿童发展实为主要。

推广医学、心理学及有关知识之利益与各民族，对于健康之得达完满，实为至要。

一般人士之卫生常识与积极合作，对人民卫生之改进，极为重要。

促进人民卫生为政府之职责；完成此职责，唯有实行适当之卫生与社会措施。

——《世界卫生组织组织法》，国际卫生大会，纽约，1946 年 6 月 19 日至 7 月 22 日。

现代医疗卫生体系的发展对人类生活有什么影响？

中编

政治与社会

第八章
多元的政治体制

导读

中外政治体制有着不同的发展轨迹，在人类历史上留下了深刻的痕迹。周秦时代，古代中国政治体制发生了重大转变，秦汉以后的两千年间，君主专制中央集权不断发展强化。由于国情不同，西方国家政治体制形成了不同的类型。近代中国，共和制度经历了诸多磨难。中华人民共和国成立后，民主共和制确立并不断完善。

一、周秦政治体制的转换

秦朝建立前后，中国古代政治体制产生了巨大变化。西周时期推行了宗法制与分封制，保障了社会秩序的稳定。春秋以后宗法制与分封制逐渐瓦解，中央集权体制孕育发展。秦朝建立以后推行了皇帝制度、三公九卿制度和郡县制，成为秦朝以后两千多年政治体制的基本模式。

周公旦画像

西周的政治体制

夏商两代万邦林立，王者的统治建立在众多部族之上。

公元前 1046 年，周武王克商。不久武王病死，弟弟周公旦摄政，辅佐武王的儿子周成王治理天下。但商遗民的叛变给周政权的统治带来极大威胁。周公旦平定了商遗民的叛乱，为了巩固统治，他开始推行大规模的分封。

周公辅成王画像砖

昔周公吊二叔（指叛乱的管叔、蔡叔）之不咸（不善），故封建亲戚以蕃（藩篱）屏（屏卫）周。

——《左传·僖公二十四年》

兼制天下，立七十一国，姬姓独居五十三人。

——《荀子·儒效》

周人按照自己的血缘与政治纽带，分封了周王族、功臣和古代帝王后裔。分封的主要国家大体就在黄河中下游的要塞，是当时的发达地区；其中鲁、卫、晋、燕这些姬姓封国势力最为有力，足以决定大局。这些诸侯对周王效忠，拥有自己的权利和义务。他们可以赏赐采邑给臣下，但必须为周王镇守疆土，上交贡纳，对周王朝觐述职，随王征伐。周人分封同姓王族，维系了周王的权威，使周人的统治延续了数百年。

宗法制与分封制配套，以父系血缘亲疏为纽带，以嫡长子继承为核心，嫡长子为大宗，庶子为小宗，维系了统治集团内部继承权的稳定秩序。父系血缘会随着时间的推移而减弱，后来封国的独立性越来越大，形成了诸侯尾大不掉的局面。

但分封制与宗法制结合在一起，把周人的血缘纽带、政治关系辐射到周人势力所及的范围内，实现了家国同构，使得周王的权威大大增强。就国家政治体制而言，周代与夏商时代有很大不同：“天子之尊，非复诸侯之长而为诸侯之君。”

宗法制与分封制有怎样的联系？其对古代中国早期国家的形成产生了什么影响？

春秋战国时期政治体制的变革

春秋时期，作为国家基本政治制度的宗法分封制开始遭到破坏。一方面，周室东迁之后，周王权威动摇，诸侯坐大，挑战周代的等级制度，出现礼坏乐崩的局面；另一方面，生产力的飞跃使得旧有的土地制度受到冲击。春秋时期，诸侯争霸此起彼伏。战国时期，由于各国变法和兼并战争对周代宗法贵族的打击，宗法制分封制最终瓦解。与此同时，中央集权与君主专制制度逐步发展。

进入战国时期，列国君主纷纷称王。出于富国强兵的需要，各个诸侯国在自己的领地内，推行了中央集权。君主掌握统治国家和臣民的绝对权力。中央命令上传下达，郡县长官由君主任免，对君主负责，成为职业官僚，地域关系取代了血缘关系。

春秋战国在古代中国政治体制转换过程中有怎样的意义？

秦朝中央集权制度的确立

公元前 221 年，秦灭六国，完成统一大业。

秦始皇画像

初并天下后，为适应统一的新形势，秦王嬴政决定建立新的政治体制。他首先想到的是改变自己的称号，确立至高无上的君权。在战国时期，各国诸侯都称王，秦王嬴政认为自己“德高三皇，功过五帝”，最高统治者称“皇帝”。他百年后称“始皇帝”，希望子孙世代相袭，称二世、三世乃至万世，

“皇帝信玺”封泥

传之无穷，并且规定只有皇帝才能自称“朕”，皇帝的命令称“制”或“诏”，皇帝所用的印称“玺”。

全国的行政、经济、军事等一切大权，由皇帝总揽，全国的主要官员都由皇帝任免，军队调动之权也由皇帝直接控制。这样，皇帝便拥有绝对的权力，形成君主专制制度。

天下之事无小大皆决于上，上至以衡石（一百二十斤）量书，日夜有呈（定额），不中呈不得休息。

——《史记·秦始皇本纪》

在中央，秦代设置三公九卿。三公即丞相、御史大夫和太尉，辅佐皇帝处理全国军政要务。丞相主管全国政务；御史大夫掌管图籍奏章，传达皇帝诏令，并监察百官；太尉主管全国军务。丞相之下还有九卿，分掌朝廷和国家各项具体行政事务。全国军政大事先交群臣议论，然后皇帝裁决。

秦代的九卿包括奉常（掌管宗庙礼仪）、郎中令（掌管宫殿警卫）、卫尉（掌管宫门警卫）、太仆（掌管宫廷、国家马政）、廷尉（掌管司法审判）、典客（掌管外交和民族事务）、宗正（掌管皇族事务）、治粟内史（掌管国家财政）、少府（掌管皇室需要的山林川泽之税）。其中除廷尉和治粟内史明确为国家设置的之外，其余官职都具有为皇室服务的色彩。

在地方，秦统一后，秦始皇与群臣讨论，决定废除分封制，在全国范围内推行郡县制，把全国分为36郡，后来增加到40多郡，郡下设县。每郡辖县不等，平均20个上下。郡设郡守，县设县令或县长，均由朝廷任命，不世袭。皇帝可直接对他们进行监察、考核、升迁或罢免，中央对地方的控制大大加强。

丞相绾等言："……请立诸子，唯上幸许。"始皇下其议于群臣，群臣皆以为便。

廷尉李斯议曰："周文武所封子弟同姓甚众，然后属疏远，相攻击如仇雠（仇敌），诸侯更相诛伐，周天子弗能禁止。今海内赖陛下神灵一统，皆为郡县，诸子功臣以公（国家）赋税重赏赐之，甚足易制（控制）。天下无异意，则安宁之术也。置诸侯不便。"

始皇曰："天下共苦战斗不休，以有侯王。赖宗庙，天下初定，又复立国，是树兵也，而求其宁息，岂不难哉！廷尉议是。"

——《史记·秦始皇本纪》

秦朝在全国范围内建立中央集权，把每家每户纳入国家政治体制中，形成复杂的金字塔结构。秦短命而亡，但秦代的制度影响深远。中央集权为以后历代王朝所沿用，成为秦以后两千年社会政治体制的基本模式。

秦封泥自20世纪90年代以来在陕西大量出土。封泥是官印打在黄泥上留下的印迹，为古代文书的封条。这些封泥涉及大量的秦代中央地方职官，是研究秦代政治制度的重要资料。

秦封泥照片

秦王朝推行郡县对后世产生了什么影响？怎样评价其历史意义？

二、君主和中央权力的演变

秦朝实行的君主专制中央集权为以后历朝所沿用。自汉朝以来，宰相制度和地方行政层级管理体制不断损益，总的趋势是君主和中央权力不断加强，它稳定了中国两千多年的社会秩序。

宰相制度

在我国古代，宰相是皇帝的助手和最高行政长官。汉初，沿袭秦朝的三公九卿制，三公之中，丞相位尊权重，威胁皇权。汉武帝为了削弱相权，重用身边的秘书和侍从，让他们参与军国大事，逐渐形成实际的决策机构中朝（或称内朝）。东汉光武帝时正式设置尚书台，作为总理全国政务的中央机构，三公九卿逐渐成为虚衔。三国魏文帝时，另设中书省审理奏章、发布诏令，尚书台成为执行机构。西晋又设立门下省，作为皇帝的侍从和顾问机构。南北朝时门下省成为参与决策的机构。

隋唐时期，在前代基础上建立了三省六部制。三省即中书省、门下省和尚书省，分别负责全国政务的决策、审议和执行。三省长官分别为中书令、侍中、尚书令，他们都为宰相，共同议政。尚书省下设六部，即吏部、户部、礼部、兵部、刑部和工部。三省既各自独立，又互相制约。六部分工明确，职责专一。

五代十国时期，除三省六部外，又另设枢密院，主管军事。到了宋元，形成中书省与枢密院并重的二府制度。枢密院主管全国军事，长官为枢密使，地位略低于宰相。元代以中书省作为全国最高行政机构，枢密院仍为全国最高军事机构。

明初沿袭元朝制度，在中央设立中书省，中书省的左右丞相管理全国行政事务。明太祖朱元璋认为丞相权重，威胁中央。于是他下令裁撤中书省和丞相，以六部分理全国政务，直接对皇帝负责，规定以后不许再立丞相。秦以来实行的宰相制度自此废除，全国军政大权集于皇帝一人，君主专制得到进一步强化。废除丞相后，明太祖政务繁忙，于是设置殿阁大学士作为侍从顾问和皇帝的高级秘书官，帮助他处理繁多的政务。

明成祖即位后，选拔翰林院官员进入宫内的文渊阁，参与机密政务，内阁制度正式确立。明宣宗时，内阁地位日益提高，大学士有了替皇帝处理奏章的票拟权，内阁首辅更是权压众臣。明神宗时，张居正任首辅，大权尽归内阁，六部几乎变成内阁的下属机构。但是，明朝内阁只为皇帝提供顾问服务，不是法定的中央行政机构。大学士的升降由皇帝决定，职权的大小按皇帝旨意而定，票拟是否被采纳取决于皇帝的批红。明朝内阁制度反映了君主专制的加强。

清初仿照明朝制度设内阁，但国家重要机密事务由满族贵族组成的议政王大臣会议定夺。议政王大臣会议的权力在内阁和六部之上，皇权受到很大限制。康熙亲政后，为扩大皇权，在宫内设南书房，挑选翰林院学士参与机要事务，替皇帝起草谕旨。内阁、议政王大臣会议与南书房三足鼎立，互相制约，最后集权于皇帝。雍正帝时因对西北用兵，又在隆宗门内设置军机处，君主权力达到顶峰。

军机大臣由皇帝亲自挑选的满汉官员兼任，多属于临时性，称为“军机处行走”。他们每天接受皇帝召见，跪受笔录，军国大事均由皇帝一人裁决。各种诏令由军机大臣按皇帝的意旨拟写成文，经皇帝审批后，传达给中央各部和地方官员执行。军机处能快速处理各种文书，不仅提高了行政效率，而且使全国的军政大权完全集中到皇帝手中。

在古代中国中央政治体制演变过程中，相权发生了什么变化？为什么？

地方层级管理的变化

中央政权通过地方层级管理，实现了对地方的有效控制。西汉初年，实行郡县和封国并存制，在中央政府的直辖区，设置郡、县进行直接管理。在诸侯王的封地，则由王国统治和管辖，诸侯王可自行任命官吏、征收赋税、拥有武装，势力日益强大。汉景帝采取“削藩”措施，平定了吴楚七国之乱。汉武帝颁行“推恩令”，规定诸侯王死后，由嫡长子即位，其余子弟分割王国的封地为列侯，列侯归郡统辖。从此，王国的封地越分越小，再也无力与朝廷抗衡。汉武帝将全国分为十三州，每州设置刺史一人，奉皇帝之命监察郡县。

唐太宗时，将全国划为十个监察区，称为道，每道设置大使一人，监察州县。五代、宋、辽、金时期，基本上继续维持道（或称路）、府（或称州、军、监）、县三级制。北宋时，中央派文官担任地方长官，设通判负责监督。

元朝时，山东、山西、河北和内蒙古等地由中书省直辖。此外，在全国设 10 个行省，即岭北、辽阳、河南江北、陕西、四川、甘肃、云南、江浙、江西、湖广，行省长官由朝廷任命。行省之下，分设路、府、县。元世祖忽必烈时，将每个行省划分为 60 个宣慰司，每个宣慰司下辖大约 180 个路（州）。宣慰司起着上行下达的作用，宣慰司长官称“宣慰使”，到明清时则只在少数民族聚居地区设立。元朝在中央设宣政院掌管全国佛教事宜和藏族地区军政事务，从此，西藏地区正式成为我国中央政府直接管辖的一个地方行政区域。

在元代以前中国主要以“山川形便”来划分行政区，政区的自然属性与经济文化一体化趋势较强，容易产生割据局面。从元代开始，采取“犬牙交错”的原则，任意将自然环境差异极大的地方拼成一个省级行政区，削弱地方的经济文化认同感。

——参见周振鹤：《体国经野之道：中国行政区划沿革》，61、67 页，上海，上海书店出版社，2009。

明太祖废除总揽地方军政大权的行省，设立布政司、都指挥司和按察司，分管地方的行政、军政和监察，合称“三司”，分别隶属于中央有关部门，地方权力集中到中央。行省制度为清代所沿用。此外，清朝设理藩院统治蒙古、回部及西藏等少数民族地区。

古代中国地方层级管理有怎样的特点？它的变化说明了什么？

古代国家权力的强化

中国古代君主把行政权、军权、司法权、立法权、财政权、监察权、选拔用人权等由地方政府高度集中到中央政府，最后统一集中到最高统治者皇帝的手中。

在中国古代，君主为了集权，对宰相权力采取了架空、分割的不同手段。汉朝的中朝与尚书台、清朝的军机处就是架空宰相权力的手段，隋唐时期的三省制、宋朝的二府三司制则是分割宰相权力，两种手段交互使用。为了强化中央集权，朝廷采取不断调整地方行政区划、分割并控制地方权力、监察地方等措施。

古代国家权力强化的原因是多方面的。首先，自给自足的自然经济具有分散性，需要强有力的国家政权，保证小农经济的正常运行；其次，中国自古就是一个疆域辽阔的多民族国家，实行这一制度，可以有效消除地方割据势力，维护国家统一。

中央集权的加强，有利于多民族国家的统一和巩固，有利于社会安定、经济发展和文化繁荣。君主专制的加强在一定历史时期内具有进步性。但是，皇帝的独断专行极易导致决策失误，其局限性显著。

丞相者，朕之股肱，所与共承宗庙，统理海内，辅朕之不逮以治天下也。

——《汉书·孔光传》

以天下之广、四海之众，千端万绪，须合变通，皆委百司商量，宰相筹划，于事稳便，方可奏行。岂得以一日万机，独断一人之虑也。

——《贞观政要》

我朝罢相，设五府（五军都督府）、六部、都察院、通政司、大理寺等衙门，分理天下庶务，彼此颉颃，不敢相压，事皆朝廷总之，所以稳当。

——《明太祖实录（洪武）》

雍正年间，用兵西北，以内阁在太和门外，儤直者多虑漏泄事机，始设军需房于隆宗门内，选内阁中书之谨密者入直缮写。后名军机处。地近宫廷，便于宣召，为军机大臣者皆亲臣、重臣，于是承旨、出政皆在于此矣。

——（清）赵翼：《檐曝杂记》卷一

概括和归纳古代中国君主制政体演变的主要线索，想一想它有怎样的特点。

三、西方政治制度的多样发展

古代希腊、罗马的政治制度是西方民主共和政治的源头。近代以来，随着资本主义经济的发展，中世纪的封建制度无法适应时代发展的需求。17—19 世纪，君主立宪政体和民主共和政体在西方主要国家得以确立和发展。

古代希腊、罗马的政治制度

自公元前 8 世纪起，希腊出现了 200 多个城邦。城邦公民享有较充分的政治权利，尤其是雅典的民主制度最为突出。经过梭伦改革、克里斯提尼改革，到公元前 5 世纪中叶，在伯里克利担任首席将军期间，雅典民主到达极盛。他取消一切财产资格限制，全体公民都有权通过抽签当选除十将军以外的一切官职。公民大会成为名副其实的国家最高权力机关。500 人会议是公民大会的常设机构，陪审法庭是最高司法机关。雅典民主政治为西方近现代政治制度奠定了最初基础。

公元前 509 年，罗马人推翻王政，建立了共和国。共和国在主权上属于全体公民，在政治制度上体现为公民大会、元老院和执政官的分立。共和国定期召开公民大会，选举执政官等官员；元老院由数百名贵族组成，奉行集体议事原则，有权领导战争和外交事务，并审判官员，颁布具有法律效力的决议，是罗马国家核心权力的掌控者。执政官一般有 2 名，从贵族中选举产生，行使最高行政权力。这样共和国的政治处于平衡状态。公元前 31 年，屋大维获得第一公民“奥古斯都”的称号后，罗马帝国建立。古罗马政治为近代欧美资产阶级所效法和继承，成为他们创建近代资产阶级共和国的重要思想源泉。

伯里克利像

古罗马共和国时期的学者波利比阿认为，罗马人之所以成功，在于他们不自觉地采取了一种“混合政体”。古罗马的执政官、元老院和公民大会将君主制、贵族制和民主制的因素相混合，三者相互牵制，处于平衡的状态。这一套理论对近代欧美政体产生了重要的影响。

如何全面理解和认识古代希腊、罗马的政治制度？

近代英国和德国的君主立宪制

中世纪后期，英王数次因扩军备战大肆征税，激起了大贵族的联合反叛，1215年，英王被迫签署《大宪章》。1265年，由骑士和市民参加的议会召开。此后，在不断的冲突中，英国形成“王在法下”和“王在议会”的传统。

17世纪初，英国资产阶级和新贵族力量壮大，在议会中的影响力增强。斯图亚特王朝的詹姆士一世却宣称 “国王是法律的创造者”，查理一世因开征新税与议会发生冲突，进而解散议会，国王和议会矛盾愈积愈深。1640年，英国爆发革命，查理一世的统治被议会推翻。此后，革命进程一波三折。1688年“光荣革命”稳定了英国政局。1689年，议会正式通过《权利法案》，以法律的形式限制国王的权力，保证了议会的立法、财政等权力，议会的权力高于国王，标志着英国君主立宪制的确立。18世纪初，随着责任内阁制的确立，国王处于“统而不治”的地位，君主立宪制进一步完善。

14世纪中期以来，德意志一直处于封建割据的状态。17世纪末，德意志的土地上还存在着314个大大小小的邦国，这不仅阻碍了人口、货币、商品的自由流通，而且缺乏强大的国家政权开拓海外市场，建立海外殖民地。19世纪中期，实力强大的普鲁士王国在铁血首相俾斯麦的领导下，先后发动三次王朝战争，完成了德意志的统一。1871年1月，德意志帝国宣告成立。4月，《德意志帝国宪法》颁布，确立君主立宪制。

宪法规定，德意志是一个联邦制国家。但是普鲁士控制的帝国政府掌握军事、外交等大权，各邦只在形式上保留了一些自治权力。皇帝掌握国家大权，有任免国家官吏、宣战和媾和、签订国际条约、召集和解散议会的权力；宰相是内阁首脑，由皇帝任命，只对皇帝负责。帝国的立法机关是联邦议会和帝国议会。联邦议会由各邦代表组成，其中普鲁士代表有17席；帝国议会由成年男子选举产生，权力很小。帝国议会的法案必须经过联邦议会通过和帝国皇帝批准才能生效。

从君主与议会权力分配等方面比较，英国与德国的君主立宪制有何异同？

近代美国和法国的共和制

独立后的美国是由 13 个州组成的松散的邦联制国家，严重妨碍经济发展，导致社会动荡不安。1787 年，制宪会议在费城召开，制定了《美利坚合众国宪法》即“1787 年宪法”。

宪法宣布美国是一个联邦制国家，联邦政府和州政府共同分享主权，在宪法范围内，联邦和地方可独立行使权力，但各州的宪法和法律必须要服从联邦的宪法和法律。

1787 年宪法规定国家权力分别由立法、司法、行政三个部门行使，立法权属于参议院和众议院组成的联邦议会；总统为国家元首和政府首脑、军队最高总司令，拥有最高行政权；最高法院对法律有最高解释权，掌握司法权。三者相互制约以保持权力平衡。

1787 年宪法是近代西方第一部成文宪法，奠定了美国共和制度的基础。它强调建立强有力的中央政府，又突出分权制衡原则，以避免权力的过度集中，一定程度上体现了民主自由精神。1787 年宪法有明显的局限性，后来通过的修正案，弥补了它的缺陷，使其成为一部“活着的宪法”。

美国 1787 年宪法的签署

1789年，法国大革命爆发，制宪会议颁布《人权宣言》，确立了天赋人权、自由平等的原则。1791年，宪法规定法国为君主立宪制国家。不久，国王路易十六被推上断头台，1792年，法兰西第一共和国建立。此后70多年间，经过法兰西第一帝国、第二共和国到第二帝国，法国政体几经变更。1870年，法国在普鲁士的战争中遭到惨败，皇帝拿破仑三世当了俘虏，第二帝国随之垮台，君主派内部出现严重分歧，法国各政治派别围绕政体问题又展开了激烈的斗争。

1875年，国民议会以一票的微弱优势通过法案，颁布了法兰西第三共和国宪法，规定总统和议会均掌握大权。宪法是君主派和共和派妥协的产物，它的颁布，从法律上奠定了法国共和制的基础，巩固了资产阶级的统治。

什么原因导致近代欧美国家政治制度发展的差异？怎样合理解读这一差异？

四、共和制在中国

共和制在中国的确立经历了曲折的过程。辛亥革命结束了两千多年的君主专制制度，建立了中华民国。但是民主共和制度在北洋军阀和国民党统治期间屡遭破坏。中华人民共和国成立后，人民成为国家的主人，民主共和制度真正确立起来。

中华民国临时政府与《中华民国临时约法》

1911年10月10日，武昌起义爆发。1912年1月1日，孙中山在南京宣誓就职中华民国临时大总统，宣告成立中华民国南京临时政府。

1912年春，孙中山代表中华民国南京临时政府颁布《中华民国临时约法》，明确宣布：中华民国是一个主权独立的民主国家，主权属于全体国民；国内各民族一律平等；国民享有人身、居住等一系列自由，有选举、被选举权利，以及纳税和服兵役的义务。中华民国实行三权分立的政治体制，临时大总统有“统治全国”“统率海陆军”之权，经参议院同意，“有宣战、媾和及缔结条约之权。”《中华民国临时约法》还特别规定实行责任内阁制，内阁总理由议会多数党产生，总理可以驳回总统的意见。总统颁布的命令必须由总理署名才能生效。

这是近代中国第一部具有资产阶级性质的国家临时大法，确立了共和政体，具有反专制的进步意义。

《中华民国临时约法》规定："中华民国之主权属于国民全体……中华民国人民一律平等"，"中华民国以参议院、临时大总统、国务员、法院行使其统治权……中华民国之立法权，以参议院行之……临时大总统、副总统，由参议院选举之，以总员四分（之）三以上出席，得票满投票总数三分（之）二以上者为当选。"

《中华民国临时约法》规定的政治制度具有怎样的特点？如何全面认识它在当时产生的实际作用？

北京政府与南京国民政府

南京临时政府成立后，面对国内外压力，孙中山被迫妥协。1912年2月12日，宣统帝宣布退位。袁世凯通电赞成共和，孙中山向南京临时政府提出辞职。同年3月，袁世凯在北京就职临时大总统，北京政府建立。

袁世凯上台后逐渐走向破坏共和、复辟帝制的道路。1913年，由同盟会改组的国民党，在国会大选中占绝对优势，具备了单独组阁的能力，对袁世凯造成巨大威胁。3月，国民党领袖宋教仁被害。1916年，袁世凯复辟帝制，共和制遭到破坏。复辟行为招致了各方的反对，袁世凯在内外交困中死去，中国陷入军阀混战的局面。

1913年10月，袁世凯胁迫国会将他"选举"为正式大总统。随后下令解散国民党，着手取消国会。1914年，袁世凯以《中华民国约法》取代《临时约法》。根据新约法，责任内阁制改为总统制。之后袁世凯炮制《总统选举法》，规定总统可连选连任，继任者由总统提名。

1917年，军阀张勋拥立溥仪复辟，以失败告终。国务总理段祺瑞拒绝恢复《临时约法》和国会。1917年7月到1924年10月，为争夺北京政府的最高权力，各军阀间爆发了大规模的混战，民主共和制度受到极大冲击。1924 年，国民党第一次全国代表大会召开，国共第一次合作正式形成。在此推动下，1924 年至 1927 年，国民革命蓬勃发展，沉重打击了北京政府的统治。

1927 年，蒋介石在南京建立国民政府。虽然南京国民政府在形式上保留了《临时约法》规定的政治结构，但这一体制是在国民党专制前提下形成的。蒋介石凭借国民党中央政治会议主席、国民革命军总司令之职，获取了国民政府主席职务，集党、政、军最高权力于一身。南京国民政府从建立开始就与民主共和制度相违背。

辛亥革命后的中国大地上，先后出现了北京政府和南京国民政府，这说明当时中国的政治生态如何？

《共同纲领》与《中华人民共和国宪法》

1949 年 9 月，中国人民政治协商会议第一届全体会议在北平举行，大会通过了《中国人民政治协商会议共同纲领》。

《共同纲领》是中华人民共和国的建国纲领，具有临时宪法的作用。它规定："中华人民共和国为新民主主义即人民民主主义的国家，实行工人阶级领导的、以工农联盟为基础的、团结各民主阶级和国内各民族的人民民主专政"；"人民行使国家政权的机关为各级人民代表大会个各级人民政府"。

1949 年 10 月 1 日，开国大典在天安门广场举行。毛泽东庄严宣布："中华人民共和国中央人民政府今天成立了！"

1954 年，第一届全国人民代表大会在北京隆重召开。大会通过《中华人民共和国宪法》。这次大会是中国人民政治生活进一步民主化的重要标志，它结束了由中国人民政治协商会议代行全国人民代表大会职权的过渡状态，为加强人民民主专政、发扬社会主义民主和健全社会主义法制奠定了初步基础。

《共同纲领》和《中华人民共和国宪法》体现了人民民主原则，它们有怎样的历史意义和现实意义？

第九章
官员的选拔与管理体制

导读

官员的选拔与管理，关系到国家能否正常运转，是各国必须处理的重要问题。古代中国逐渐形成了完整的官员选拔和管理体制。在中央集权体制下，历代王朝重视考察官员政绩，建立了严密的监察制度。近代西方出现了文官制度，各国文官制度的不断完善和发展，对中国的公务员制度产生了深远的影响。

一、古代中国官员的选拔、监察与考核

古代中国官员的选拔管理制度源远流长，从世卿世禄、察举征辟、九品中正再到科举取士，历代选官制度不同程度地体现了重世袭、品行、门第、才干的特点，官员的监察考核机制也不断发展。选拔贤能之士、对官员实行有效的监察与考核、实现国家的稳定发展，是历代统治者需要解决的重要问题。

从世卿世禄到九品中正

商周时期，世袭制和荐举制成为选任官吏的两种方式。世卿世禄制为主流，主要官吏大都由亲族担任并由子孙世袭继承。荐举制为补充，统治者采取“乡兴贤能”的办法，从乡里选拔一些官员。战国以来，统治者奖励军功，只有积累军功，才能得到升迁。

汉代实行以地方长官推举为特征的察举制和以部门长官征召为特征的征辟制。察举征辟，注重官员的品行。由于推举做官的实际权力

主要掌握在地方长官手中，导致了地方势力的膨胀。

商周时期，官职主要在贵族家族内部继承，世代相袭，无论王室还是各级贵族都是凭借宗法和血统世代承袭官禄，形成世卿世禄的制度。

汉武帝时察举制成为选拔官吏的主要途径。察即考察，举为推荐。察举有常科和特科两种，常科是由郡国定期向中央推举人才，特科是应中央政府的特殊需要，不定期推举若干专门人才。察举往往被当地的舆论左右，出现了不少以特别的孝悌之行来博取高名的人。

三国时期，曹魏政权创立九品中正制。在地方设立中正官代替乡里评议考察人才。每州设一大中正，每郡设小中正，由在朝廷任职的本地出身官员中德才兼备者担任。中正负责评定每个人的“品”，将考核的士人分成九个品级，根据评定的品级向朝廷推荐，一般三年一调整。朝廷依据中正的考评任官。此制度又称“九品官人法”。

九品中正制创立的初衷是唯才是举、选贤与能，把原来的乡里评议改为官方评议，将选举权收归中央。由于中正官普遍由大士族出身的官员担任，随着士族势力的膨胀，中正评定标准实际变成了只重门第，不分贤愚，逐渐形成“上品无寒门，下品无势族”的局面。九品中正制演变成为大士族垄断仕途的工具，使社会结构相对封闭。

科举制出现之前，古代中国的选官制度有什么特点？

科举制的确立与发展

隋文帝为了加强中央集权，扩大统治基础，正式废除九品中正制，开始分科考试。隋炀帝大力发展科举制度，设立进士科，用诗赋、试策进行考试，科举制度确立起来。唐朝进一步发展科举制，分为常举（每年举行）和制举（皇帝根据特殊需要临时设科），常举有明经、进士两科，进士科后来成为最主要的科目。从武则天开始，还开设武举。

隋唐科举的录取标准主要是才能，中心环节在考试而不是推荐，有资格的人可以自由报考。科举制提升了官员的文化素质，扩大了中央政府的统治基础，促进了唐代的文化繁荣。

唐高祖建国时，士族地主主要分四个地域集团。其中关陇贵族靠武功起家，在唐政权中实力最强，是左右政局的力量。江左和代北在唐代已全面衰落，山东贵族以崔、李、卢、郑等影响较大，其家族世出高官。

为了加强中央集权，抬高皇权的地位，唐太宗命令高士廉等人修订《氏族志》，“不须论数世以前，止取今日官爵高下作等级”，以李唐皇族为首，外戚次之，崔氏降为第三。其他基本上按当朝官员的地位高下排列定等。于是原有的一些庶族获得了士族的名分，而山东士族等受到了打击。至武则天重修《氏族志》时，士族进一步衰落。

宋代继续完善科举制度，为了保证公平，政府对考试的各环节加强了管理，采取锁院、糊名、誊录等做法，排除了权贵对考试的干预。进士科成为做官的最主要途径，考试分为州试、省试、殿试三级，殿试由皇帝亲自主持。宋神宗年间，王安石对科举考试内容进行了重大改革，对儒家经典进行了新的阐释，注重义理。科举制的逐步完善，给中国社会带来了深远影响。

宋代科举考场

明清是科举制度的极盛时期，也是走向衰亡的时期。这一时期学校和科举结合更为紧密，考生须先取得生员（秀才）资格，才可参加正式科举考试。明代的科举分乡试、会试和殿试三级进行。乡试三年一次，录取者称为“举人”；会试在京城的贡院举行，录取者称为“贡士”；殿试名义上由皇帝亲自主持，录取者称“进士”，名次分为一、二、三甲，一甲第一名为“状元”。清朝基本上沿袭了明朝的科举取士制度。明清两代以八股文取士，考试的主要内容规定必须以朱熹的《四书章句集注》为依据，以程朱理学对儒家经义的解释为准，这使得八股取士成了禁锢思想、摧残人才的工具。人们读书是为了做官，而官员的选拔方式与实际才能脱离。1905 年，科举制被正式废除。

科举制产生以后，古代中国教育与官员选拔“合二为一”，怎样理解和认识这一现象？

官员的监察与考核

中国古代的监察机构分为两类，一类是中央监察，一类是派出监察。中国古代监察制度在维护皇权的前提下，一定程度保证了政治的清明和政府的有效运转。

秦朝由御史大夫负责中央监察事务，汉承秦制，东汉时期设立御史台作为中央行政监察机关，负责纠察、弹劾官员、肃正纲纪。隋唐时期御史台下设三院，三院监察官品阶不同，职掌分明，构成十分严密的监察系统。唐代还设有谏官制度，门下省官员有谏议之责，弹劾违法官员，可“风闻言事”，也经常给皇帝提意见。宋代御史台、谏院均掌监察权力，称为“台谏并行”。明朝的监察机构是都察院，职权比前代更加广泛，除了监察百官外，还会同吏部负责官员考核。明朝的监察体系还包括六科给事中，可以检察六部奏疏、封驳御批公文。清代雍正年间，将六科给事中归属于都察院，废除了给事中封驳制度，“台谏合一”，皇权不再受到监察制度的限制。

汉朝将全国分为 13 州部，派出刺史监察。隋唐时期特别注意对地方官的监察，御史台下的察院和台院负责分巡地方，此外往往设置专门的监察机关和人员，唐朝后来还利用盐铁转运使来承担监察任务。宋朝在地方建立监司、通判监察体系。监司长官对地方官的失职行为或自行处理，或申报中央解决，通判专事监察知州及所部官吏。明朝在都察院下设十三道监察御史监察地方，以及总督、巡抚、巡按等临时派遣，监察网络上下交错，严密完备。

在中国古代，国家通过对官吏任期内政绩的考核，决定其升、降、留任或罢免，形成一套官吏考核制度。战国到秦汉推行“上计”制度，统治者依据政绩对官员进行赏罚升降。唐代全面总结和发展了以往的考核制度，制定了考课法，在中央设有主管考核官吏的机构，考核定等和复考都有严格的程序。宋代考核官员的重心由考核政绩转向对官员资历的核查，审核官员资历的“磨勘”制度大为发展，考核日益形式化。

为了解决官员考核的问题，唐高祖于武德七年（624）颁定了“考课令”，确定了“四善”“二十七最”为主的官员考核标准。

“四善”为：“一曰德义有闻，二曰清慎明著，三曰公平可称，四曰恪勤匪懈”。这是唐王朝对官吏政治素养和道德品质的共同要求，也就是“德”的标准。

“二十七最”，是把各种官职按职守分为二十七类，确定各类官职的考核标准，用以考核各类官吏的才能和政绩。考核时，以“善”“最”分为九等来定结果。

明清时期，官吏考核制度更加详备完善，主要分考满和考察两个方面。考满重在资历和政绩，考察旨在发现吏治中的问题，中央政府和皇帝牢牢控制着官吏的考核大权。

古代中国官吏的考核制度有什么特点？它的实际效用如何？

二、近代中西文官制度

随着西方工业化进程的不断加快，政府管理更加专业和高效，英国、美国和法国等先后建立了文官制度，并不断发展完善。文官制度呈现出公平竞争、政治中立、职务常任的特点。

近代文官制度形成

在封建君主制下，英国政府各部的行政官员都是根据国王的“恩赐”任命的，大多由贵族子弟充任。18 世纪，政府规定一些部门的行政官员不得参与选举活动，这些行政官吏即是后代文官的源头。

> “文官”一词是从英文“civil service”翻译而来，18 世纪在英国出现，用来表示那些有别于东印度公司军事人员的文职人员。19 世纪中后期，被用来称呼那些不与政党共进退、无违法与重大过失就可以职业常任的公职人员。在日、德、法称为“公务员”，美国称“职业文官”“政府雇员”等。因此，西方国家政府官员一般分为两类：一类叫“政务官”，主要是选举产生或政治任命产生的议员、首相、部长等；另一类是“事务官”，就是通过非选举程序而被任命担任政府工作的国家工作人员，就是我们所说的文官。
>
> ——陈振明：《转变中的国家公务员 制度——中西方公务员制度改革与发展的趋势及其比较》，载《厦门大学学报（哲学社会科学版）》，2001（2）。

英国两党制形成后，两党轮流执政的情况频繁出现。一个政党一旦掌权，极力安排本党骨干担任公职，编织关系网。另一政党上台后如法炮制，并有意更改前任政策。文官的任用出现了典型的“政党分肥”现象。在这种情况下，行政官员总是效忠于某个政党，受到政党更迭的影响，这不利于保持政府政策的连续性和稳定性。

工业革命后，工业资产阶级开始占据统治地位，他们要求建立一个廉洁、高效的政府，促进本国经济发展。当时，英国的报纸杂志掀起介绍中国科举制度的浪潮，极大地推动了西方文官制度的形成。

19 世纪中期，英国财政部派人考察政府各部门的用人状况，并提出改进意见。1855 年，英国政府颁布了《关于录用王国政府文官的枢密院令》，规定成立文官制度委员会，主要负责国家公务人员的考试和录取。文官制度委员会成立初期，考试缺乏透明度和公开公平竞争的性质，而且考选只限于初级文官。1870 年，政府又宣布实行“公开的竞争性的考试制度”，国家新任文官一律择优录用，英国的文官考试制度得以真正建立。

美国成立初期，并没有文官制度。后来，在竞选中获胜的政党用人唯亲，平庸无能之辈充斥政府，导致行政效率低下，引起美国民众的强烈不满。1883年，国会通过的《彭德尔顿法》奠定了美国文官制度的法律基础。美国吸取了英国文官制度的优点，结合美国的实际情况，要求考试具有“务实”的性质，要根据公职人员的能力和政绩，按照公开竞争原则决定其录用和提拔降退。

法国在大革命时期确立了官职公开的原则，拿破仑执政时实行官吏任命制度，此后基本承袭。1945年，法国政府建立了统一的公务员管理机构，逐步形成了统一完备的公务员制度。

如何理解西方的文官制度？在选举制下，它与政党政治有怎样的关联？

公平竞争、政治中立与职务常任

西方文官制度确立后，选拔官员都要经过公开的考试竞争，择优任用，避免了依靠关系获得职位的现象，让更多有真才实学的人得到任用和升迁，使文官队伍的素质提高，行政命令得到了有效的执行。如英国政府重视知识广博的“通才”，认为受过优质高等教育的人最适合担任公职，牛津、剑桥两所大学的毕业生颇受青睐。20世纪以来，随着社会分工越来越细，政府工作日益专业化，在某一领域有一技之长的专业人才具有更大的优势。

1855年帕麦斯顿就任英国首相，他是位“圆滑灵巧的策略专家”，为了避免议会里贵族议员的反对，他以枢密院命令的方式颁布了英国文官制度改革的第一个法令。此后，他荐举一个亲信参加文官考试，结果落选。帕麦斯顿当即派人到文官委员会去索取该生考卷，以便了解是怎么落选的，结果碰壁，得到的答复是只能像别人一样到文官委员会去查看，不准将考卷携带回家。帕麦斯顿不好破坏他自己颁布的命令，只得忍辱从命，让他的亲信去寻了别的工作。

——程西筠：《评19世纪中叶英国文官制度改革》，见中国社会科学院世界历史研究所编：《纪念中国社会科学院建院三十周年学术论文集·世界历史研究所卷》，256～257页，北京，经济管理出版社，2007。

各国文官基本不得参与党派活动，他们是“政治中立”的，超越了党派的界限。这样就使行政官员从政治的束缚中摆脱出来，成为独立的行政力量。文官不得兼任议会议员，也不得作为议员候选人或者为议员候选人从事竞选活动，如果要从事政治活动，那么他们必须辞去文官职务。这也有利于防止文官“滥用”权力。

由于文官不参与政党纷争，所以不与政府政务官员共进退。他们长期在政府部门任职，熟悉各部门的业务，即使政务官员经过大选后更换，也不影响政府运转的稳定性与连续性。文官如果没有违法犯罪的行为，不轻易被免职。文官系统相对独立，充当了“从不更换的幕后主管”。高级文官都具有长期工作的经验，掌握政府中的各种情报资料和数据。凡文官赞成的事情，没有不付诸实行的；凡文官反对的事情，则很难付诸实行。英国前首相张伯伦曾对高级文官们说：“你们没有我们也能办事，而我们没有你们则不能做任何事。”

西方文官制度有什么特点？其对政府工作的正常运行有怎样的作用？

中国的公务员制度

近代以来，西方文官制度影响到中国。1905 年，科举制被废除，考选文官被提上改革日程。辛亥革命期间，孙中山创造性地提出了“考选权”，南京临时政府成立后，制定了一系列文官考选的法律制度，但没有实施。北洋政府和南京政府曾组织过文官考试，但没有制度化。

1987 年，中央明确提出在我国建立国家公务员制度。1993 年，《国家公务员暂行条例》正式颁布，开启了由传统的人事制度向现代公务员制度转变的历程。2005 年，全国人大常委会审议通过《中华人民共和国公务员法》，这是中国第一部公务员管理法规，标志着我国公务员管理步入法制化、科学化、专业化轨道。各地普遍推行公务员录用考试，公开、平等、竞争、择优的机制初步形成。通过全面实施国家公务员制度，我国公务员队伍的结构得以优化，人员的素质明显提高。

近代中国为什么没有建立起完善的文官制度？中华人民共和国成立后，公务员制度的逐步完善对国家行政能力的提升起着怎样的作用？

第十章
法律与教化的发展

导读

法律与教化是维系社会秩序的纽带。中西方经历了漫长的社会发展，完成了从习惯法到成文法的演变。在中国，以孔子为代表的先秦思想家围绕着德治、法治等重要问题，展开了深刻的争辩。汉代以后的两千年间，中国逐渐形成德主刑辅的政治传统。西方各国则根据国情形成了大陆法系和英美法系，宗教伦理对维系社会秩序发挥了重要作用。中华人民共和国成立后，社会主义法治建设与精神文明建设取得了显著成效。

一、古代中国的德与法

春秋战国时期，各诸侯国陆续颁布成文法。这一时期，围绕着德治与法治的问题，先秦思想家提出了不同的治国主张。从西汉开始，各朝统治者都实行了礼治和法治相结合的方式，并逐渐形成德主刑辅的治国理念。

铸刑鼎与《法经》

春秋时期，贵族认为刑律越秘密越好，这样才有利于他们随意处置老百姓。春秋后期，生产力发展，传统的宗法礼治秩序瓦解，新的地主阶层兴起。在新兴地主阶级的支持和推动下，一些诸侯国陆续公布了成文法。

公元前 536 年，郑国的执政大夫子产主持制定了一套国家法律，并把它铸在一个很大的鼎上，向全国老百姓公布，史称郑人“铸刑书”。这是中国古代最早公布的成文法。由于鼎上的刑书有关于限制贵族特权的内容，引起了守旧势力的反抗。但是，子产此举，开启了中国古代公布成文法的先例。

公元前 513 年，晋国赵鞅将晋国的新法铸于鼎上，公之于众。它明确废除了周礼所谓“刑不上大夫，礼不下庶民”的贵族特权，为新兴地主势力走上历史舞台提供法律依据。

叔向曰：“昔先王议事以制，不为刑辟，惧民之有争心也。犹不可禁御，是故闲之以义，纠之以政，行之以礼，守之以信，奉之以仁；制为禄位，以劝其从；严断刑罚，以威其淫。”

——《左传·昭公六年》

仲尼曰：“晋其亡乎！失其度矣。……今弃是度也，而为刑鼎，民在鼎矣，何以尊贵？贵何业之守？贵贱无序，何以为国？且夫宣子之刑，夷之蒐也，晋国之乱制也，若之何以为法？”

——《左传·昭公二十九年》

战国时期，随着集权君主制的普遍确立，各国纷纷制定并颁布法典。公元前 406 年，魏国李悝主持魏国变法，他参考各诸侯国的法律，编纂了我国历史上第一部系统的成文法典《法经》，成为以后古代法典的蓝本。

春秋战国时期，各诸侯国为什么相继颁布成文法？它们的颁行具有怎样的意义？

“为政以德”和“以法为教”

春秋战国时期是中国社会新旧秩序交替的大动荡、大变革时期，这一时期涌现出一批政治家、思想家、军事家，他们基于各自的国家利益及政治立场，提出了各种不同的治国方案，其中以儒家的德治和法家的法治对立比较鲜明。

儒家学派的创始人孔子，明确提出为政以德的理念，强调道德对政治生活的决定作用。他认为用道德和礼教来治理国家是最高尚的治国之道。这种治国方略也叫“德治”，就是以道德去感化、教育人。

孔子在一定程度上肯定刑罚的作用。但是，孔子认为，用刑罚来统治老百姓，只能做到暂时避免他们犯罪，如果用道德来引导、教化，他们就能自我约束，纠正自己的错误。所以，孔子极力倡导用“德”治理国家，主张把刑罚放在“德”之下。德主刑辅的思想成为中国政治思想的主流，深刻地影响了中国政治与历史的发展。

孔子画像

战国时期，儒家学派孟子和荀子继承和发展了孔子为政以德的思想。孟子提出性善论和仁政说，倡导王道，反对霸道，但他并不否认刑、法的作用。孟子对德法关系的论述表现为德主法辅、先教后刑。

而荀子认为人性恶，同孟子人性善的说法形成尖锐的对立，在荀子看来，正因人性本恶，才使礼和法的产生成为必然。荀子倡导通过“礼”来指导国家的政治生活，划分社会的不同等级，约束人们的道德行为，达到治国的目的。

同时，荀子认为礼义教化靠的是人的自觉遵守，如果有人不遵守这些社会规范，礼治是无能为力的，还必须辅之以法。在中国思想史上，他是最早把儒家思想和法家思想结合起来的思想家之一。他的礼融合了儒家的礼和法家的法，这种礼法一体论为两千年来封建统治者所采纳。

战国时期韩非是法家学派的集大成者，他总结了法家著名人物商鞅、申不害、慎到的法家思想，构造了体系完备的法家学说。韩非认为以法治国是保国之道。国家实行法治，实力就会增强，不实行法治或不重视法治，国家就会实力衰弱并混乱。因为通过法能够实现止恶、扬善的目的。对有利于国家富强的人进行奖励，通过重罚治理各种轻罪，这样就能避免重罪的发生。

和先秦法家思想家一样，韩非反对儒家的德治理论，认为仁政是国家混乱的根源，法治优于德治。为了把遵守法令与学习结合为一体，韩非主张“以吏为师”“以法为教”。百姓只许刻板地遵行，不许有任何的违背。韩非的思想主张后来被秦始皇采用，在中国古代历史上产生了十分深远的影响。

国者，君之车也。

事在四方，要在中央。圣人执要，四方来效。

奉法者强，则国强；奉法者弱，则国弱。

法者，编著之于图籍，设之于官府，而布之于百姓也。故法莫如显。是以明主言法，则境内卑贱莫不闻之也。

——《韩非子》

春秋战国时期为什么出现“德主刑辅”和“以法治国”两种治国主张？

法、礼并用

秦朝灭亡后，西汉政治家吸取秦朝灭亡的教训，反对单纯使用刑、法进行统治，主张把礼教和德化同刑、法配合起来使用，并以前者为主，在刑、法中渗进德、礼的教化。

西汉时期的贾谊认为，礼是治国之本，主张礼法并用，先礼后法。他倡导统治者实行仁义、德政，但认为权力是实行政策的前提，没有权势，仁义只能流于空谈。

汉武帝时期的董仲舒，道家、法家和阴阳五行家等思想糅合到儒家思想中。汉武帝虽然明倡儒学，实际兼采百家，杂用王霸之术。汉昭帝和汉宣帝都基本继承了武帝的杂霸政治方略。

唐朝统治者对隋暴政而亡有着深刻的印象，主张将儒家伦理思想包括一些道德规范融入封建法典之中。唐朝编纂的《唐律疏议》是我国现存最早、最完整的一部代表性法典。《唐律疏议》主张仁义道德来治理天下，法律的制定与执行也严格贯彻德主刑辅原则。它用儒家经典解释、补充律条，使礼教法典化，是礼治思想制度化、法律化完成的体现。

德本刑用的统治思想在唐朝获得广泛认同。此后宋元明清，历朝律典均以唐律为蓝本，采取德本刑用的统治思想。

唐律中非常强调慎刑的思想，首先，唐律非常强调对施行拷讯的慎重，而并不是一味地对犯罪嫌疑人进行刑讯逼供。其次，唐律也关注弱势群体，如果法官不应用刑拷问却故意用刑拷问，以致定罪有所出入的，按照故意出入罪或过失出入罪论处。此外，唐律中也着重提出对待老年人、儿童、残疾人罪犯的用刑要特别处理。同时，对怀孕妇女罪犯制定了特别延缓行刑的规定。

古代中国的法制建设有怎样的特点？怎样评价？

二、欧美的法律与宗教伦理

罗马法是古代罗马奴隶制国家法律的总称，日耳曼法是欧洲早期封建王国法律的总称，两者都是近代西方法律的重要渊源。随着资本主义制度在欧洲的确立和殖民扩张，逐渐形成世界两大法系：英美法系和大陆法系。新教伦理促成了现代资本主义精神的形成，推动了资本主义的发展。

法律制度的渊源

公元前 509 年，罗马共和国建立，当时法律都是习惯法，没有成文法。贵族垄断司法大权，随意解释法律，侵害平民的利益。公元前 5 世纪中期，在平民的斗争下，罗马颁布了《十二铜表法》，这是古罗马最早的成文法。这部法律基本上是先前许多习惯法的汇编，内容相当广泛，条文比较明晰，这就在一定程度上限制了贵族随意解释法律的行为，保护了平民的利益。

罗马帝国时期，随着版图的拓展、国际交往的扩大、商品经济和海外贸易的发展，仅适用于罗马公民之间的公民法已无法适应形势的要求。为了维护统治，罗马皇帝颁布了一系列法令，法学家也积极编纂法典，进行法律解释，以充实罗马法。2 世纪以来，帝国境内行省居民与罗马公民之间的界限逐渐消失，罗马法成为适用于罗境内一切自由民的法律。

6世纪，东罗马帝国皇帝查士丁尼设立专门机构，把历代罗马法加以系统化和法典化，汇编成《民法大全》，罗马法体系最终形成。

《民法大全》是一部罗马法大全。由《查士丁尼法典》（皇帝敕令大全）、《法学阶梯》（罗马法学家撰写的、供法律学校采用的初级教科书）、《法学汇编》（主要是习惯法摘要、最高裁判法摘录和著名法学家重要著作的摘录）和《新律》（查士丁尼法典补篇）组成，共66卷，外加126条皇帝敕令。

罗马法体系完备，以私法为主体，维护的是以私有制为基础的经济关系和政治制度。罗马法适应当时奴隶社会的发展水平，推动了奴隶制社会的进步和商品货币经济的发展。近代资产阶级利用罗马法的思想学说反对封建制度，促进了资本主义的发展，并以罗马法为基础建立起自己的法律体系。

自4世纪开始，日耳曼人在罗马境内建立起一系列王国。日耳曼各部落口耳相传的习惯法逐渐转化为本国的法律。受到罗马成文法典的影响，日耳曼王国相继在习惯法的基础上编纂成文法典，这些法典被称为“蛮族法典”。但在这些王国内，日耳曼法与罗马法并存，本民族人遵守日耳曼法，罗马人则遵守罗马法。当本民族人与罗马人发生纠纷时，以日耳曼法为标准进行裁判。

法兰克王国在合并和征服日耳曼其他部落和王国的基础上建立起查理曼帝国，它允许被征服部落实行各自的法律。如《利普里安法典》中明确规定：在利普里安人的领土内，不管是法兰克人、勃艮第人还是定居此地的其他部落的人，当被传唤出庭时，是根据自己出生部落的法律而不是利普里安人的法律裁决。

日耳曼法主要是习惯法的记载和汇编，不像罗马法那样严密、系统，具有概括性。日耳曼法适应了封建制度的发展和国家统治的需要，继罗马法之后在西欧社会一定时期内占据主导地位。

英国普通法在日耳曼法的基础上形成，《法国民法典》《德国民法典》等法典也借鉴和吸收了一些日耳曼法的原则。

日耳曼法有哪些特点？你认为它在实际运用中会产生什么影响？

英美法系与大陆法系

西方近代法律制度可以分成英美法系与大陆法系两个系统。

1066 年，诺曼底王朝开始统治英格兰。到 12 世纪，通行全国的普通法逐渐形成。受日耳曼法影响，普通法的基本原则是遵循先例，法院先前的判决对以后其他法院处理相似案件时具有约束力。

13 世纪英国商品经济发展迅速。由于普通法中的诉讼种类已经被严格固定下来，人们很难利用这些诉讼形式保护自己的权益。经济的发展需要法律做出适当的调整，衡平法应运而生。当时依据普通法无法获得保护的人，依据习惯直接向国王和大法官请求裁决，大法官不受普通法诉讼形式的限制，根据“正义”和“公平”的原则直接对案件做出审判。衡平法对英国法律体系的完善起到了重要作用。

英国资产阶级革命后，确立了君主立宪政体，制定、颁布和实施了更多的成文法律规范。同时法学家们对普通法、衡平法进行整理，做出符合资产阶级利益的解释。以普通法、衡平法和成文法为主体的英国法日渐完备。到 19 世纪，英国成为“日不落帝国”，以英国法为基础的英美法系最终建立起来。

英美法系又称普通法系，法律形式上主要是以判例法为主，法律体系比较庞杂，缺乏系统的分类。法官处于中心地位，拥有制定、解释和执行法律的权力。英美法系的国家除了英国和美国外，还包括爱尔兰、加拿大、澳大利亚、新西兰、印度、新加坡等。

大陆法系不同于英美法系，继承了罗马法的特色。法国大革命摧毁了法国的封建法律，1799 年拿破仑执政后重新起草宪法，重申废除封建制度，实行共和制度，并确立他“第一执政”的地位。随后他以罗马法为蓝本制定和颁布了“拿破仑法典”，包括《民法典》《民事诉讼法典》《商法典》《刑事诉讼法典》以及《刑法典》。拿破仑法典和宪法构成了一个完备的成文法体系，它标志着法国资产阶级法律制度的最终确立，为大陆法系的形成奠定了基础。

大陆法系继承了罗马法的成文法和划分公法、私法的传统，形成一个以宪法为指导，以民法和商法为基础，包含民事诉讼法、刑法、刑事诉讼法和行政法六大领域法律在内的完备的法律系统。法律概念明确，条理清晰，强调法律的权威性，法官的作用有限。除法国外，大陆法系的国家还包括欧洲的德国、比利时、瑞典、荷兰、意大利、西班牙，以及非洲的阿尔及利亚、埃及和亚洲的日本、中国等。

英美法系与大陆法系各自有怎样的特点？其作用如何？

宗教伦理与社会

16 世纪欧洲开始宗教改革，打破天主教教会的权威，形成了基督教的新教派。新教徒们重新解释和发展了基督教的一些教义，形成了符合资本主义发展的新教伦理。

马丁·路德提出“天职观”，摒弃了天主教主张在修道院中禁欲修行，从而获得救赎的方式，认为个人在世俗生活中的本职工作是“天职”，人们应该安守自己的职业；强调人要以自身为中心，通过完成神交给自己的义务来实现自身价值，这是获得上帝恩惠最好的方式。

加尔文教派提出“上帝预定说”，认为每个人都应该坚信自己是上帝的选民，在现实世界中遵循神的定律，在世俗活动中证明自己的信仰。一方面，人们需要在日常生活中一直保持积极努力的工作状态；另一方面，人们需要克制自己过度的欲望，谴责贪婪和奢侈，提倡自我奋斗、节俭有度的理性生活，认为这才是信仰上帝最虔诚的方式。

新教伦理被转化为社会道德，它以宗教的方式确认了正当追逐财富的合法性，并鼓励人们不断创造财富，限制消费，促进资本的积累。这些构成资本主义精神的核心内容，成为推动资本主义发展的强大动力。

德国著名的社会学家马克斯·韦伯在《新教伦理与资本主义精神》中，系统地说明了新教伦理中的禁欲主义是构成现代资本主义精神的基本要素之一，它深刻地影响了资本主义的生活方式。他认为，如果财富是在履行天职的劳动中获得的果实，那么

马克斯·韦伯

它就是上帝赐福的标志。更为重要的是：在一项世俗天职中孜孜不倦、持之以恒的系统劳动，将会得到这样的宗教评价——它是禁欲主义的最高手段，同时也是再生与真诚信仰的最可靠、最显著的证明。

新宗教伦理的产生有着怎样的社会背景？如何理解它在社会发展中的作用？

三、现代中国的法制与精神文明

中华人民共和国成立后，开始了制定宪法和各类法律文件的法制建设历程，社会主义精神文明建设也拉开序幕。进入 21 世纪，中国特色的社会主义法律体系已经初步形成，精神文明建设继续推进。中华人民共和国的法制建设和精神文明建设取得了巨大成就。

《中华人民共和国宪法》的颁布

1949 年 9 月，中国人民政治协商会议在北平召开，会议制定了《中国人民政治协商会议共同纲领》《中央人民政府组织法》和《政协会议组织法》，其中《共同纲领》起临时宪法的作用。这三部法律的制定和颁布，标志着中华人民共和国法制建设的开始。

1949 年到 1952 年，国民经济恢复，新生的人民政权得以巩固，制定宪法的客观条件已经具备。1954 年，中共中央提出了宪法草案初稿，各民主党派、人民团体和社会各方面代表人士进行了认真的讨论。1954 年 9 月，在普选的基础上，第一届全国人民代表大会在北京召开，会议通过了《中华人民共和国宪法》。

1954年6月，宪法草案全文公布，全民大讨论由此展开。新华书店北京分店发售的宪法草案单行本与刊载宪法草案的《中国青年》《学习》等刊物，近一个月销售了74万份。据统计，在北京讨论宪法草案期间，听取关于宪法草案报告并参加讨论的各界群众约有103.5万余人，在讨论中各界人士提出对宪法草案的意见143565件。全民宪法讨论历时近3个月，累计1.5亿人次，提出100多万条意见。

1954年宪法规定：中华人民共和国是工人阶级领导的、以工农联盟为基础的人民民主国家。中华人民共和国的一切权力属于人民，人民行使权力的机关是全国人民代表大会和地方各级人民代表大会。宪法规定了公民的基本权利和义务，还规定通过社会主义工业化和社会主义改造，保证逐步消灭剥削制度，建立社会主义社会。1954年宪法体现了人民民主和社会主义原则，是我国走向依法治国的重要标志。

随着1978年党的十一届三中全会的召开，宪法修改工作逐渐展开，1982年，新宪法提交全国人大审议并顺利通过。

1982年宪法肯定了党的十一届三中全会以来拨乱反正、改革开放的成果，规定我国人民今后的总任务和国家政治、经济、文化等方面根本制度和主要原则，制定了一系列发展社会主义民主和健全社会主义法制的重大措施，如加强了全国人大及其常委会的职权，恢复和改革国家主席制度，撤销政社合一的人民公社，建立乡政府等。1982年宪法的颁布，标志我国法制建设进入了一个新的阶段。

为了既使宪法适应社会主义现代化建设的需要，又保持长期稳定，从1988年开始，宪法的修改采用修正案的方式。如在改革开放过程中，随着城乡个体经济的发展，私营经济呈现大发展的趋势。1988年宪法修正案规定："国家允许私营经济在法律规定的范围内存在和发展。私营经济是社会主义公有制经济的补充。"1992年中共十四大确立经济体制改革的目标是建立社会主义市场经济体制。1993年宪法修正案把"国家在社会主义公有制基础上实行计划经济"修改为："国家实行社会主义市场经济。国家加强经济立法，完善宏观调控。"

如何从历史和现实的角度，理解中华人民共和国第一部宪法颁布的意义和作用？

法制的完善

中华人民共和国成立之初，除 1954 年宪法外，还相继颁布了《婚姻法》《土地改革法》等法律法规，初步构建中华人民共和国的法律体系，营造了良好的法律氛围。

1978 年，党的十一届三中全会提出“有法可依，有法必依，执法必严，违法必究”的法制建设方针。从 1979 年初起，全国人大及其常委会抓紧了立法工作。

> 应该集中力量制定刑法、民法、诉讼法和其他各种必要的法律，例如工厂法、人民公社法、森林法、草原法、环境保护法、劳动法、外国人投资法等等，经过一定的民主程序讨论通过，并且加强检察机关和司法机关，做到有法可依，有法必依，执法必严，违法必究。
>
> ——邓小平：《解放思想，实事求是，团结一致向前看》，见中共中央文献研究室编：《三中全会以来重要文献选编》上册，26页，北京，人民出版社，1982。

1997 年 9 月，中共十五大明确把“依法治国”确立为治国基本方略。截至 2009 年 9 月，我国已经制定了 229 件现行有效的法律，如《刑法》《民法通则》《民族区域自治法》《义务教育法》等，与之相配套的行政法规和地方性法规也基本健全。进入 21 世纪，具有中国特色的社会主义法律体系已经基本形成，涵盖了宪法及相关法、民商法、行政法、经济法等七个法律部门，为我国经济持续发展和建设社会主义法治国家提供了有力的法律保障。

2018 年 3 月 5 日召开的第十三届全国人民代表大会第一次会议，在推动中国法制建设的历程中，具有怎样承前启后的伟大意义？

精神文明建设

中华人民共和国成立后，党领导人民广泛开展“扫盲”“爱国卫生运动”等各种形式的移风易俗活动，初步建立了人民教育体系。这对于破除陈规陋习、开创文明新风，起到了十分重要的作用。

随着社会主义改造的基本完成，社会急需文化事业的迅速发展。

1956 年 5 月，毛泽东提出发展社会主义文化的方针，即“百花齐放，百家争鸣”。“双百”方针的提出，极大地繁荣和发展了我国的文学艺术和科学工作。

从1958年到1966年，小说、戏剧、电影等领域涌现出许多革命历史题材和反映火热现实生活的优秀精神产品，如长篇小说《红旗谱》《青春之歌》《林海雪原》，戏剧《龙须沟》《茶馆》，电影《上甘岭》《南征北战》等。20世纪80年代后，长篇小说《平凡的世界》《白鹿原》等一批文学精品问世，《红高粱》等电影受到海内外观众的欢迎。

为适应改革开放后的新形势，邓小平同志提出“两手抓，两手都要硬”的思想，一手抓物质文明建设，一手抓社会主义精神文明建设。江泽民同志强调精神文明建设和物质文明建设是统一的奋斗目标，不能以牺牲精神文明为代价去换取经济的一时发展。胡锦涛同志提出树立社会主义荣辱观，促进社会主义和谐社会的建设。党的十八大以来，为了民族复兴和中国梦的实现，以习近平同志为核心的党中央积极开展培育和践行社会主义核心价值观的活动，作为推进社会主义核心价值体系建设的基础工程。

同时，群众性精神文明创建活动也蓬勃展开：20 世纪 80 年代开展了“五讲四美”活动；90 年代后，中宣部组织实施精神文明建设“五个一工程”，并以“讲文明树新风”为主要内容，展开创建文明城市、村镇和行业的活动；进入 21 世纪，又组织评选表彰全国道德模范，积极推动新时期的公民道德建设。

经过长期努力，中国特色社会主义进入了新时代。习近平同志在党的十九大报告中提出，要坚持中国特色社会主义文化发展道路，建设社会主义文化强国，推动社会主义精神文明和物质文明协调发展；发挥社会主义核心价值观对国民教育、精神文明创建、精神文化产品创作生产传播的引领作用，把社会主义核心价值观融入社会发展各方面，转化为人们的情感认同和行为习惯。

精神文明在社会发展中起着怎样的作用？精神文明建设有什么特点？

第十一章 民族关系与国家关系的演进

导读

民族政策与外交政策在国家政治生活中占有重要地位。在统一多民族国家的发展历程中，古代中国推行了一系列重要的民族政策和边境管理制度，以维系国家稳定。同时，历代统治者都重视对外关系，中国与周边国家保持了良好的交往。中华人民共和国民族区域自治制度的实施具有重大的历史意义。中国坚持奉行独立自主的和平外交政策，取得了世人瞩目的外交成就。

一、古代中国的民族政策、边境管理与对外关系

中国自秦汉以来就是统一的多民族国家。历代王朝为协调境内各民族关系，制定了相应的民族政策，形成了一套有效的边境管理制度，对巩固统一的多民族国家起到了重要作用。在与外国交流的过程中，古代中国也建立起相应的对外关系体制。

民族政策的演变

中国古代各民族的关系，从总体上看以交往为主流。在处理民族关系时，历代政府在政治、经济、文化等方面，多采用笼络和怀柔的政策。和亲与因俗是这种政策的具体表现形式。

和亲，即中央王朝与少数民族之间建立联姻关系。这一政策的实施，始于先秦，终于清朝灭亡。西汉与唐是实行和亲政策的两个典型时期。西汉王昭君出塞与唐文成公主和金城公主远嫁吐蕃，是各民族交融的

典范。清代满族统治者与蒙古王公间的联姻，在促进满族和蒙古族交流的同时，也有力地巩固了清王朝的政治秩序。

西汉后期，匈奴内部陷于内讧，呼韩邪单于势力衰微，向汉称臣。公元前33年，呼韩邪第三次入汉朝见，并迎娶宫女王昭君为妻。昭君出塞，为汉与匈奴间的和平做出了卓越贡献。东汉史学家班固记载道："是时边城晏闭，牛马布野，三世无犬吠之警，黎庶亡干戈之役。"

因俗，即"因俗而治"，是指古代统治者依据境内各民族的不同风俗习惯，制定出相应的治理措施。西周初年，周王室要求各封国尊重当地的风俗，如令分封于殷商故地的鲁、卫两国沿用商族的旧政。后世王朝继承了周朝的这一做法。唐朝形成的"羁縻州"制度，以及元、明、清三朝实行的土司制度，均保留了原有的政治机构，并任命原部落首领直接管理当地百姓。这种"因俗而治"的民族政策，一方面尊重了各民族不同的风俗习惯，另一方面维护了社会的稳定。

唐朝初年，中央政府在少数民族聚居区大量设立"羁縻"府、州、县。少数民族首领经中央正式任命，担任当地的行政官员，自行管理内部事务。这一职务可以世袭。在户籍与赋税方面，"羁縻"府、州、县也与普通州县有别，享有政府规定的优惠政策。这一制度为后世所仿效，在元、明、清三代形成了土司制度。

不同历史时期，在处理民族事务时，历代王朝采取了不同的措施，这是为什么？其作用如何？

边境的管理制度

在古代王朝的边境地带，各民族交往最为频繁。为了开发边境，促进民族交融，历朝历代都制定了相应的边境管理制度，屯田制便是其中之一。

屯田制是由政府直接组织劳动者，在国有土地上进行农业生产的制度。它的开创者是汉武帝刘彻。通过与匈奴的交战，汉王朝获得了河套地区，为满足前线军队的粮草供应，汉武帝先后将上百万内地民众迁移至此，进行屯田耕垦。为加强对西域的统治，汉朝派军队长期驻扎，在担任守卫任务的同时，也进行农业生产。此后，在汉朝形成的民屯与军屯两种屯田模式，为历代统治者所沿用。

明代是中国古代屯田制度的极盛期。朱元璋在建立明代以前，就通过军屯的方式解决军粮问题。朱元璋称帝后，在全国各地都设立了军屯点。据估计，明初的屯田军不下100万人。为进一步恢复经济、促进各地经济平衡发展，明朝初年的统治者还组织了多次大规模移民，将人口移到地多人少处耕种，实行民屯。

历代王朝常在边境地区与各民族进行互市贸易活动。宋代政府为管理边境的贸易活动，在边境地带的特定地点设立互市，形成了“榷场”制度。

北宋初年，宋朝政府便在与辽、西夏的接壤处设立多个榷场，促进了地区间的贸易与文化交流。尤其在1004年宋辽“澶渊之盟”后，双方关系长期保持和平状态，边境贸易持续繁荣。南宋与金朝合谈之后的榷场贸易呈现良好的发展态势。榷场正常运行时，宋朝商人主要向周边输送茶叶、粮食、漆器、瓷器等货物，换来大量钱财及马、牛、羊等牲畜。榷场的兴废，是宋与周边国家关系的反映。

中国历代王朝对新疆地区的治理，多采用军事与政治合一的制度。汉代的西域都护府和唐代的安西、北庭都护府都属于这一类型。清代统一新疆后，乾隆皇帝吸取历史上的经验，在新疆设立了军政合一的军府制度。设伊犁将军为新疆最高军政长官，下辖军事、民政两套系统，有力巩固了新疆的统一局面。

中国历代王朝非常重视对边疆实施有效管理，这是为什么？不同时期，边疆管理措施的变化说明了什么？

“宗藩朝贡”的体制

中国自古雄踞东方，在与周边国家交往时，历代统治者常怀有一种“天朝上国”的心态，并形成了宗藩朝贡体制。中国作为宗主国，对周边各国进行册封；周边国家是中国的藩属国，须向中国称臣进贡。

汉倭奴国王印

宗藩朝贡体制在先秦时期已显现雏形，并在汉、唐时期走向成熟。公元57年，位于日本的“倭奴国”使者来到中国进贡朝贺，汉光武帝刘秀赐之印玺。“汉委（倭）奴国王印”于18世纪在日本出土。在唐代，由于国力的强盛，周边大小国家纷纷遣使朝贡，唐代发展出一套成熟的朝贡礼仪。

明代是中国古代宗藩朝贡体制发展的巅峰。明成祖朱棣即位后，多次派遣使节前往周边国家，宣示和平外交政策，并邀其入贡。1405—1430年，郑和奉命率领庞大的船队七下西洋，联络位于东南亚、西亚、东非的30余个国家和地区。许多国家奉明朝为宗主，来华朝贡，并进行贸易活动。郑和下西洋扩大了中国对外交往的范围，促进了中国人民同亚非各国的交流。

如何全面认识和评价宗藩朝贡体制的作用和意义？

二、近代西方民族国家与国际法

14世纪以后，民族国家不断出现，冲击了神权统治和封建势力。英国、美国、法国、德国等民族国家体制不断成熟。为适应民族国家并存的新的国际格局，国际法应运而生。

欧洲早期民族国家的形成

在中世纪欧洲，基督教会和封建贵族占据了政治的主导地位。国王的权力被弱化，人们也没有明晰的国家意识。14—15世纪，西欧社会发生重大变动，民族国家的雏形产生。其中，英国民族国家的形成最具典型性。

英法百年战争（1337—1453）之前，两国王室关系密切，通婚频繁。法语是英国上层社会的流行语言。两国也没有明确的边界。然而在漫长的战争期间，英国人在对敌作战中逐渐形成了独立的民族意识。英国在战争中失去了在欧洲大陆的大部分领土，其国界主要被限定在不列颠岛，国界与国家主权观念逐渐清晰。在国王的倡导下，原先由下层民众使用的英语被确立为官方语言。国界与国语的形成，标志着英吉利民族意识的成熟。

在新兴的资产阶级、新贵族和下层平民的支持下，当时的英国君主采取了一系列集权措施。亨利七世即位后打击封建贵族，没收叛乱贵族的财产，并禁止贵族蓄养私人军队。

亨利八世即位后，依靠议会颁布了一系列反抗教皇权、加强王权的法案。其中以1534年的《至尊法案》最为重要。该法案明确否定了罗马教皇在英国的权威，宣布英国国王是国内教会的至尊领袖，国内一切臣民包括僧侣都必须向国王宣誓效忠。君主专制制度的确立，成为英国民族国家走向成熟的关键。

英国民族国家的形成，为资本主义的发展扫除了教会和封建势力的双重障碍。除英国外，法国、西班牙、荷兰等国在此时也形成了初步的民族国家体制。

在这种普遍的混乱状态中，王权是进步的因素，这一点是十分清楚的。王权在混乱中代表着秩序，代表着正在形成的民族（nation）而与分裂成叛乱的各附庸国的状态对抗。

——恩格斯：《论封建制度的瓦解和民族国家的产生》，见《马克思恩格斯全集》第二十一卷，453页，北京，人民出版社，1957。

在西欧近代民族国家建立过程中，王权起了怎样的作用？

欧美民族国家的拓展

随着民族主义思想日趋成熟，在美国独立战争和法国大革命的影响下，西方世界兴起了建立民族国家的浪潮。

17—18世纪，英国在北美洲大西洋沿岸陆续建立了13块殖民地，越来越多的欧洲人移民到此，开辟新的家园。随着工业、农业、贸易的发展，原先分散在 13 块殖民地的人民被逐渐形成的统一市场密切联系起来。经济交流的日益频繁也促进了共同文化的产生，兼具欧洲和北美洲特色的文化活动兴起，英语成为联系各地的语言纽带。同时，较为完善的议会制度在各殖民地建立起来。一个新的民族——美利坚民族初步形成。

北美洲殖民地的发展威胁到英国在当地的统治。英国出台一系列高压政策，压迫殖民地人民。这些举措激发了北美洲人民共同的民族情感。1775 年，北美洲民兵与英军在来克星顿交火，拉开了美国独立战争的序幕。1776 年 7 月 4 日，第二届大陆会议通过《独立宣言》，宣布了美利坚合众国的成立。经过数年的艰苦战争，1783 年，英国被迫与美国签订合约，正式承认美国独立。此后美国不断向西部扩张，逐步建立起一个跨越北美洲的庞大国家。

为维护奴隶制种植园经济，1861 年，南方若干蓄奴州宣布退出联邦，发动内战。为维护国家统一，总统林肯领导北方军队与叛乱者作战，并最终在 1865 年彻底击败南方军队。联邦政府在南北战争中的胜利，避免了美国分裂。

德国自中世纪以来便一直处于四分五裂的状态。19 世纪后，在民族主义思想影响下，德国统一运动逐渐兴起。普鲁士国王威廉一世任命俾斯麦为首相，推行“铁血政策”，进行军事改革，大大提高了军事实力。通过三次王朝战争，普鲁士最终实现了德国的统一，德意志民族国家诞生。

在拿破仑战争的推动下，19 世纪一大批新兴的民族国家，如希腊、比利时、意大利等，出现在西方的版图上。欧洲民族国家的形成对世界产生深远影响。

从 19 世纪末到 20 世纪，利用强烈的民族主义情绪建设以民族认同感为基础的国家，成为世界历史上最轰轰烈烈的运动之一。

——［美］杰里·本特利、赫伯特·齐格勒：《新全球史文明的传承与交流：1750 年至今》，189 页，北京，北京大学出版社，2014。

为什么欧美民族国家在发展过程中走了不同的道路？它给后人留下了怎样的启示？

格劳秀斯

国际法的创立与发展

在近代西方走出神权笼罩的中世纪，进入民族国家并立的局势下，国与国之间的关系也需要调整。17 世纪，荷兰法学家格劳秀斯的著作《战争与和平法》出版，标志着近代国际法理论的成熟。

格劳秀斯之后，国家之间互相平等、国家主权不可侵犯的国际法观念逐渐被欧洲各国接受，并被应用到具体处理国际关系之中。以 1648 年《威斯特伐利亚和约》的签订为标志，近代国际法体系在欧洲产生。

在经历了 1618 年到 1648 年的“三十年战争”后，欧洲各参战国经协商共同签署了《威斯特伐利亚和约》，明确了国家之间主权平等、独立的基本原则，使欧洲许多国家摆脱了教皇束缚。该和约形成的威斯特伐利亚体系对后世影响巨大，国际会议成为解决国际争端的重要方式，国际会议形成的条约对各签署国拥有约束力。

这种和平与和睦的关系，应真挚而热忱地予以遵守和培育，每一方都应促使另一方的权利、荣誉和利益得以实现。

——《威斯特伐利亚和约》第 1 条

缔结的和约应一直有效，参加协议的所有各方，应有义务保卫和保护本和约的每一项条约不受任何人的侵犯，不论其信奉何宗教。

——《威斯特伐利亚和约》第 123 条

1814—1815 年，在联合击败了拿破仑帝国后，以英国、俄国、奥地利、普鲁士、法国等五国为首的欧洲各国在维也纳召开会议，通过签署《维也纳会议最终议定书》等一系列条约文件，形成了维也纳体系。它继承了威斯特伐利亚体系通过国际会议解决国家间争端的精神，建立了协调机制。此外，该体系还在中立制度、外交使节、海洋权益、禁止奴隶贩卖、战争中的人道主义原则等方面，发展了国际法体系。

国际法的形成和发展过程，对形成和完善国际秩序、推动国际社会的进步有什么作用?

三、现代中国的民族政策与外交

中华人民共和国成立后，民族区域自治制度成为我国的一项基本政治制度，它巩固了国家统一。独立自主的和平外交政策使中华人民共和国取得了一系列重大的外交成就，并为反对霸权主义、维护世界和平与促进共同发展做出了重要贡献。

民族区域自治制度

中国是一个由56个民族组成的统一多民族国家。在长期的历史发展过程中，各民族在政治、经济、文化上形成休戚相关、不可分离的关系，并呈现出大杂居、小聚居的分布格局。

《共同纲领》规定："各少数民族聚居地区，应实行民族的区域自治"。1954年《中华人民共和国宪法》更明确规定："各少数民族聚居的地方实行区域自治。各民族自治地方都是中华人民共和国不可分离的部分。"这样，民族区域自治就成为中国的一项基本国策和基本政治制度。1984年，《中华人民共和国民族区域自治法》正式颁布实行。民族区域自治制度从此得到了一个强有力的法律保障。

民族区域自治，就是在中央人民政府统一领导下，遵循宪法的规定，在少数民族聚居的地方，按照民族聚居的人口多少和区域大小，分别建立不同级别的民族自治区域和自治机关。在自治区域内，由当地民族当家做主，依法管理本民族地方的内部事务，行使自治权力。

民族区域自治的实行，维护了祖国统一，增进了民族团结，密切了边疆和内地、民族自治地方和中央的关系。随着改革开放的进一步深入，少数民族和民族地区逐步从封闭走向开放，民族经济得到了很大发展，人们的物质文化生活得到了极大改善。

中华人民共和国的民族区域自治制度有什么特点？它对维护国家统一、民族团结起了怎样的作用?

独立自主的和平外交政策

中华人民共和国成立时，以苏联为首的社会主义阵营和以美国为首的资本主义阵营存在着激烈的斗争。面对严峻的国际形势，中华人民共和国成立后奉行独立自主的和平外交政策，基本方针是：不承认国民党政府与各国建立的旧的外交关系，而是要在互相尊重主权和领土完整、平等互利的基础上，重新与各国建立外交关系，即“另起炉灶”。肃清帝国主义国家在中国的残余势力和种种特权，如废除帝国主义在华的政治、军事和经济特权，不承认国民党政府签订的一切卖国条约，然后再考虑与它们建立外交关系，以巩固新中国的独立和主权，即“打扫干净屋子再请客”。坚定地站在以苏联为首的社会主义阵营一边，即“一边倒”。1950 年 2 月，中苏两国签订《中苏友好同盟互助条约》，这对促进中国经济的恢复与发展，具有重要意义。

“一边倒”所解决的问题是对外战略问题，而“另起炉灶”和“打扫干净屋子再请客”所解决的问题，则属于对外交往中的战术问题，这三者不是同一层次的问题。

——刘山、薛君度主编：《中国外交新论》，40页，北京，世界知识出版社，1997。

1953年底，中印政府就两国在西藏地方的关系问题进行谈判。周恩来总理在会见印度代表团时，创造性地提出了互相尊重领土主权、互不侵犯、互不干涉内政、平等互惠、和平共处五项原则。1954年6月，周恩来总理应邀访问印度、缅甸，在中印、中缅两国总理发表的联合声明中，共同倡导以和平共处五项原则作

周恩来总理会见印度代表团

为处理相互关系的基本原则。和平共处五项原则在国际上产生了深远影响，成为处理国际关系的准则。

党的十一届三中全会以后，邓小平根据国际形势的发展和中国现代化建设的需要，对外交政策做出了重大调整。反对霸权主义和强权政治，维护世界和平成为新时期中国的基本外交政策。中国坚持独立自主的和平外交方针，奉行不结盟政策；在和平共处五项原则的基础上，中国愿同世界各国保持和发展正常外交关系。这些外交政策的调整，开创了新时期外交工作的新格局。

中华人民共和国成立初期的外交政策是在怎样的国际背景下制定的?

中华人民共和国的外交成就

中华人民共和国成立之初，积极开展外交活动，冲破了美国孤立中国的外交政策。1949 年，中华人民共和国同苏联等 17 个国家建立了外交关系，获得了 8 个国家的承认。

1954 年，在瑞士日内瓦召开了中、苏、美、英、法及有关国家外长参加的国际会议，商讨朝鲜和印度支那问题。虽然美国极力阻挠印度支那问题的和平解决，但是经多方磋商，最终达成了恢复印度支那和平的协议。日内瓦会议是中华人民共和国第一次以五大国之一的身份参加的重要国际会议。

中国代表团参加日内瓦会议

周恩来在万隆会议上

1955 年 4 月，亚洲和非洲 29 个独立国家和地区的首脑在印度尼西亚的万隆召开国际会议，讨论亚非国家发展问题和共同关心的国际问题。以周恩来为首的中国代表团出席会议。针对帝国主义国家对中华人民共和国发出的诋毁性言论以及会上产生的矛盾和意见分歧，周恩来提出“求同存异”的方针，推动了会议的圆满成功。会后，有许多亚非国家和中国建立了外交关系。

1971 年，第 26 届联合国大会在对阿尔巴尼亚、阿尔及利亚等 23 国的提案进行表决时，以 76 票赞成、35 票反对、17 票弃权的压倒多数通过了恢复中华人民共和国在联合国的一切合法权利的决议。这是中国外交的重大胜利。

随着国际形势的变化，1972 年尼克松总统访问中国，毛泽东会见尼克松。双方在上海签署中美《联合公报》，美国承认只有一个中国，台湾是中国的一部分。《联合公报》的发表，标志着中美二十多年的对抗结束，两国关系开始走向正常化。1979 年，中美正式建立外交关系。

尼克松上任之初，就着手和中国接触。对于尼克松政府谋求中美接近的信息，中国都很关心，并有所反应。

1970年12月18日，毛泽东会晤访华的埃德加·斯诺。斯诺问：会不会允许像尼克松这样一个代表垄断资本家的人来中国？毛泽东表示：欢迎尼克松访华。1971年3月15日，美国国务院宣布：对于使用美国护照去中国旅行，取消一切限制。

——谢益显主编：《中国当代外交史（1949—2009）》，221～222 页，北京，中国青年出版社，2009。

中国重返联合国和尼克松访华，极大地震动了日本朝野各界。1972 年 9 月，日本新任首相田中角荣访华，中日邦交正常化。

改革开放以来，中国密切与发展中国家的合作关系，与不结盟运动、非洲统一组织等相互支持，不断给予发展中国家经济、金融、文化、教育、卫生等各方面的帮助。同时，中国还发挥在联合国和地区性国际组织中的作用，从1989年起，中国积极参加联合国维和行动，并做出了积极贡献。2014年，亚太经合组织第二十二次领导人非正式会议在北京举行，中国为促进亚太地区的经济合作和繁荣发展做出了重大贡献。中国在国际上发挥越来越大的作用，国际地位也空前提高。

参加万隆会议、恢复在联合国的一切合法权利、与美国关系正常化并建交，这些事件在中华人民共和国取得的外交成就中，发挥了怎样的作用？

第十二章
国家基层治理与社会保障体系

导读

户籍制度是中国国家基层治理的重要行政措施，它与社会保障关系到国家的政治稳定与国计民生。古代中国很早就实行户籍制度，每个朝代的户籍制度都有不同的特点。与此相适应，各个朝代在社会救济和优抚方面也建立了较完备的机制。古希腊的城邦、罗马的自治城市是主要西方国家基层治理的源头，欧美国家基层治理具有明显的特点。在工业化进程中，西方国家形成了具有特色的社会保障制度。

一、中国古代的基层治理与社会救济

中国古代统治者历来重视基层治理，为适应国家治理的需要而不断建立和完善的各种基层管理制度和组织，是社会运转的重要立足点。中国古代社会救济与优抚是维护中国古代社会秩序的重要手段，对改善民生意义重大。

户籍制度与赋役

中国古代各政权的确立，立足于赋税、徭役和兵役的征发，而这一征发的实现，离不开对百姓的统计与管理，由此产生的户籍制度为历代所重视。

以籍为定，国家之永制也。今闾阎之民（指百姓），有一不服庸调者乎？

——（明）章潢《图书编》卷117，《军籍抽余丁议》

人户以籍为定。凡军、民、驿、灶、医、卜、工、乐诸色人户，并以籍为定。

——《大明律》

中国很早就有户籍的记载。春秋战国时期，各诸侯国为增加赋税、扩大兵源，加大了对户籍制度的管理，将户口情况严格记录于版籍之上，称为“书社制度”；商鞅变法时也曾编制户籍，有利于赋役征发与基层管理。

西汉时户口与赋税进一步结合，算赋、口赋等应运而生。此时国家推行“编户齐民”的制度，将百姓的信息如年龄、身份、财产等加以登记，对百姓的控制大为严格，对其赋税、徭役和兵役的征派也更为具体。“齐民”意味着每个百姓在对国家的义务关系上是平等的。

魏晋南北朝时战乱频繁，户口脱漏现象层出不穷，各政权以检括户口、完善户籍，来确保赋税、徭役的稳定。隋文帝更是对户籍严格把关，既以年龄、相貌为核对标准，实行“大索貌阅”；又以每户财产和人丁划分等级，实行“输籍定样”。

486年，北魏孝文帝废除豪强大族控制地方的宗主督护制，创立三长制，五家设一邻长，五邻设一里长，五里设一党长，在监督农业生产之外还控制户口，确保国家征收赋税，征发徭役、兵役。这种基层组织有效地抑制了豪强隐匿户口、逃避国家赋税徭役的行为。

唐朝因租庸调制的推行，对人丁、户数尤为关注，户籍制度更为周密，围绕身份的不同分为编户和非编户。北宋时期，城乡户籍分别管理，城市设坊郭户，乡村设乡村户，其中又划定不同等级，使赋税征收更加明确。

明朝时，国家编制“黄册”和“鱼鳞册”。明太祖规定，每十年造册一次，反映各地户数、赋役变化；官吏编订后制成四份，一份上交户部，其余三份由地方各级掌管，因交与户部的册子封面用黄纸，故称“黄册”，是明朝征派赋役的重要依据。同时，明朝核实全国土地，绘制成册，注明田主、边界等，因土地分割大小不一，每册前的汇总图状如鱼鳞，故称“鱼鳞册”。“黄册”与“鱼鳞册”为国家赋役征派与田亩管理奠定了基础，其影响延伸至清朝。

人数者，庶事之所自出也，莫不取正焉。以分田里，以令贡赋，以造器用，以制禄食，以起田役，以作军旅，国以建典，家以立度，五礼用修，九刑用措，其唯审人数乎？”

——（东汉）徐干：《中论·民数》

古代中国户籍制度的建立和完善，对国家的发展起到了怎样的积极作用？

基层管理组织体制

户籍制度对基层管理的落实及社会治安的实现，具有重要意义。中国古代的基层管理主要通过乡里、宗族、行会及私社加以推行。

春秋战国以来各诸侯国为实现集权，不同程度地推行郡县制，乡里开始成为郡县以下的重要基层组织。秦汉之时，王朝对于基层的治理大为加强，乡里制度正式形成。乡设三老，负责教化；设有秩、啬夫，负责诉讼、赋税；设游徼，负责治安。里设里正，负责对乡进行协助。乡里对地方治理和户籍管理起到了至关重要的作用，成为中国古代基层治理的基本组织。

各政权围绕乡里制的推行，强化了基层管理与治安。战国时商鞅推行变法，编制户籍，每五家为“伍”，每十家为“什”，分设伍长和什长，负责治安与检举，如有隐匿不报，则要连带受责。北宋王安石推行了“保甲法”，十家为一保，五保为一大保，十大保为一都保，保内立牌，明确记录户数、姓名等，如遇特殊情况，层层上报，否则同保各家将依法论处。

明清时乡绅阶层在乡里的作用凸显。休假居乡和离职的官员以及有功名的读书人是乡绅的主体。乡绅具有较高的文化修养，又具有一定的权威，它与乡民存在着血缘或地缘的联系，成为维系官吏与百姓关系的重要一环。

乡里以地域为基础，宗族则以血缘为基础。西周时，宗族依托于宗法制而存在。春秋战国时，宗法制瓦解，但宗族依旧发挥着作用。汉末至魏晋，宗族中的世家大族发展成为地方的重要势力，乡里官吏常为大族所把持。隋唐至北宋时期，世家大族不断衰落，宗族趋向平民化，主要在族约、祭祖、族产、救济等方面发挥作用，成为国家地方治理的重要载体，在国家与族人之间起着重要的调节作用，其影响延伸至明清。

在中国古代城市手工业、商业中，从事职业相近者往往形成“行”，如花行、米行等，各行在一定区域内集中经营。从唐代开始，同行之间出现行会，行会设置行头，负责协助政府征发赋税与徭役，平抑物价、调节市场。宋代行会协调行业内的规范，行会的地位明显提升。明清行会规模逐渐扩大，对城市基层管理愈发重要。

汉代民间围绕社神祭祀结成“私社”，后来私社演变成民间活动的重要组织。唐宋时私社名目繁多，涉及艺术、文学、宗教等众多方面。明清之时，私社得到进一步发展，政治性、商业性与慈善性的私社竞相出现。私社体现出民间化与自愿性的特征，组织形式日益严密，逐渐成为影响社会生活的重要力量。

中国古代社会的基层治理机构或组织有什么特点，分别发挥了怎样的作用?

社会救济与优抚

中国古代基层治理既关注对百姓的监督与管理，同时还肩负社会救济与优抚之责，以实现社会安定。

在社会救济中，赈灾活动是重中之重。中国古代政府采取开仓放粮、官方借贷、减免赋税、以工代赈等措施对灾民进行赈济，形成了查灾、报灾与紧急救助、持续救助的完备体系。其中常平仓的建立是社会救济的标志性举措，影响极为深远。西汉名臣耿寿昌以兴建常平仓来推动粮食调配，政府在粮价低时适当抬价购入，在粮价高时适当降价卖出，这样既能保证粮价平稳，又避免谷贱伤农，从而实现国家获利、民众收益。常平仓的措施为后世所沿用。

招抚流民、优待老者是社会优抚的重要举措。中国古代因自然灾害、战乱以及沉重的赋税、徭役，不时引发百姓的流亡。政府为安置流民，恢复生产和治安，往往采用招徕、安抚流民的策略，其中既有赋税、徭役的减免，又有农田、物资的提供，并伴随有工程与军队的招募。

古代中国社会救济和优抚有怎样的特点？发挥了什么作用？

二、西方国家的基层治理与社会保障

西方国家基层治理的历史，最早可追溯到古希腊和古罗马时期。进入中世纪，西方国家的基层治理与教会的关系较为密切。近代英国、美国、法国、德国的市镇和乡村先后取得了自治权，以不同的形式实现了有效的基层治理。现代意义的社会保障发源于工业革命后的英国，德国、美国等西方国家也相继建立起比较完善的社会保障制度。

西方国家基层治理的起源

西方国家的基层治理，最早可以追溯到古希腊罗马。古希腊城邦星罗棋布，每个城邦拥有充分的独立自主权。古罗马的一些城市在一定程度上实现了自治，称之为自治城市。

自治城市是古罗马的基层行政单位，没有独立的外交权和军事权。但在从属于罗马统治的前提下，享有地方自治权，包括财权、司法权、行政权。自治城市的日常事务，例如建造基础设施、组织节日庆典、维持治安等，由当地的议事会和官员负责。

欧洲进入到中世纪，人的生老病死都在教会的笼罩之下，基层治理被教会主导。约11世纪后期，意大利、法国、德意志等地的城市复苏，拥有一定的自治权，它们被称为“中世纪的花朵”。

收集相关材料，思考古罗马的自治城市有什么特点。它对古罗马社会产生了怎样的作用？

主要西方国家的基层治理

不同西方国家在不同时期的基层治理有很大差别。

英国素有地方自治传统。中世纪时，国王只向地方派出很少的官吏，社区主要的地方事务，由当地的乡绅阶层负责。还有少量自治城市，凭借从国王那里取得的特许状享有一系列特权，包括设立自己的管理机构、拥有独立的市政资产、独立的司法机构，以及可以被称为“市”的特权。1894 年，英国出台地方政府法案，设立了城市区议会和乡区议会，乡区议会下设教区，行使自治权。从此乡村地区才正式建立了与城市相同的地方自治制度。1972 年，英国又合并了城乡地方政府，形成了目前城乡合治的局面。

美国早在殖民地时期就开启了乡镇自治的民主传统。1691 年，马萨诸塞殖民地政府和村镇政府在职能上分离，殖民地政府对地方事务的干预减弱，村镇的自主性增强，成为近乎独立的居民共同体。乡镇居民大会制定乡镇法律法规，并就乡镇重大问题做出决定。在乡镇居民大会闭会期间，乡镇理事会行使管理乡镇日常事务的职能。美国人在乡镇自治基础上形成的民主、平等和自由传统，是美国民主赖以生存的基础。

在法国大革命之前，法国只有依法获得特许状的自治市镇才享有自治权。1789 年，乡村开始享有与市镇等同的自治权和法律地位。后来拿破仑加强中央集权，地方自治大为削弱，直到 1982 年才又真正实现了地方自治。

在中世纪，德意志的乡镇就获得了自治地位。乡镇凭借国王颁发的特许状，享有了一系列特权，包括设立自己的管理机构、拥有独立的市政资产、独立的司法机构等。1808 年，普鲁士起草了《普鲁士市政宪章》，确立了地方自治的政府模式，但只适用于城市。1919 年《魏玛宪法》通过后，全面的地方民主制在德国陆续展开。在纳粹统治时期，德国地方自治权名存实亡。1949 年，德国联邦宪法出台后，其乡镇自治权重获新生。

中世纪欧洲城市特许状，是国王或封建领主颁发给城市或市民的法律权利认可文书。它规定城市的基本制度，确认了城市的自治权以及经济和法律上的特权，给予市民基本权利。它具备法律效力，对西方资本主义宪政有一定影响；它促进了中世纪西欧城市和商品经济的发展，推动了西欧封建社会向近代社会的转型。

城市特许状对欧洲基层治理产生了怎样的作用？

现代社会保障制度的产生与发展

现代意义上的社会保障制度发源于最早实现工业化的英国。

1601年，伊丽莎白女王颁布实施了著名的《伊丽莎白济贫法》（即旧《济贫法》），确认了国家负有救济贫民的责任。1795年，英国出台了《斯宾汉姆兰法案》。该法案规定由教区按照面包价格和一个成年男子赡养的人口数来发放补贴。1834年，英国颁布了新《济贫法》，实行济贫院内和济贫院外相结合的救济体制。济贫院内的救济主要针对身体健全的贫困者，数量少，规定严格；济贫院外的救济主要针对老弱病残幼等贫困者。身体健全的受雇佣者被严格地排除在济贫法之外。

真正具有普遍性、让全体人受益的社会保障制度是德国人建立的。1871年德国统一后，首相俾斯麦颁布了三大法律，设置养老、医疗、工伤、失业等保险，保障了工人最基本的生存权，减小了社会的不安定因素。德国的社会保险制度实质上是一种社会再分配模式，这种做法沿用至今。

罗斯福“新政”时期，美国政府颁布了《社会保障法》，首次使用了社会保障一词，内容涉及养老保险、失业保险、社会救助等，建立起由政府主导的社会保障体系，是美国福利国家建设的开始。《社会保障法》的实施，增加了美国社会的购买力，使美国尽快从经济危机中走出。随着美国社会经济的发展，《社会保障法》经过多次修订，日益完善。

美国人在大危机之后，改变了以往那种认为贫困是由于个人懒惰和无能的观点。1935年8月14日罗斯福签署《社会保障法》，规定由联邦政府和各州合作共同救济贫困老人，建立养老金制度，也为那些已丧失挣钱能力或未被纳入养老金体系的人提供补助金。《社会保障法》的另一条款是启动了失业保险。失业工人领取失业补助的数量和时间，取决于其失业前收入的高低和失业时间的长短。

第二次世界大战后，英国工党政府对英国保健制度、保险制度等进行了改革，建立了全面的社会保障制度，宣布建成了“福利国家”。这一改革在不触动资本主义制度的前提下，使英国的工人群众得到了好处，弱化了阶级矛盾，大大地扩大了政府干预经济的权限。

20世纪70年代，随着经济的持续衰退，英国“福利国家”出现严重的危机。20世纪80年代，以撒切尔夫人为首的保守党政府，缩小了“福利国家”的规模，避免政府提供的服务与居民的需求之间脱节。20世纪90年代后期，在两极格局瓦解和经济全球化的背景下，以布莱尔为首的工党主张在资本主义的自由放任和社会主义的政府干预之间，应找到一条实现社会公正的道路，即“第三条道路”。

西方国家的基层治理与社会保障对西方社会起了怎样的作用?

第十三章
货币与税收制度的发展

导读

货币在货物流通过程中充当等价物，税收是带有强制性和无偿性的国家财政收入形式。货币和税收在政治经济生活中举足轻重。

古代中国很早就发行货币，近代中国货币制度完成了从传统向近代的过渡。古希腊、罗马已经建立了货币制度。现代世界货币体系的形成经历了一个曲折的过程。

古代中国的税收对促进农业社会的经济发展起了重要作用。关税和个人所得税起源于西方，对中国现代社会产生了深远的影响。

一、历史上的货币发行与使用

货币的发行和使用，深刻影响着一个国家的财政税收，关系国家的经济兴衰。现代世界货币体系的形成，对现当代世界经济意义重大。这些实践留给我们丰富的经验和教训。

古代中国、古希腊罗马的货币

中国货币出现很早，因经常性的交换，往往以实物为一般等价物。后来金属成为最主要的货币形态。

从秦汉开始，历代政府尽可能将货币铸币权收归中央，以加强国家对财政的统一管理。秦统一以后，统一了货币形制，以黄金和半两钱作为法定货币，在财政上加强了中央集权。汉初经济凋敝，汉政府曾允许民间自由铸币，虽一定程度上扭转了政府财政匮乏局面，但引发地方割据势力对抗中央、豪民富商投机取利、物价飞涨等后果。公元前113年，汉武帝将铸币权收归中央，设立中央铸币官署铸造五铢钱。此后中央控制铸币权基本成为定制，民间私铸或印制货币则被禁止。

南宋会子，中间方框内印有“敕伪造会子犯人处斩，赏钱壹阡贯。如不原支赏，与补进义校尉（官名）。若徒中及窃藏之家能自告首，特与免罪，亦支上件赏钱，或愿补前项名目者听。”

我国历代存在多种货币同时流通的情况。如战国、秦汉时期是金、钱平行，隋唐时期为钱、帛平行，宋、金、元、明时期实行钱、钞流通，明中叶到清末为银、钱平行。

我国古代长期使用铜为主要的货币。早期的铜币上书写货币重量，以其重量标记铜币价值，如秦半两和五铢钱。唐武德四年（621）发行“开元通宝”，货币价值和本身重量脱钩，具有信用货币的特点。

我国古代金银曾作为铜币的辅助通货。春秋时期楚国出现黄金货币，但黄金始终没有广泛应用于流通领域，白银使用比黄金广泛。新航路开辟后，大量白银流入中国，中国自身商品经济发展使白银地位日益突出，但直到清朝，白银都没有脱离金属称量货币的阶段，需称重和检验成色才能使用，白银与铜钱之间没有法定主辅币关系，两者比价一直处于波动。

我国是最早使用纸币的国家。北宋出现最早的纸币交子，金代、元代和明代都曾发行并流通纸币。因为缺乏对货币政策与经济关系的科学认识，我国古代政府经常利用货币发行权，采取铸币减重、滥发纸钞等手段满足财政需要或军政开支，结果往往造成通货膨胀。

古希腊流行以银币为主的金属货币，兼行金币和铜币。由于各城邦彼此独立，拥有各自的铸币权，而且经济状况频繁变动，整个希腊地区没有形成通用的、恒定的货币重量标准。

罗马共和国时期，货币由元老院下令发行，铸造由三个行政官员组成的“造币三人团”管理。帝国前期，罗马君主垄断金币和银币的铸造，元老院和帝国东部的希腊城市可自行铸造铜币。从3世纪中叶起，各种材质的货币均由君主主管发行。

罗马货币最初是不规则的粗铜和大块铜铸条。公元前3世纪，罗马开始铸造的铜币，之后也开始铸造银币和金币，并实行银本位制。在帝国时期，罗马货币因含银量下降不断贬值，4世纪初，罗马改行金本位制。不论在希腊还是罗马，货币均没有单位和面值，只能根据币材和重量估值。

古代中国货币和古希腊罗马的货币各有怎样的特点？在早期人类社会发展中，货币起了怎样的作用？

近现代中国货币的发行与使用

现代国家一般以统一发行的纸币作为法定货币，法定货币有其名称单位和价格标准，主辅币关系明确。近代中国货币在经历了极其紊乱的多元货币流通阶段后，完成了向现代货币制度的过渡，并最终统一于独立自主和基本稳定的人民币。

明清时期普遍使用白银，但外国的银圆也曾长期在中国流通。明代时，西班牙银圆最早流入中国。五口通商后，外国银圆在中国境内普遍流行。同治、光绪年间，西方列强纷纷利用自己铸造的银圆，加快对中国的经济侵略。

为应对外币对中国金融市场的入侵，清政府仿铸外国银圆。1889年，张之洞在广东设造币厂铸造银圆，因其背面有蟠龙花纹，故称“龙洋”，这成为中国自铸近代银圆的开端。除银元外，清政府还模仿外国铜币形式仿制铜圆，同样由于各省群起竞铸，规格混乱，币值持续下跌。1914年，北洋政府公布《国币条例》整顿和统一银圆，规定以一圆银币为国币，一切税收和财政收支都要使用国币。因其币面铸有袁世凯头像，故称“袁头币”。中国自铸银圆，一定程度抵制了洋钱，也适应了中国社会经济发展需要。

20世纪30年代，南京国民政府宣布“废两改圆”，规定所有公私款项收付，契约票据及一切交易，一律改用银圆，不用银两。银两制度就此终结，但多元化的货币流通混乱状态尚未解决，也未能解决外国操纵白银市场控制中国货币等问题。1934 年，国民党政府颁布《实施法币布告》，规定一切公私收付使用法币，禁止银圆流通。此举废除了中国银本位制，由国家银行发行，促进了中国货币的现代化。但国民政府以滥发法币的方式弥补财政赤字，最终导致了法币的全面崩溃。

随着解放战争的顺利进行，1948 年由解放区内华北银行、北海银行和西北农民银行合并而成的“中国人民银行”开始发行中国人民银行券，即“人民币”，并采取稳定币值和市场物价的财经措施：收兑各个解放区和根据地民主政府历年来发行的各种货币；肃清国民党统治区流通的各种货币，按照比价在规定时间内收兑；驱逐外币，禁止外币在国内市场流通和私下买卖，外汇统一由国家管理；打击金银投机等。最终，人民币的统一市场迅速扩大到全国城乡，我国货币实现了真正意义上的统一。

近代中国币制为什么不能统一？这反映出当时中国怎样的社会背景？

现代国际货币体系

古代世界并没有货币体系。近代以来，随着世界市场逐步扩展，近代金融业的发展，推动了世界货币体系的形成。从 1812 年开始，英国确立金本位的货币制度，各国追随英国，逐渐形成金本位的国际货币金融制度，英镑同黄金挂钩，伦敦成为世界金融中心。

国际金本位制成为世界上首次出现的国际货币制度，但由于第一次世界大战的爆发，各国禁止黄金输出并停止纸币兑换黄金，国际金本位制遭到削弱。1929—1933 年，世界经济大危机最终摧毁国际金本位制。国际金融秩序陷入混乱与动荡，期间形成了英国、美国、法国为中心的三个货币集团。第二次世界大战结束后，西欧国家普遍衰落，美国成为资本主义世界头号强国。

《布雷顿森林协定》规定美元与黄金挂钩，国际货币基金会员国的货币与美元保持固定汇率。一个以美元为中心的资本主义国际货币体系即布雷顿森林体系建立。

《布雷顿森林协定》规定，建立国际货币基金组织和国际复兴开发银行，总部设在华盛顿。国际货币基金组织的宗旨是：稳定国际汇率，消除各国外汇管制，对国际收支出现暂时困难的成员国提供中短期贷款。国际复兴开发银行又称世界银行，初期宗旨致力于战后欧洲经济复兴，后来转向全球性的发展援助，为成员国提供长期贷款和技术援助。布雷顿森林体系的建立，促进了国际贸易和世界经济恢复和发展，同时也确立了美元在国际货币制度中的霸权和支配地位。

按照规定，国际货币基金组织和世界银行的每个会员国的基本表决权为250票，此外，每投入10万美元增加一票。美国财大气粗，投入的资金最多，因而分别掌握了国际货币基金组织总投票权27%，世界银行总投票权23.81%，从而控制了表决权。

随着西欧和日本的发展，美国经济地位削弱，无力承担稳定美元汇率的责任，美元危机不断发生。1971年，美元与黄金脱钩。1973年，各国相继采用浮动汇率，布雷顿森林体系宣告瓦解，但国际货币基金组织和世界银行作为重要的国际金融组织依然存在并继续发挥作用。1976年，各国通过了沿用至今的《牙买加协议》，推行浮动汇率。牙买加协议并非理想的国际货币制度，国际货币制度仍有待于进一步改革和完善。

第二次世界大战后，布雷顿森林体系对推动世界经济的恢复和发展起了什么作用？其弊端是怎样产生的？

二、 古代中国的赋税制度

中国古代的赋税制度是随着国家的产生而出现的，经过漫长的演变过程，资产税逐渐取代人丁税、货币税逐渐取代实物税。赋税制度具有强制性、无偿性、固定性等特点，是国家统治的物质基础，一直为历朝政府所重视。

从初税亩到摊丁入亩

中国赋税制度的起源，可以上溯到夏、商、西周。春秋战国时期，赋税制度发生了很大的变化。公元前685年，管仲在齐国“相地而衰征”，根据土地好坏而分等征赋，以增加国家的收入。公元前 594 年，鲁国实行“初税亩”，开始按田亩征税。后来，商鞅在秦国两次进行变法，所有土地按统一标准征税，这为秦的崛起和一统天下奠定了经济基础。

民之饥，以其上食税之多，是以饥。

——《老子》

百姓足，君孰与不足？百姓不足，君孰与足？

——《论语·颜渊》

故人君御谷、物之秩相胜，而操事于其不平之间，故万民无籍（税收），而国利归于君也。

——《管子·国蓄》

秦朝“赋敛愈重，戍徭无已”，加速了秦的灭亡。西汉吸取了秦横征暴敛的教训，实行轻徭薄赋、与民休息的政策。汉初“轻田租”，采取十五税一的税率，文帝时一度免征田租，景帝后，“三十税一”成为西汉法定税率。汉代对灾荒等特殊情况有“灾免”的规定，国家随时发布减免田赋的诏令，以促进农业生产的恢复和发展。但汉代人头税“算赋”“口赋”很重。

204 年，曹魏实行租调制，规定百姓每亩地缴粟四升，称田租；每户出绢二匹、绵二斤，称户调。其他税收项目一律罢止。西晋也曾颁布“户调令”，但后来由于豪强大族庇荫大量人口，影响了国家的户调收入。北魏孝文帝改革时，以均田制为基础，实施了以人丁为基础的租调制，豪强大族也必须按丁交纳赋税，保障了国家财政收入。唐代前期继续沿用均田制，将租调制发展为租庸调制。庸即纳绢代役，正式把部分力役税转变为实物税。

赋役之法：每丁岁入租粟二石。调则随乡土所产，绫绢絁各二丈。布加五分之一……凡丁，岁役二旬。若不役，则收其佣（庸），每日三尺。

——《旧唐书·食货志》

安史之乱后，大量人口流散、死亡，更加促进了土地的集中，均田制彻底瓦解，租庸调制无法维持，国家财政陷入严重危机。780年，宰相杨炎开始实行两税法改革。

两税法包括户税和地税两个税种，一年分夏、秋两次交纳，每户统一按资产征税。两税的征收分谷物和钱两大类，开始了中国赋税发展史的新阶段，标志着资产税开始取代人丁税、货币税逐渐取代实物税。这是中国古代赋役制度发展的趋势。

北宋王安石变法时，颁行方田均税法，规定政府分块丈量土地，按耕地质量优劣定等纳税。方田均税贯彻了按资计征原则，由于触犯了大官僚、大地主的利益，后被废除。元代田赋中货币税的比重比前代大大增加，甚至以纸币交纳赋税。

明朝初年，为防止百姓隐瞒田产、逃避赋役，编造了赋役黄册（户口册）和鱼鳞图册（土地册），对于清理隐匿人口和土地、保证国家的田赋征收起到了一定的作用。但随着时间的推移，明中叶后土地兼并又趋剧烈，地主逃税严重。1581年，首辅张居正进行赋役改革，在全国推行“一条鞭法”，规定把田赋、杂税和力役合并征收，赋税皆“计亩征银”。一条鞭法是中国赋役制度史上的重大改革，是明中叶以来商品货币经济发展在赋税制度上的反映。

清朝康熙年间开始实行“盛世滋生人丁永不加赋”政策，雍正年间推行“摊丁入亩”，将田赋与丁赋合一，称“地丁银”，按土地的单一标准征收货币。

从初税亩到摊丁入亩，反映出古代中国赋税制度发生了怎样的变化？这一变化说明了什么？

商税、山泽税与杂课

据《周礼》记载，西周已开始征收关市之税和山泽税。战国商鞅变法时为实现重农抑商的目的，对工商业征收重税。同时由国家统一管理山泽产品，“收山泽之税”。

西汉初年，统治者依然通过重征商税以达到抑商的目的。从汉武帝开始，针对商人新征算缗、车船税、牲畜税等，工商税在国家财政中的地位发生了重大变化。这一阶段的山泽税也急剧增长，成为财政收入的重要来源。唐代国际贸易发达，在广州等地设市舶使，对外国商船征收商船杂税。宋朝开国之初商税较轻，促进了国内商业和国际贸易的发展，南宋时，外贸收入成为政府收入的主要来源。明朝除原有商税依旧照征外，又增加了不少新的工商税种，此外还有许多杂税，由于税负沉重，后来各地爆发了大规模的市民反抗税监的斗争。

明神宗时期，矿税、商税征敛极为苛重。从万历二十四年（1596）起，朝廷派许多宦官到各地出任矿监和税监，他们巧立名目，肆意掠夺工商业者。矿监、税监的横征暴敛，激起了广大工商业者和市民的反抗。万历二十七年（1599），税监马堂大白天在临清抢劫市民财产，激起临清市民大罢市。万历三十一年（1603），京西煤矿工人也发动反税监斗争，他们群集北京，举行请愿示威，迫使明神宗调走税监王朝。湖北、江西、云南、陕西、福建等地都爆发了大规模的市民反抗税监的斗争。

——张守军：《中国古代的赋税与劳役》，78～79页，北京，商务印书馆，1998。

清朝工商业进一步发展，商税税种超过历代，而且更加苛重。从宋到清，对外贸易逐渐发展，但对外贸易主要是为了怀柔远人、互通货贿，海关关税较轻。清初开放海禁以后，海关正税不重，但额外加征、陋规勒索等现象非常严重。

古代中国出现各种杂税的原因是什么？这会给社会发展带来怎样的危害？

盐铁专卖制度

春秋时期，管仲曾在齐国实行食盐专卖制度，食盐的生产和销售均由官府控制。汉武帝时实行盐铁专卖制度，官府招募百姓制盐，由官府统一收购，并运往各地销售。同时国家置铁官，统一管理采铁、冶铁事业，生产的铁器由官府统一售卖，禁止私人采矿冶铁。盐铁专卖增加了国家财政收入，但加重了百姓负担，所以在汉昭帝时期召开的盐铁会议上，专卖政策遭到猛烈批评。

唐安史之乱后，盐铁使第五琦创行榷盐法，盐税成为当时一项重要财政收入。后来为了调动盐商的积极性，唐朝政府又采用商运商销的方式，扩大了食盐的销售量，增加了国家的盐税收入，当时全国赋税收入的一半为盐税。

宋代实行食盐专卖与盐税征收并行的方法。明朝出现了商人以力役和实物向官府换取盐的专卖权的制度，食盐被商人垄断。清代沿袭明制，实行食盐官督商销的制度，对食盐生产者和盐商分别征税。从东晋到明清，政府对食盐时或专卖、时或征税，盐税收入也在国家赋税收入中占据着重要的位置。

古代中国为什么实行盐铁专卖？怎样全面评价这一制度？

三、关税与个人所得税制度的演变

古希腊罗马已经出现了西方关税制度的雏形。到了工业革命前后，西方近代意义上的关税在英国、法国、美国等国诞生。英美两国个人所得税的征收均与战争有关，后来成为国家增加财政收入、调节分配的重要手段。近代以后，关税、个人所得税制度逐渐在中国推行。

关税制度的出现

公元前 5 世纪，希腊的雅典成为当时的贸易中心。雅典以使用港口需要支付报酬为名，正式向输入港口的货物征收使用费，这是古希腊关税制度的雏形。

罗马帝国对贸易实行严格的管制和监督，按照产品品种和商人的负担能力分别确定税率。罗马帝国后期，帝国内部不同地区普遍征收转口税、通行税，商人负担日益繁重，阻碍了经济贸易的发展。进入中世纪，西欧出现了诸侯和封建主割据的局面，但各地诸侯、封建主一度吸取了罗马帝国的教训，降低了进出口关税的税率。

西方近代意义上的关税产生于工业革命前后。18世纪末到19世纪初，国际贸易在各国经济中所占的比重越来越高。各国都需要扩大出口，保护民族工业，纷纷推行国家保护主义，关税制度得以发展。美国、法国、英国等西方国家先后制定了关税方面的法典。美国国会1789年通过《关税法》，法国1791年颁布《海关法典》。英国曾有许多有关关税的法令，但直到1876年才汇编为《海关统一法》。这些法典涵盖了关税税则、税率等内容，并明确了其适用范围。

关税的产生需要怎样的条件？在世界贸易不断发展的过程中完善关税制度有怎样的意义？

个人所得税制度的形成

个人所得税制度的形成及完善经历了 200 多年的历史。1798 年，英法两国之间爆发了战争，英国政府为了维持战争经费的开支，决定通过向个人征税筹集资金，首创了个人所得税，1799 年正式开征。

1798 年，皮特任英国财政部长。皮特是个人所得税政策的拥护者。在他的推动下，英国政府实行个人所得分类，由纳税人自行申报。总收入在 60 英镑以下的完全免税，总收入在 60 ～ 200 英镑的实行差别税率，对总收入超过 200 英镑的部分则统一征收 10% 的所得税。由于没有足够的人员去核实收入申报表，加上商业征收委员会执法不力，皮特的个人所得税政策实施得并不成功。1801 年 2 月，皮特辞职。其继任者阿丁顿废除了皮特的个人所得税政策。1803 年阿丁顿在预算报告中提出要对财产征收单独税，税率只有皮特个人所得税政策的一半，并在议会获得了通过。

1861 年，美国爆发了南北战争，军费需求大增。为了缓解财政压力，美国国会通过了《1861 年收入法案》。随着内战的结束，个人所得税的合法性开始受到质疑。为了顺应民众的减税要求，联邦政府减免了战时消费税，许多商品不再征收消费税，到 1872 年，个人所得税完全废止。1913 年 10 月，美国国会通过了新的《个人所得税法》。该法规适用于年所得在 50 万美元以上的个人。在当时，美国仅有不到 1% 的人需要缴纳个人所得税，其筹集财政收入的功能十分有限。

第一次世界大战爆发后，为了筹措足够的军费，1917 年个人所得税税率大幅提高。随着第一次世界大战的结束和美国经济的复苏，国会先后多次削减所得税税率。从第二次世界大战前后到 20 世纪 80 年代，美国调整了个人所得税政策。具体表现为个人所得税累进税率提高，纳税人增多，个人所得税占税收收入的比重较大。其间美国政府为了稳定经济，进行了一系列的个人所得税改革，如大萧条时期，罗斯福政府增加财政收入，提高个人所得税；20 世纪 60 年代肯尼迪和约翰逊政府缓解社会矛盾，降低个人所得税。这些政策的变革对美国国内的经济产生了积极的影响。

个人所得税产生的原因是什么？它对促进经济发展、调节社会分配起了怎样的作用？

中国的关税

鸦片战争后，西方列强逐步控制了中国海关，致使中国关税率数十年一直维持在“值百抽五”的水平上。第二次鸦片战争后，确立了由外籍税务司管理下的中国近代海关制度，出现了以江海关（上海海关）、津海关（天津海关）为代表的近代海关。中国近代海关的领导权被外国人长期把持，如英国人赫德曾掌管清朝海关长达 45 年。

赫德从 1861 年署理总税务司起，掌管中国海关近半个世纪。赫德掌管中国海关期间，代表西方列强在华攫取利益，损害中国主权。他上任后，中国被迫接受西方关税制度，所有海关由总税务司领导，按章征税。

赫德（1835—1911）

中华民国建立后，北洋政府多次提出“关税自主”的要求，但都未实现。南京国民政府建立后，先后与美国、德国、挪威、意大利、丹麦、葡萄牙、荷兰、比利时等国签订了新关税条约，收回中国的关税自主权，只有日本迟迟不肯废除旧约。直到1930年，《中日关税协定》才得以签订。这是中国自《南京条约》签订以来关税自主的开端。新税则实行后，国民政府的关税收入都大幅增加。

中华人民共和国成立以后，中央人民政府颁布了《关于关税政策和海关工作的决定》，确定保护关税政策的原则。1951年，中央人民政府政务院公布实施《中华人民共和国海关进出口税则》及《中华人民共和国海关进出口税则暂行实施条例》。1953年，《中华人民共和国暂行海关法》出台。至此，中华人民共和国关税基本法律法规体系建立起来。随着新时期经济体制改革的推行，国务院于1985年制定了《中华人民共和国进出口关税条例》。

《中华人民共和国进出口关税条例》书影

2001年，中国正式成为世界贸易组织的成员，关税制度按照世界贸易组织有关协议的规定，不断调整完善，以适应中国经济发展的需要。

中国个人所得税制度的演进

清末，中国已开始提倡征收个人所得税，但因晚清政府濒于崩溃，未得到实施。北洋政府于1914年颁布了《所得税条例》，采用累进税制。

1936 年，国民政府颁布《所得税暂行条例》和《实施细则》，将征收对象分为盈利事业收入、工资和证券存款息金收入三大类。

中华人民共和国成立后，在 1950 年政务院公布的《全国税政实施要则》中，有个人所得征收的薪给报酬所得税和存款利息所得税的相关内容。

改革开放后，中国经济发展水平大幅度提高，个人收入逐步增加。为适应经济的发展，防止两极分化，1980 年，《中华人民共和国个人所得税法》颁布，这是中国关于个人所得税的第一部正式法律。此后，以《中华人民共和国个人所得税法》为基础的一系列法律法规，构成了现行个人所得税的法律基础。

中华人民共和国成立后，在征收关税和个人所得税方面取得了怎样的进展？它对中国的经济发展和社会进步有什么作用？

下编

文化与传播

第十四章
色彩斑斓的世界文化

导读

上古时期，在亚洲、非洲、欧洲、美洲等地，逐渐形成了各具特色的多元人类文化，奠定了世界文化多样发展的基础。中世纪，世界不同地区、不同民族的文化在自身的传承及与其他地区、民族文化的交流中继续发展。近代欧洲文化形成了现代文化的基本特征。美国大众文化在发展过程中对外强势传播。源远流长的中华文化在与马克思主义的结合中出现了复兴之势。

一、多元的古代世界文化

古代世界文化呈现出多元格局。上古两河流域文化、古埃及文化、古印度文化、古代中国文化、古希腊文化、古罗马文化，以及中古阿拉伯文化，既各具特色，又相互辉映，共同奠定了世界文化多样发展的基础。

上古两河流域、埃及和印度文化

西亚、北非和南亚是人类文明的发祥地，形成了举世闻名的古代两河流域文化、古埃及文化和古印度文化。

两河流域诞生了人类最早的文化。两河流域的人民不仅发明了最早的文字系统，创作了不朽的文学作品，而且还制定了比较完备的法律，为世界文化的发展做出了开拓性贡献。

《吉尔伽美什史诗》代表了古代两河流域文学的最高成就。史诗的内容分别刻写在12块泥板上，共3000多行，大体汇集了古代两河流域神话传说的精华。它是目前所知世界上最古老的史诗。

《汉谟拉比法典》是古巴比伦王国第六代国王汉谟拉比（约公元前1792—前1750年在位）颁布的法典。它是迄今所知人类历史上第一部比较完备的成文法典。

刻有《汉谟拉比法典》的石碑
（江天岳摄于卢浮宫）

《汉谟拉比法典》原文用阿卡德语楔形文字刻在一块黑色玄武岩石碑上。石碑高2.25米，上部周长1.65米，底部周长1.9米。法典由前言、正文和结语三部分组成。前言内容主要是神化王权，宣扬自己的功绩及立法目的。结语主要是宣扬法典的“公平”与“正义”，希望能垂范后世。正文282条，内容涉及诉讼程序、盗窃处理、土地管理、租佃雇佣、高利贷、买卖奴隶、合伙经商、婚姻家庭、财产继承、行医和建筑等方面。石碑现存于法国卢浮宫。

古埃及位于非洲北部的尼罗河流域，生活在这里的人们创造了丰富而独特的古埃及文化。

象形文字是古埃及文化的重要代表。它起源于公元前4000年代末期，是世界上最古老的文字之一。象形文字在希腊罗马人统治埃及时期，逐渐被人遗忘。1822年法国学者商博良破译象形文字，它重新被人们认识。象形文字对腓尼基字母文字的产生起到了直接作用，而腓尼基字母文字又是希腊语、拉丁语等许多字母文字产生的基础。

金字塔是古埃及文化在建筑方面的象征。它是古埃及国王的陵墓，因形似汉字的“金”字，中国人称之为“金字塔”。

吉萨的三座大金字塔（江天岳拍摄）

金字塔的兴建始于埃及第三王朝国王乔赛尔（约公元前2650年登上王位）时期，止于第二中间期（约公元前1630—前1539年）末期，主要分布于孟斐斯附近尼罗河西岸，现存约80座。胡夫金字塔是最大的金字塔。它高146.5米，底部每边长约230米，用石约230万块，每块平均重约2.5吨。在哈夫拉金字塔前方，有一座狮身人面像，高20米，长50多米，由一块巨石雕成。它们至今仍矗立在尼罗河岸，成为人们瞻仰的世界奇观。在法国埃菲尔铁塔建成之前，它是世界上最高的人工建筑。

斯芬克斯像（吴晶拍摄）

约公元前3000年，印度河流域形成了古印度文化。它在文学、数学和宗教等领域取得了重大成就。

史诗《摩诃婆罗多》和《罗摩衍那》是印度文学的瑰宝，其价值可以和古希腊的《荷马史诗》相媲美。它们成为印度后世文学创作的源泉，对东亚、东南亚的文学产生了影响。

古印度人民在数学上卓有成就。人们所熟知的“阿拉伯数字”，实际上最早产生于印度。印度人创造了从“1”到“9”九个数字和“0”的符号，后经阿拉伯人传到欧洲，在欧洲近代科学的进步中发挥了重要作用。

佛教是古印度人对世界文化的又一贡献。它产生于公元前6世纪，创立者是迦毗罗卫城净饭王的王子乔达摩·悉达多。佛教创立后，乔达摩·悉达多在摩揭陀国传教40多年。他去世后，佛教继续传播，成为世界三大宗教之一。

人类早期文明的发祥对世界文化发展有怎样的重要贡献?

古代中国文化

中国文化历史悠久，成就辉煌。汉字是中国文化的载体。甲骨文是现存的、最早的、成体系的文字。汉字经过了篆书、隶书、草书、楷书和行书几个发展阶段。它是迄今为止连续使用时间最长的文字。汉字对维护祖国统一，传承中华文明发挥了不可替代的作用。

儒家文化是中国传统文化的主流。它的创始人孔子提出了“仁”的学说。孟子发展了孔子的学说，以“仁”“义”为核心，主张性善论，提倡“仁政”“保民”的思想。西汉董仲舒提出了“独尊儒术”的主张，被汉武帝采纳。儒学从此成为中国的官方哲学。宋代程颢、程颐和朱熹将儒学发展到理学阶段，进一步巩固了儒家文化的正统地位。

中国古代文学源远流长，蔚为大观。从《诗经》《楚辞》、汉赋、唐诗，到宋词、元曲和明清小说，涌现出一批批经典作品。它们既丰富了中国人的精神生活，又是奉献给世界人民的丰厚礼物。

中国古代史学极其发达，在世界历史上独树一帜。中国自古就有修史的传统。中国最早的史书可以追溯至《尚书》。从西汉司马迁撰写《史记》，到清代张廷玉等编纂《明史》，构建起古今贯通、气势恢宏的正史系列。

造纸术、火药、指南针和印刷术，是古代中国科技领先于世界的集中体现，被誉为古代中国的“四大发明”。“四大发明”走向世界，不同程度地改变了世界文明历史进程。

火药、指南针、印刷术——这是预告资产阶级社会到来的三大发明，火药把骑士阶级炸得粉碎，指南针打开了世界市场并建立了殖民地，而印刷术则变成新教的工具，总的来说变成科学复兴的手段，变成对精神发展创造必要前提的最强大的杠杆。

——马克思：《机器、自然力和科学的应用》，见《马克思恩格斯文集》第八卷，338页，北京，人民出版社，2009。

古代中国为什么产生了举世瞩目的灿烂文化？它对世界文明的发展有怎样的贡献？

古代希腊、罗马文化

古希腊在文学、艺术、史学、哲学等领域，都取得了卓越的成就。它与古罗马文化一起，成为后来西方文化的最主要源头。

《荷马史诗》是古希腊早期文化成就的卓越代表。它包括《伊利亚特》和《奥德赛》两部长诗。《伊利亚特》叙述希腊联军远征特洛伊的故事；《奥德赛》讲述奥德修斯在特洛伊战争胜利后返家途中的经历。史诗情节生动、文辞优美，是最受古希腊人欢迎、最具影响力的文学作品。

荷马像

史学是古希腊文化的重要组成部分。希罗多德（约公元前484—前425年）被西方人尊称为“历史学之父”。他的名著《历史》的问世，标志着古希腊史学的诞生。修昔底德（约公元前460—前400年）的著作《伯罗奔尼撒战争史》，充分展现了古希腊史学追求历史真实的本质特征。

关于战争事件的叙述，我确定了一个原则：不要偶然听到一个故事就写下来，甚至也不单凭我自己的一般印象作为根据；我所描述的事件，不是我亲自看见的，就是我从那些亲自看见这些事情的人那里听到后，经过我仔细考核过了的。

——［古希腊］修昔底德：《伯罗奔尼撒战争史》，20页，北京，商务印书馆，2011。

哲学是古希腊文化的精髓。希腊古典时期产生了三大哲学家：苏格拉底（约公元前469—前399年）、柏拉图（公元前428年—前348年）和亚里士多德（公元前384年—前322年）。苏格拉底探讨道德伦理问题，提倡知德合一。苏格拉底的学生柏拉图创造了以“理念论”为核心的哲学体系。亚里士多德是古希腊哲学的集大成者。他们的思想与学说，深刻影响了西方两千多年的哲学与科学。

亚里士多德像

古罗马文化是西方古典文化发展的一座高峰。

维吉尔（公元前70—前19年）、贺拉斯（公元前65—前8年）和奥维德（公元前43年—18年）是奥古斯都时代三大著名诗人。他们的作品成为文艺复兴时期以及后来欧洲文人学习和模仿的典范。

罗马法一般指通行于整个古代罗马世界的法律总称。东罗马帝国皇帝查士丁尼对罗马法典进行了系统的编撰与审定。他颁布的《法律汇编》《法学汇编》《法学总论》，以及后来汇编的《新敕令》，共同构成了《查士丁尼民法大全》。这部法典是近代欧洲大陆各国立法的范本，是罗马人对世界做出的最大贡献。

罗马人具有高超的建筑水平。圆形竞技场、纪功柱、万神殿、凯旋门、引水渠是罗马人杰出建筑成就的代表。这些宏伟的建筑及其艺术装饰，遍布地中海世界，对后世艺术产生了较大的影响。

图拉真纪功柱约修建于114年。纪功柱总高35.27米，由基座、圆柱和图拉真像三部分组成。底部是一块方形基座。圆柱高29.55米，底径为3.7米，柱身由连环式浮雕盘旋而上。浮雕的总长度约为200米，出现在上面的人物约有2500个。浮雕刻画了图拉真与达西亚人作战的情况。圆柱顶部是图拉真元首的雕像。圆柱中空，内有180级石阶，可以盘旋而上。图拉真纪功柱体现了罗马人精湛的雕塑水平。

图拉真纪功柱

图拉真纪功柱浮雕

古希腊、罗马文化有什么特点？它对世界文明发展有怎样的贡献？

中古阿拉伯文化

阿拉伯帝国幅员辽阔，境内民族众多，他们创造了丰富多彩的阿拉伯文化。中古阿拉伯文化在文学、医学和翻译外文典籍等方面成就突出。

《一千零一夜》（又名《天方夜谭》）是阿拉伯文学宝库中的奇葩。它的内容和写作风格对欧洲文学产生了广泛影响。但丁的《神曲》、薄伽丘的《十日谈》、塞万提斯的《堂吉诃德》，都曾受到《一千零一夜》创作方法的启迪。

拉齐（865—925 年）是著名的阿拉伯医学家，担任过巴格达国家医院院长。他的代表作《天花与麻疹》和《医学集成》，被译成拉丁文等多种文字，并屡次再版，在欧洲广泛流传，成为欧洲医学专家的重要参考书。

阿维森纳（即伊本·西那，980—1037 年）是著名的医药学家，被誉为“阿拉伯医学王子”。他的名著《医典》，代表了当时世界医学和药物学的先进水平。《医典》是一部百科全书式的巨著，共分五卷，约 100 万字。书中不仅阐述了医学原理，提供了治疗方法，而且还设有专章讨论药物。它对头痛、中风、偏瘫、癫痫等病理进行了深入论述，提出了鼠疫、天花、麻疹等疾病是由病原体造成的，发现了水和土壤传播疾病的作用，并强调了消毒的重要性；在药学部分，介绍了 760 多种药物的性能。《医典》被译成拉丁文、希伯来文和英文等多种文字，仅 15 世纪的最后 30 年里，拉丁文本就再版了 15 次。12—18 世纪，它一直被欧洲很多大学用作医学教科书。

翻译外文典籍是阿拉伯文化对世界文化的杰出贡献。阿拉伯人进行了有计划、长期的翻译波斯、印度和古希腊典籍的工作。在这场大规模翻译运动中，几乎所有重要的古希腊典籍都被译成了阿拉伯文。这些希腊典籍也因此得以保存下来，并重新传回欧洲，为文艺复兴和近代自然科学的诞生奠定了基础。

各区域早期文明的出现和发展对古代世界文化多元格局的形成有怎样的作用？

二、近代以来世界文化的发展之路

近代以来，欧洲借助科学革命与启蒙运动实现了文化的革新，推动了科技的进步、思想的发展与文艺的繁荣。美国文化具有鲜明的平民色彩，是大众文化的代表，它逐渐呈现出消费化、多元化、精英化、全球化的趋势。鸦片战争以降，中国通过吸收西方文化，在实践中自我更新，迎来了文化复兴的新时代。

欧洲文化的革新与兴盛

发生在 14—17 世纪之间的文艺复兴运动，使欧洲文化摆脱了中世纪的束缚。随之而来的科学革命与启蒙运动，则为欧洲文化的革新提供了根本动力，并使之具备了现代特征。法国大革命与英国工业革命深刻改变了欧洲的面貌，崇尚科学、民主和自由的新社会因此诞生，欧洲文化得以繁荣兴盛。

哥白尼的日心说宇宙模型

16 世纪的波兰天文学家哥白尼提出了日心说，最早迈出了科学革命的步伐。17 世纪后期，天才人物牛顿取得了科学革命的最高成就，其经典力学体系深深地改变了人们的自然观与世界观。在天文学和物理学新发现的鼓舞之下，解剖学、微生物学、植物学和化学等学科，在 17、18 世纪也都实现了彻底的变革。

科学革命的观念在 18 世纪得到了广泛传播，并鼓舞人们运用理性去探索支配着人类社会的法则。启蒙运动应运而生，它不仅盛行于英法两国，还传播至德意志、瑞士、意大利、瑞典、葡萄牙、西班牙、俄罗斯等地，对西方文化产生了深远的影响。启蒙思想家立足于理性主义，对于现存的宗教组织、政治体制、社会结构、经济制度、司法体系、教育模式展开了深入的批判。

启蒙运动的批判精神有力地冲击了教权的束缚，推动了宗教自由与社会世俗化进程。当时的学者力图以科学方法研究人类社会，解决实际问题，这直接导致了政治学、经济学、社会学、人类学等社会科学的诞生。虽然绝大多数哲人都希望自上而下地改良社会制度，但是他们对进步的信仰和对自由、平等的追求，促进了民主革命时代的来临。

启蒙运动就是人类脱离自己所加之于自己的不成熟状态。不成熟状态就是不经别人的引导，就对运用自己的理智无能为力。当其原因不在于缺乏理智，而在于不经别人的引导就缺乏勇气与决心去加以运用时，那么这种不成熟状态就是自己所加之于自己的了。要敢于认识！要有勇气运用你自己的理智！这就是启蒙运动的口号。

——康德：《答复这个问题："什么是启蒙运动？"》，见《历史理性批判文集》，22页，北京，商务印书馆，1996。

肇始于18世纪60年代的工业革命，开启了人类社会工业化的进程。工业革命使科学的意义和作用更为突出，对于热力学、化学、电学等自然科学在19世纪的快速发展起到了巨大的推动作用。从此，在欧洲人的思想文化中，科学成为理性、革新、进步与福祉的象征。

19世纪，随着资本主义制度的确立与巩固，欧洲的思想文化变得空前繁荣，异彩纷呈。保守主义、自由主义、民族主义、共和主义、社会主义、马克思主义等新思想学说获得了发展。浪漫主义的文学、绘画和音乐取得了很高的艺术成就。现实主义的文学与绘画再现了社会风貌，揭示了社会问题。

［法］让·弗朗索瓦·米勒：《拾穗者》（油画）

19、20世纪之交，发生了物理学革命，其中，普朗克的量子论和爱因斯坦的相对论贡献突出。20世纪，欧洲的科学技术迅猛发展。第二次世界大战后，英国、法国、德国等国强调科技兴国，科技成果层出不穷，促进了经济发展。

然而，20世纪的两次世界大战，使人的心灵饱受创伤。启蒙时代所盛行的理性主义、乐观精神遭到了质疑。20世纪六七十年代，西方兴起了后现代主义思潮，它波及文学、艺术、哲学、史学以及社会科学等领域。后现代主义强调不确定性、无序、凌乱和断裂，它对于反思西方文化传统有一定的积极意义。不过，启蒙运动所倡导的理性思考能力、宽容思想以及法治精神仍是当今世界文化的主流。

文艺复兴和启蒙运动有什么关联？二者对近代欧洲的文化发展起了怎样的推动作用？

美国大众文化的发展

与欧洲文化相比，美国文化具有鲜明的平民色彩，是大众文化的代表。美国大众文化内涵极其广泛，包括政治与宗教思想、科学与艺术成果、生产和消费行为，乃至思维方式与生活方式等。

美国大众文化的发展大体经历了两个阶段。从殖民地时代到19世纪晚期是形成和奠基时期。在此阶段，美国大众文化呈现出以下主要特征：

清教文化是美国大众文化的原型。清教文化提倡勤劳俭朴、道德自律，反对纵欲享受和自私自利。

践行自由、平等原则的商业文化和政治文化是美国大众文化的基础。自殖民地时代起，美国就拥有发达的商业文化，信奉机会平等、自由竞争。早期的“美国梦”，洋溢着通过个人奋斗、自由创业改善自身经济状况和社会地位的乐观态度。与此同时，以天赋人权、主权在民、有限政府、宪法至上为信条的政治文化日趋成熟，广泛地渗透在美国的法律体系和政治实践中。

承载着启蒙理性的实用知识和社会文化是美国大众文化的主体。

艰苦的荒野生活锤炼了美国人讲求实用、注重实践的思维方式和民族性格。社会大众在实践中创造和积累了大量简明、实用、可传播的知识，比如口语化的美式英语、进入学院课堂的商业实录总结、记录自然界形形色色事物的博物学等。在社会人文领域，美国的早期哲学和社会思想往往基于需求，诉诸常识和经验的自明之理，早期文学中渗透着商业精神，以满足读者需求为主要目标，不刻意追求艺术性。美国的教育体系也具有大众化、社会化的特点。

内战后，美国由自由资本过渡到垄断资本时代，大众文化自此进入成熟扩张期，日益呈现出消费化、多元化、精英化和全球化的趋势，并对外进行强势的文化输出。

20 世纪 20 年代，大众消费文化兴起，50 年代以后进入繁荣期，拥有平等的消费权利成为“美国梦”的新内涵。消费精神渗透在汽车文化、广告文化、橱窗文化、大众体育文化等形形色色的商业文化中。如何提高消费品位、提升生活品质，成为这一时期大众流行杂志和畅销书中经久不衰的话题。

20 世纪以来，美国大众文化内部出现了自我反思的潮流，各种少数族裔文化、印第安土著文化、反主流文化（如嬉皮士文化）等支流也纷纷涌现，美国大众文化出现了多元混杂、矛盾共存的格局。

摇滚乐是美国白人乡村音乐与黑人布鲁斯音乐的结合体，节奏强烈，富于动感。猫王、滚石乐队、鲍勃·迪伦、迈克尔·杰克逊等都是具有世界影响力的摇滚歌星。摇滚乐在 20 世纪 50 年代从黑人青年中兴起，60 年代成为白人青年反抗主流文化的工具，70 年代以后融入了普通人的日常生活，体现了大众文化多种成分的冲突与融合。

大众流行文化不是大众本身创造的，而是由文化精英通过发掘、引导大众思维和心理需求创作的，是高度成熟的技术、艺术与市场运作相结合的产物。美国电影业颇具代表性。《泰坦尼克号》是全球首部票房超过 10 亿美元的影片，获得了票房与艺术的双赢。这些高成本、大制作的商业影片，承载着美国文化，通过全球市场网络向世界各地传播。

美国作家霍拉肖·阿尔杰创作的“白手起家”系列励志小说，在内战后盛极一时。作品描述流浪儿如何凭借不懈奋斗和高尚品德赢得财富与尊敬，代表了早期美国梦的经典形象。第二次世界大战以后，美国向世界输出了许多耳熟能详的文化形象，如西部牛仔、超人、福尔摩斯、米老鼠、阿甘等。他们是个人主义与公共意识、平民精神与英雄崇拜的复合载体，充当着美国主流价值观的代言人。

美国的大众文化是建立在市场经济、民主政治和启蒙思想之上的现代文化，其表现形式很特殊，但核心理念、先进成分可以共享。当然，其中所包含的消费主义、平庸化和娱乐化等消极倾向，也是人类文化发展所要共同应对的问题。

美国大众文化有怎样的特点？在其发展过程中遇到过什么问题？

中国文化的复兴

中国文化的复兴，是以中国传统文化为基础，通过不断学习和吸收西方优秀的文化成果，在具体社会实践中实现自我更新、提高和振兴的过程。

鸦片战争以后，以儒学为核心的中国传统文化已不能有效地回答和解决社会所面临的问题。与同期的西方文化相比，中国传统文化明显衰落了。

19 世纪末，以康有为、梁启超、谭嗣同、严复为代表的维新派，明确认识到传统文化的不足，大力宣传和引进西方资产阶级政治学说，发起了维新变法运动。20 世纪初，以孙中山、章太炎和黄兴为代表的革命派，在学习和借鉴西方文化的基础上，提出了三民主义学说，传播了民族民主观念，推动了社会进步。1912 年，中华民国建立，结束了中国长达两千多年的君主专制主义制度。

1919 年前后，陈独秀、李大钊、胡适、鲁迅等新式知识分子，高举“民主”和“科学”的旗帜，反对专制和迷信，猛烈地批判以儒家文化为代表的旧礼教和旧道德，形成了声势浩大的新文化运动，促进了中国文化的更新。

新文化运动后期，马克思主义在中国得到了广泛传播。它与中国革命实践相结合，形成了新民主主义文化。新民主主义文化是民族的、科学的、大众的文化，是反帝反封建的文化。它是马克思主义中国化的重要成果。在马克思主义指导下，中国人民先后取得了抗日战争和解放战争的胜利，彻底结束了旧中国半殖民地半封建的历史。

中国的长期封建社会中，创造了灿烂的古代文化。清理古代文化的发展过程，剔除其封建性的糟粕，吸收其民主性的精华，是发展民族新文化提高民族自信心的必要条件；但是决不能无批判地兼收并蓄。必须将古代封建统治阶级的一切腐朽的东西和古代优秀的人民文化即多少带有民主性和革命性的东西区别开来。

——《毛泽东选集》第二卷，707～708页，北京，人民出版社，1991。

中华人民共和国实行人民当家做主的社会主义制度，为文化复兴提供了制度保障。20世纪五六十年代，社会主义科技和文化事业取得了快速进步。1978年以后，中国实行改革开放，大力提倡“解放思想，实事求是”，积极吸收和借鉴西方发达国家的优秀文化成果，发展科学技术和文化教育事业，逐步形成了中国特色社会主义文化体系。

《中华传统美德壹百句》书影

进入21世纪，中国的综合国力不断提高，中华民族迎来了实现伟大复兴的新时代。文化是民族生存和发展的重要力量，实现民族的复兴离不开中华文化的复兴。中国共产党人领导全国各族人民，继承和发扬中华优秀传统文化，大力弘扬和培育民族精神，中华文化焕发出勃勃生机。

任何一种文明，不管它产生于哪个国家、哪个民族的社会土壤之中，都是流动的、开放的。这是文明传播和发展的一条重要规律。在长期演化过程中，中华文明从与其他文明的交流中获得了丰富营养，也为人类文明进步作出了重要贡献。

——习近平：《在纪念孔子诞辰2565周年国际学术研讨会暨国际儒学联合会第五届会员大会开幕会上的讲话》，2014年9月24日。

复兴中华文化，我们还需要做出哪些努力?

第十五章
人口流动与文化交融

导读

在人类历史上，由于躲避战争与政治宗教迫害、经济驱动等因素，人们往往进行跨洲、跨国家、跨地区的迁徙，形成范围、规模不等的移民浪潮。“蛮族”迁徙、清教徒移民北美洲与第二次世界大战后欧美新移民，是世界史上的民族大迁徙。两宋之际北人南迁、明初大移民与当代移民深圳，是国内的人口迁移。下南洋、华工输出以及唐人街的形成，属于中国人移民海外。在移民迁徙过程中，文化得以交流传播，不同文明之间出现冲突与融合。

一、西方历史上的人口迁徙与文化认同

世界历史上，移民与文化发展息息相关。古代日耳曼“蛮族”迁徙融合了古希腊罗马和基督教文化，形成了影响欧洲文明的日耳曼文化；近代英国清教徒移民北美洲确立了注重契约自治的美国立国文化；第二次世界大战后新移民到欧美国家在适应当地社会文化的同时，也面临严峻的挑战。

“蛮族”迁徙与日耳曼文化的形成

罗马帝国晚期，在帝国边境，有许多从事游牧生产的日耳曼部落，罗马人称之为“蛮族”。2 世纪，“蛮族”开始居住在罗马帝国的东部

和北部边境上，随着罗马帝国公民兵体系的瓦解，大批“蛮族”人被征召入伍，成为帝国雇佣兵。以此为契机，“蛮族”开始逐渐向罗马帝国疆域迁徙。4 世纪以后，罗马帝国步入衰亡，边境守备空虚，受匈人西进入侵压力的日耳曼各部落陆续大规模涌进罗马帝国，在其领土上新建了许多国家。

日耳曼各部落侵入罗马后，汪达尔人和后来的西哥特人接管了西班牙地区，法兰克人占领了高卢，盎格鲁和撒克逊人侵入不列颠，意大利则处于包括西哥特人、汪达尔人和伦巴德人在内的日耳曼民族多个部落统治之下。

日耳曼“蛮族”灭亡西罗马帝国后，依靠古老传统组建了社会和政府，他们接受了先进的罗马法，并皈依了罗马帝国晚期社会上流行的基督教。他们在充分吸收基督教文化和罗马法的同时，也保留了日耳曼各部落原始军事民主制度下的尚武忠信等民俗传统，使得“蛮族”文化与罗马文化结合起来，产生了独具特色的日耳曼文化。

日耳曼文化吸收了古希腊、罗马及日耳曼原始部落中的精神精华，并接受了西方基督教文化的洗礼。它不仅体现出较强的法律意识与基督教文化的宣誓献身及效忠理念，同时也具有浓厚的崇尚武力、重视军事的色彩，这使得中世纪的欧洲文明呈现出崇尚武力与重视律法等文化特色。

中世纪欧洲文明创建于古典、基督教及日耳曼三种文化的综合。……直至八世纪左右，古典—基督教与日耳曼文化方告融合……经过那些动乱的岁月，教会保存和发扬了古典—基督教文化传统，同时，日耳曼传统控制着建立于西罗马帝国遗骸上各继起国家的政治及社会结构。

……

早期日耳曼人亲属之间的关系异常牢固，但与此相对应的还有战争帮团或称“亲兵队”，在这种组织里，亲属关系不能发挥作用，这是由许多忠于首领或国王的武士共同结合组成，是一种首领与部属之间，以荣誉、信诚、勇敢以及相互尊重为基础的军事兄弟会。一旦发生战事，要求首领身先士卒，勇猛善战，倘若首领遇害被杀，即使大势已去，部属仍应以战斗至死为荣，亲兵的英雄气概，在整个中世纪前期是欧洲武士新贵的特征。

……

日耳曼法律虽然粗犷，对于西欧思想领域却有一项重大贡献，那就是日耳曼法律体系中含有法律产生于人类古老的习俗，而不是统治者的意志这样一种概念，由于法律超越王权，没有一个国王可以绝对专制。

——［美］C. 沃伦·霍莱斯特：《欧洲中世纪简史》，18～20 页，北京，商务印书馆，1988。

日耳曼文化具有什么特点？它对中世纪欧洲文明产生了怎样的影响？

清教徒移民与美国主流文化的确立

哥伦布发现美洲后，以英格兰清教徒为主体的欧洲移民进入北美洲新英格兰等地区。1620 年 11 月 11 日，乘坐“五月花号”到达美国的 102 名英国清教徒在船上签订公约，确立了民主自治、契约精神等理念，建立了美国主流文化的基础。

清教徒是虔敬、圣洁的新教徒，他们反对传统基督教教会的腐败和形式主义，主张过一种简单节约的生活。这种生活方式形成了清教主义价值观，它重视社会生产与工商业发展，倡导诚实守信、珍视信誉，鼓励创新。

签署《五月花号公约》

我们漂洋过海，在弗吉利亚北部开发第一个殖民地。我们……共同立誓签约、愿为一民众自治团体。为了使上述目的能得到更好地实施、维护和发展，将来随时依此而制定、颁布的对本殖民地全体人民都最适合、最方便的法律、法规、条令、宪章和公职，我们都保证遵守和服从。

——［美］克里斯托弗·希尔顿：《一段改变世界的航行：五月花号》，扉页，北京，华夏出版社，2006。

《五月花号公约》体现了美国的法治精神和契约文化。此后的十余年里，由于英国国内教派斗争激烈，许多清教徒怀着到新大陆寻找希望的心态，以家庭为单位，进行大规模移民，先后有几万名英格兰人迁徙到北美洲。

此后，美国又接纳了大部分来自战乱欧洲的各国移民，从 19 世纪初到 20 世纪 40 年代，来到美国的欧洲人口至少在 3000 万以上。移民为美国带来了多样文化，但在政治文化上，美国坚决强调清教主义精神，并有意排斥其他文化的冲击。1790 年，美国通过《移民归化法》，规定移民一旦进入美国，就必须无条件认同美国政治文化，让所有移民确立起以英格兰清教主义为基础的文化认同。

美国号称“大熔炉”，不论原属于何种民族的移民到了这里，就成了新的“美国人”的一部分。他们在保留自己的风俗习惯和宗教信仰的同时，认同美国社会的基本制度和核心价值观。毋庸讳言，根据先来后到，美国人的主流是欧洲裔的白人，也就是所谓的 WASP（白种—盎格鲁撒克逊—新教徒）。所有后来的移民都有一个“美国化”的过程，也就是向先来的主流欧洲白人同化。

——资中筠：《冷眼向洋：百年风云启示录》，226 页，北京，生活•读书•新知三联书店，2000。

各地移民在美国的文化认同是怎样建立起来的？如何评价美国的文化认同？

第二次世界大战后欧美新移民的机遇与挑战

第二次世界大战结束后，跨国性的人口流动日益活跃，移民规模不断扩大。总体来看，往欧美发达国家移民是移民潮的主流，具有不同文化背景的移民人口也逐渐增多。

第二次世界大战之前，美国移民主要是与原住民有相似文化背景的欧洲裔移民。第二次世界大战以后，来到美国的大多是那些具有不同于欧洲白人文化背景的拉丁裔和亚裔移民。在西欧，由于第二次世界大战损失了大量劳动力，且战后经济发展迅速，各国政府都积极引进外籍劳工，这些劳工主要来自非洲、拉丁美洲、亚洲的发展中国家。

（美国）新移民主要由两类人组成：拉丁美洲人和亚洲人。一个多世纪以来，两大人口群均在美国人口中占有重要地位……但是1965年之后，来自这两大群体的移民更以前所未有的速度增长……1980年人口普查表明，美国人口的6%（近1400万人）是拉丁裔；1997年，这个比例增加到了11%，即2900万拉丁裔人。

……

1980和1990年代，亚洲移民人数甚至超过了拉丁移民人数，占该时期合法移民总人数的40%。

——［美］艾伦·布林克利：《美国史（1492—1997）》，956～957页，海口，海南出版社，2014。

第二次世界大战后，伴随着西欧经济的复兴与发展，所有先期进入高度工业化进程的西欧中心国家都在五六十年代大批引进外籍工人，从而迅速地从移民输出国向移民输入国转化。……据欧共体1970年的统计，在西德、法国、比利时、荷兰、卢森堡五国的外籍工人总数达343.6万人，外籍工人在全国工人中所占比例平均达到9.2%……时至1975年，欧洲经济共同体九国的外籍工人连同家庭人口已至少达到1200万人，比10年前增加了一倍以上。

——李明欢：《欧洲华人华侨史》，485～486页，北京，中国华侨出版社，2002。

在美国，新移民大多属于有色人种。美国高度发达的科技文化使得新移民获得了更好的发展机会。但是，以白人新教徒为主体的美国民众对有色人种存在种族歧视，经常在经济、政治与文化等领域对其加以排斥。新移民与早期欧洲裔移民没有种族和文化上的纽带，却必须接受由他们所确立的主流文化。实际上，大多数新移民始终在婚姻、教育、饮食、医疗等方面和主流社会存在差异。

相比美国，劳工移民在西欧占据主导地位。起初，西欧各国大多制定了遣返外籍劳工的政策，且引进的多为青年人，他们会在工作若干年后返回原居地。但是，由于西欧社会文化先进，高新技术产业发达，个人发展机遇较多，选择永久居留所在国的外籍劳工人数日益增多。随着他们的成家立业与老龄化，西欧社会的福利压力越来越大。

20世纪八九十年代以后，西欧各国不再从非欧洲国家引入大量劳动力，欧共体也表示不鼓励、不欢迎新劳工移民。这对先前的劳工移民及其后代影响很大。新移民在教育、就业等方面遭受不公正待遇，又缺乏相应的技能训练和工作机遇，难以适应当地社会的文化习俗，也就难以融入主流社会。这些问题的长期存在，使得西欧社会的文化冲突不断，种族偏见抬头。

近年来，西欧社会更是遭受着难民潮的冲击，大量受创于伊拉克战争、叙利亚冲突等灾难的难民逃往西欧，致使西欧各国面临着文化、种族冲突的严峻挑战。

第二次世界大战以后欧美新移民出现了怎样的趋势？随着时代的发展，他们面临什么问题？

二、中国历史上的移民与特色文化的形成

北宋时期，中原士民大规模南迁，形成客家文化。客家人较完整地保存了中原地区的官话与风俗习惯。明代初期多次进行大规模移民，从而出现认同祖先发祥地的寻根文化。深圳作为现代移民城市，具有中外汇聚、多元文化并存的特色，其发展面临各种机遇与挑战。

北人南迁与客家文化

秦汉至唐宋以来，作为王朝统治中心的中原地区，经常发生争夺中央政权与异族入侵的战争，使之陷于长期混战，造成大量北人南迁。西晋末年的永嘉南渡、唐代安史之乱后至五代时期的南迁、两宋之际的北人南迁，皆因北方战乱造成。1125 年，金灭辽之后发动对宋战争，1127 年，金兵攻破宋都开封，北宋灭亡。宋金战争造成大批汉族士民迁往江南。1235 年，蒙古大军进攻南宋，1279 年南宋灭亡。由于蒙古军队实行屠城政策，汉人被迫南迁，移民遍及南方各地。

客家人形成于北宋时期闽粤赣三省的交界地区，这些区域环境闭塞，人烟稀少，经济文化落后。汉族移民过着与世隔绝的封闭生活，完整保存了宋代中原古语、风俗习惯以及宗族聚居等文化特征，加上与中原社会长期隔绝，使其发展为汉族的独特支系——客家民系。宋

元时期，客家人主要分布在赣南、闽西及粤北山区。目前，客家人已是一个分布广泛、遍及海内外的汉族特殊支系。

客家话是维系客家文化的重要纽带，是鉴别客家人最重要的标记，因此客家人有“宁卖祖宗田，不忘祖宗言”的俗语。他们即使迁往海外数代，后裔也能操客家话。据考证，客家话系宋代中原官话，被视为汉语古音的“活化石”。客家人认同汉族文化，标榜自己是纯正汉人。但他们与其他民族仍有文化交融，客家话中就有畲族、瑶族方言成分。客家习俗也受到当地少数民族的熏染，与古代畲族多有相通之处。事实上，在移民大迁徙中，伴随着各民族之间的文化交汇。

客家土楼民居以造型独特享誉海内外，其最大的特点是防御性：每座土楼皆围成环形，在坚实石基上用土夯成厚实围墙，围墙之上建造楼房，楼上建有炮楼，楼壁布满枪眼，以防御土著袭击与土匪侵扰，既能保障自身安全，又有利于客家人的内部团结。

广东潮汕客家土楼（魏文涛拍摄）

由于其先民祖居的地缘不同、迁徙的路径不同以及所居地的自然环境、历史传统不同，南迁的客家人在语言、风俗、习性等方面，也不尽相同，例如就语言方面来看，闽西五个纯客家县境内的方言就有30几种，真可谓“十里不同天，百里不同俗”。…… 客家话是维系客家聚落与文化传统最坚强的纽带，不会讲客家话，会被视为数典忘祖的行径，从而遭到同宗亲属的唾弃。在客家地区婚姻习俗中，仍以男女双方能否保持或学会客家话，作为能否巩固爱情、百年偕老的标志。如忘却客家话，往往会引起婚变。这就加强了客家话的稳定性。

——安介生、葛剑雄：《四海同根：移民与中国传统文化》，290、292页，太原，山西人民出版社，2004。

如何理解和认识客家文化的统一性与多样性?

明初大移民与寻根文化

由于元末战乱和灾荒，黄河流域、两淮地区人烟稀少，大片土地抛荒。为了发展农业生产，平衡人口分布，明初洪武、永乐年间进行了大规模的移民。首先，人多地少的狭乡人口迁往人少地多的宽乡，如明太祖朱元璋将山西泽州、潞州民迁往彰德、真定、临清、太康等地屯种；把浙西、山西民迁到滁州、和州及北京、山东、河南等地。凤阳是明太祖的故乡，洪武年间，苏、松、嘉、湖、杭14万富户迁往濠州，将广东番禺、东莞、增城降民迁至泗水，以充实凤阳府人口。其次，明太祖把江南富民迁往南京，明成祖把山西百姓、江浙富民迁往北京，以充实京师人口。无地流民也自发选择宽乡去垦荒。此外，明政府在云贵、西北与长城内外设卫所，移民屯垦。

朱元璋画像

明初大移民的迁移措施，采用招诱、征派等方式，多数移民不愿离开家园，官府就采用械系办法，强迫他们上路。移民到迁居地后，即按里甲编制，逃者发边充军。战乱时期百姓到处流离失所，其后世子孙已不知何处是故乡，因此他们多视祖先迁出地为故乡。如华北人心系山西洪洞大槐树，四川湖北移民以麻城孝感乡为故乡，苏北人以苏州阊门为桑梓，安庆人念念不忘江西瓦屑坝，由此形成了独特的寻根文化。

由于元末战乱，湖北人大量逃往四川。明初因为四川人口稀少，洪武年间多次组织移民迁入，其中相当一部分人来自湖北，也有江西人先迁入湖北再迁入四川。明末清初，四川再次因战乱而百姓死伤殆尽，又有大批湖北人移民四川，以至清代形成“湖广填四川”之说。湖北人移民四川，从元末明初直到清朝中期，持续了400多年。而麻城孝感乡（今红安东南部）是湖北移民记忆中的集合地与出发地，因而被他们视为故乡。再者，由于传世久远，移民多不识字，根本无法记述先世情形。待到宗族繁盛修家谱时，只得以孝感乡为故乡，反映出中国人留恋故乡家园的心态。

明朝初年，由于灾荒和战乱，黄河流域居民大为减少。政府便从人口稠密的山西往这里迁民，山西洪洞县大槐树处就是明政府办理迁民手续的地方。附近各县的百姓，都聚集在大槐树下，往别处迁发。山西境内有个凤凰窝村，村内有许多人在朝里做官，皇上下令凤凰窝的人不迁，于是人们纷纷逃往凤凰窝投亲靠友，安家落户。这样一来，朝廷着急了，又发布圣旨说：“凡是凤凰窝的人必须外迁，不然灭族。”聚居在凤凰窝的百姓没有办法，被官兵押解着办理迁民手续，奔向黄河流域的各个角落。

——张玉吉等编：《洪洞古大槐树志》，133～136页，太原，山西人民出版社，1988。

明朝初年，寻根文化是在什么社会背景下形成的？它有怎样的历史和现实意义？

移民城市深圳的崛起

深圳是一座现代移民城市，它由一个小渔村发展而来。1980年，深圳被辟为经济特区，成为中国改革开放的“窗口”与“试验场”，当时人口只有33万。到2000年为止，深圳发展为现代化大城市，创造了世界工业化、城市化与现代化史上的奇迹。2008年，深圳人口达到 1296.3 万，其中常住人口 876.83 万，户籍人口 228.07 万。可见，深圳居民 90% 以上为外来移民，是一个名副其实的移民社会。

从人口来源看，深圳原住民为客家人和广府人。建立特区后，大批京沪干部、基建工程兵、全国各高校毕业生到深圳工作，而大多数人则是认同改革创新精神、下海的创业者，包括商界精英、科技人才与海外留学人员。此外，还有人数众多、满怀人生梦想的各地农民工。深圳人口结构年轻化，整个城市充满青春活力。

目前，在深圳常住外国人超过 2 万，临时居住的超过 100 万，每年到访深圳的外国人更超过 780 万人次。深圳这座以国际化为远景的大都市，越来越具有国际范儿，在文化多元、兼容并包的城市文化背景下，有那么一群被中国人亲切称为“老外”的外国人在深圳长期生活居住，他们集中在蛇口的沿山社区、福田的东海花园、华侨城创意园等区域，他们既保持自己与本国朋友的小圈子，又跟中国朋友打成一片，在深圳与母国之间进行着生活上的奇幻“漂流”。

——《深圳特区报》，2015-01-14。

深圳中国民俗文化村（曹志敏拍摄）

作为移民城市，深圳具有社会开放与多元文化并存的特征：通用语不是粤语或客家话，而是普通话。全国各地的风俗习惯、民俗文化在深圳都能看到，西方的风俗习惯、礼仪节日与社交用语也被广泛接受。受西方文化与现代商业精神的影响，深圳人追求自我价值的实现与个人利益的最大化，喊出“时间就是金钱，效率就是生命”的响亮口号。在深圳，处处可见浓厚的商业气息，开拓创新的竞争意识，快速高效的工作节奏以及独立进取的思想理念。

由于现代工商业发达，大众消费文化成为深圳城市文化的基本品味。近年来，深圳陆续举办文博会、国际旅游文化节等活动，开办了市民文化大讲堂和市民读书月活动，所有这些成为深圳标志性的文化品牌。

作为移民城市，深圳具有怎样的特色?

三、中国人移民海外与文化特色

明清时期，中国人下南洋，成为开发东南亚的生力军。唐人街形成于 12—14 世纪，19 世纪后出现在世界各地。早期海外华人认同祖国优秀传统文化，对中国革命与建设做出重大贡献。20 世纪 70 年代后，海外华人积极融入当地主流社会，参加侨居国的民主选举与政治生活。

中国人下南洋

中国与南洋地区的贸易往来历史悠久。明政府为了防范倭寇侵扰东南沿海，多次颁布禁海令，限制沿海人民出海谋生。但福建、广东与南洋素有贸易传统，加上气候、饮食、风俗与闽粤相近，海上交通发达，谋生获利较易，因此大量中国人下南洋。明朝后期，南洋华人总计约 10 万人，大多来自福建、广东，主要聚居在马尼拉、巴达维亚与爪哇一带。

16 世纪以来，西班牙、葡萄牙、荷兰在南洋地区建立殖民地，开拓了巨大的远东贸易网络，以马尼拉为中心的大帆船贸易颇为盛行。中国人循此商路，下南洋者络绎不绝。上层海商利用这一时机，积累了巨额财富，成为政治经济领域颇有影响的人物。但广大穷苦华侨受殖民势力影响，生存状况不断恶化，处于被剥削被奴役的地位。

清朝厉行“海禁”政策，但闭关锁国无法阻绝中国人下南洋。特别是清中叶以后，中国各地人满为患，人地比例严重失衡，众多百姓迫于经济压力，流向东南亚谋生。至鸦片战争前，下南洋的中国人有 100 万之多。由于华人移民主要来自福建、广东，因此闽南语、粤语、客家话成为东南亚通行的语言。

19世纪60年代，西方列强在中国东南沿海掠卖华工，出现了以华人劳工为主体的下南洋热潮，即苦力贸易阶段。华人所到之处，当地经济得以发展。在新加坡、菲律宾等地，华人披荆斩棘，把沼泽、荒山、盐碱地开拓为耕地、矿山与种植园。在马来西亚，19世纪以前，锡矿几乎全由华人开发。19世纪末，华人还大规模经营橡胶种植园。他们在促进东南亚经济发展的同时，改善了自身的处境。

鸦片战争后，中国被迫向世界开放。1860年签订的《北京条约》允许西方国家在东南沿海招募华工，因为应募者要订立契约，时人称为“契约华工”，又叫“卖猪仔”。从19世纪60年代至20世纪初，中国民生困苦，社会经济凋敝，而国际上南洋地区种植园经济发展，急需大量劳力。西方各国纷纷在中国东南沿海设立招工公所，他们使用欺骗、绑架等手段，掠夺拐卖华工，出现了以华人劳工为主体的下南洋热潮，即苦力贸易阶段。20世纪20年代以后，随着西方列强在东南亚的殖民开拓，当地铁路、航运、金融、制造等产业进一步发展，熟练劳工需求进一步加大，中国向东南亚的移民达到顶峰。据统计，1949年前，中国出洋人数在1500万以上，其中90%流向东南亚。下南洋浪潮的巨大可以想见。

中国人下南洋的那一段历史，给我们留下了怎样的回忆和思考?

世界各地的“唐人街”

唐人街是中国人海外经商的产物，中国人来到异域，为了防御自卫、联络乡情以及沟通家乡信息，相聚而居，繁衍生息，久之形成“唐人街”（Chinatown），又称“华埠”“中国城”。它是集商业活动、生活和社交于一体的华人社区，其中有同乡会馆、秘密会社、祠堂寺庙与私塾侨校等。世界上最早的唐人街出现在12—14世纪印度尼西亚的苏门答腊岛东北海岸，16世纪末在菲律宾的马尼拉出现唐人街。19世纪中叶后，中国被迫对外开放，大量华工出国到达欧美与大洋洲，唐人街的分布地域扩大。

在欧洲，19世纪60年代后，英国商船招募的中国海员、水手成为利物浦最早的华人移民。利物浦、伦敦、曼彻斯特等地陆续出现唐人街。1914年第一次世界大战爆发后，有15万华工被招募到法国做战地服务，其中一部分人留在法国定居巴黎，逐渐形成第十三区唐人街。如今，除了十三区的唐人街外，巴黎的美丽城也成了华人聚居区。从20世纪七八十年代开始，大量华人涌入欧洲，至20世纪末，欧洲华人移民已达100万人。

19世纪中期，随着美洲发现金矿以及北美西部铁路的兴建，美洲各国急需大量廉价劳动力，许多中国人被贩卖到美洲成为苦力。在美国的旧金山、洛杉矶、纽约，加拿大的温哥华、多伦多、蒙特利尔等地，形成了众多的唐人街。移居美洲的华人主要来自广东，由于美国、加拿大的排华政策，加上语言不通与文化隔膜，华人华侨面临严峻的生存挑战。他们长期无法融入美国、加拿大主流社会，唐人街甚至成为独立于主流社会之外的“小中国”与“文化飞地”。

19世纪中期，随着大洋洲金矿的发现，大量华工涌入澳大利亚、新西兰，成为苦力。后来悉尼、墨尔本、布里斯班等地逐渐形成唐人街。

实际上，所有在第二次世界大战前移居美国的华人，都来自华南广东省七个区中的一个。所有唐人街内部的社会和政治结构基本上与家乡省的一模一样，原籍和亲属关系两者像过去在中国一样，仍然在美国起着决定性的作用。属于同一族（即一个大家庭里具有血统关系的人）的人被认为是最亲的；其次是来自同一村庄的人。……同族的人和同村的人会非正式地一道参加一个社会和互助小组，叫作房，其成员可从二十人到一百人不等。他们合租一套公寓，作为它的总部、周末休憩的中心。并作为无家可归的或失业的成员的住所。费用由会费中开支。

——［美］邝治中：《纽约唐人街：劳工和政治，1930—1950年》，34页，上海，上海译文出版社，1982。

如何看待唐人街在海外华人社会中扮演的角色？

海外华人圈文化

早期唐人街作为海外华人的聚居区，体现了中国人独有的一种生存方式，形成与侨居国迥异的文化风景线，是华人认同祖国文化的集中体现。在唐人街，中式风格的石狮牌楼、庙宇宗祠、茶楼饭馆、中药铺、华文书店等应有尽有。许多店铺张挂中文招牌，经营中国百货。庙宇里供奉着关公、城隍、土地爷等中华神祇，华侨以孔孟之书教育子弟。每年春节唐人街都要踩高跷、舞狮子、扭秧歌，男女老少穿着中式服装，合家团聚吃年夜饭。

华人华侨积极支持中国革命与祖国建设。辛亥革命时期，华人华侨参加革命组织，宣传革命思想，捐款资助革命，甚至直接参加武装起义，因此孙中山有“华侨为革命之母”的名言。抗日战争中，广大华侨积极参加抗日救亡运动，在人力、物力、财力等方面支援祖国抗战，据粗略估计，经济援助总数可达70亿元以上。抗战期间，华侨救护队活跃前线救护伤兵，华侨机工在滇缅公路上抢运抗战物资，华侨飞行员驾驶飞机消灭日军。

我海外同志，昔与文艰苦相共，或输财以充军实，或奋袂而杀国贼，其对革命之奋斗，历十余年如一日，故谈革命史者，无不有“华侨”二字。

——《孙中山全集》第二卷，348页，北京，人民出版社，2015。

本党最发达的地方，是海外各埠，海外华侨很多的地方，都有中国国民党。华侨的思想开通较早，明白本党的主义在先，所以他们革命也是在先，每次起革命都是得海外同志的力量。

——《孙中山全集》第七卷，458页，北京，人民出版社，2015。

厦门大学陈嘉庚雕塑（刘金波拍摄）

华侨具有在家乡兴办各种公益事业的优良传统。他们在侨乡捐资兴建影剧院、文化中心以及图书馆等文化设施，丰富了侨乡的文化生活，其中捐资兴学尤为突出。1915年至1949年，仅福建华侨捐资办的中学有48所，小学有967所，华侨捐款约2000多万元。陈嘉庚捐资办学影响最为深远，民国时期，他先后兴建集美学校和厦门大学，创办或提供补助的中小学共73所，成为华侨在家乡捐资办学的典范。

在欧洲和美国，第二代和第三代华人接受了完整、系统的西式教育。第二次世界大战后，随着城市的扩建与美、加移民政策的放宽，华人不再仅仅聚居于唐人街，而是散布北美洲各地。同时，20世纪70年代后，华人新移民文化素质较高，能够独立应对欧美社会的挑战。加上中华人民共和国国际地位的提高，为华人华侨提供了强大的后盾。他们保持中华文化的优秀传统，认同欧美主流文化，积极融入当地社会生活。

同时，华人华侨的生活状况也发生了重大变化。许多人搬出唐人街，到郊外居住。华人的职业也不再局限于传统的中餐馆、杂货铺、洗衣店与中药铺，越来越多的华人走进政府部门、银行、金融、保险、科技、教育等领域。华人接受了自由、平等、民主等欧美价值观念，积极参加侨居国的民主选举与政治生活。当地人与各国游客走进唐人街，领略中国文化的独特魅力，唐人街成为中外文化交流的象征。

海外华人华侨的文化具有怎样的特色？如何看待海外华人华侨的文化认同问题？

第十六章
商路、贸易与文化

导读

商品蕴含着人类创造的各种文化，贸易活动是文化交流的一种重要方式。商路在传递商品的同时，也成为文化的载体与文化传播的通道。商路和贸易活动既实现了世界不同民族、不同地区主要商品的交换，也使中国内部、中国与世界各民族的特色文化得以沟通。通过古代陆上丝绸之路和海上丝绸之路进行的丝绸、瓷器等贸易，促进了东西方各文明中心的联系。新航路开辟后，四通八达的新商路逐渐联结成了遍及全球的贸易网络，世界贸易与文化交流程度不断加深。

一、大运河与中国南北文化融合

大运河是中国古代贯通南北江河的水上商路。它由隋唐大运河、京杭大运河、浙东运河三部分组成，开凿时间之早与流程之长均为世界之最。大运河上延续千年的漕运、商贸和人员往来等活动，带动了沿岸城市的形成和发展。大运河流域经济的繁荣，为文化事业发展提供了丰厚的物质基础，促进了南北文化的交流与融合。

大运河的开凿

我国地势西高东低，江河多为东西走向，南北陆路运输能力有限。很早以前，人们就尝试开凿南北向人工运河从事水路运输。公元前 486

年，吴王夫差下令在今扬州北部修筑邗城，开凿联通长江与淮河的邗沟。邗沟是中国最早有确切年代记载的人工运河，是大运河的开端。邗沟的南北两端，形成了扬州与淮安这两座城市。

隋朝统一全国后，隋炀帝为了加强对江南的统治，征发数百万民工，605—610年，在古代运河与自然河道的基础上，开凿了贯通南北2000千米的大运河。大运河以洛阳为中心，北至涿郡（今北京），南达余杭（今杭州），自北向南分为永济渠、通济渠、邗沟和江南河四段，连接了海河、黄河、淮河、长江和钱塘江五大水系。

大运河绍兴段（江天岳拍摄）

唐代继承了隋代大运河，并对其加以疏浚和扩建。大运河中段经过洛阳、长安，与通往西域的陆路相连，南端可由明州（今宁波）出海，起到了沟通陆地丝绸之路与海上丝绸之路的巨大作用。

北宋运河输送中心移至都城汴京，由通济渠演变而来的汴水穿城而过。北宋通过开凿整治河道，建成了从汴京出发，联结南北的放射状运河网络。南宋偏居东南，运河系统以临安为中心，依靠江南河与浙东运河转运物资。

元朝建都大都，为解决南粮北运问题，元世祖忽必烈时期，先后开凿了济州河、会通河和通惠河，并将原有运河疏浚、拓宽、截直，大大缩短了航程。元代大运河全长1700余千米，从大都的积水潭开始，经河北、山东、江苏直达浙江杭州，故而得名“京杭大运河”。

明清两代沿用了京杭运河体系，明朝的永乐皇帝和清朝的康熙皇帝，都大力整修河道，大运河的运力达到鼎盛。北方运河在清代后期因黄河改道造成断流，经过治理，大运河部分河段至今仍然发挥着运输、防洪、灌溉、供水和旅游等功效。

> 漕为国家命脉攸关，三月不至则君相忧，六月不至则都人啼，一岁不至则国有不可言者。
>
> ——（清）傅维鳞：《明书》卷六十九

漕运对我国南北商品交流发挥了重要作用。历代封建王朝开凿运河，最直接的目的都是将从东南地区征收的粮食运往北方，以供京城和边防驻军之用。宋代以前，漕粮均由民船运送，后改为官民合运，漕船也往往搭运商货。历代王朝为了保证漕运畅通高效，在疏浚河道、巩固河堤、修建船闸、建造漕船等方面投入大量资源，还设置了完整的管理制度与机构，例如明清两代在淮安设立漕运总督，统管全国漕运事务，这些措施为利用运河开展商贸活动提供了一定保障。

大运河是古人留给我们的一笔遗产，它对中国的社会发展起了怎样的作用?

运河沿岸的贸易与名城古镇

隋唐时期的大运河联通黄河中下游和长江中下游经济区，打破了原来封闭的地域性商业，成为南北商贸往来的大动脉。南方的粮食、食盐、茶叶、瓷器、丝绸等主要商品被源源不断地运至洛阳和长安等地。

宋代运河流域贸易发达，政府允许漕船限量私载货物，沿途出售；民间行商也在运河沿线从事转贩贸易，在商业活动中占据重要地位。元代交通都空前发达，来自江淮、湖广、四川乃至海外的商品均可以通过运河汇集到大都。

明清时期，中央政府进一步放松了对漕船携带货物的限制，大运河上的商品流量远远超过了漕运。河北、山东出产的豆、麦、干鲜果品、烟叶和棉花通过运河销往南方；江南生产的棉布成为新的重要商品，受到全国市场欢迎。运河流域职业商人数量大增，形成了以徽商、晋商和鲁商为代表的商帮。

商贸活动使大运河流域经济发展、人口增加，为沿岸城市的形成与发展提供了动力。隋唐的长安、洛阳，北宋的汴京，南宋的临安，元代的大都，明清的北京等历代都城，都把运河作为获取全国各地物资的重要手段之一。

晚清彩绘中的杭州机神庙，机神庙是丝织机匠祀奉丝绸祖师的场所

得益于运河的便利交通，一些本身物产丰富、工商发达的南方城市经济锦上添花，文化长期繁荣。淮安、扬州、南京、苏州和杭州等地盐业、木材业和丝绸业长盛不衰，园林、手工艺术、书画和美食等特色文化久负盛名。

京杭大运河贯通后，一些位于水上商路枢纽的北方城市凭借转口贸易迅速兴起，形成了丰富多彩的文化。天津、沧州、临清、聊城和济宁等城市成为全国著名的商贸中心，庙会、戏剧、曲艺和武术等文化形式驰名海内。

除城市以外，运河沿线星罗棋布的工商集镇也孕育了风采各异的文化。天津杨柳青、山东聊城张秋镇的年画、苏州盛泽、湖州南浔的丝绸文化等都别具特色。

茶原产于四川，从汉代至南北朝，饮茶习惯从巴蜀向江南地区传播。大运河开辟后，饮茶习惯和茶树种植沿运河流域向北方扩展，茶文化不断发展。在唐代，茶已作为贡品供给宫廷，饮茶方法和茶具都有很大发展，陆羽的《茶经》推动了饮茶之风的盛行。北宋汴京出现了茶坊，社会上层流行的斗茶活动在南宋传入日本，成为日本茶道的鼻祖。元代开始流行饮用散茶，元曲中已将茶称为日常生活的“开门七件事”之一。泡茶方法兴起于明代，并延续至今，这种方法简单易行，从而使饮茶广为百姓接受。明清时期，杭州成为重要的茶叶集散地，江南各地名茶云集于此。运河沿线城市中遍布的茶馆、茶楼，不仅为平民百姓提供了休闲的去处，而且发挥着曲艺表演、商业洽谈、接头议事等文化功能。

运河沿岸贸易和城镇发展带来的社会效益有怎样的意义？

南北文化发展与融合

大运河的贯通，密切了北方的都城与南方的经济区域的联系。运河区域的商品贸易和大批移民、商帮与运输工人的流动，促进了南北方文化的交流与融合。

大运河流域商贸活动的发达，使重商逐利、追求物质享受的社会风气在明中期以后遍布南北。上至达官贵人，下至平民百姓，无不热衷商业活动。运河沿途的北京、临清、淮安、扬州、苏州、杭州等大城市经济领先，成为消费时尚的中心。服饰、家具、玩器式样不断翻新，宅第、园林建筑格局争相斗艳。商品经济的发达，引发了人们价值观的变化。

运河流域的文学与戏曲艺术成就辉煌。历代文人墨客通过运河往来于南北，唐诗、宋词中均有不少描写运河沿途风光的佳作。元代运河重新连通南北以后，关汉卿、白朴、马致远、郑光祖等著名杂剧作家和大批表演艺人纷纷通过运河南下，在江南地区创作了杰出的作品。

明代中期以后，商品经济的发达和市民阶层的兴起，促成通俗文学蓬勃发展。“四大奇书”“三言”“二拍”和清代的《红楼梦》风靡南北，许多人们耳熟能详的故事即以运河为背景。明万历年间至清初，产生于江浙的昆曲沿运河流传，成为“近代百戏之祖”。

大运河使南北方人民饮食、服饰和生活习俗广泛交融。元代之后，北方运河区域人口食用稻米日益普遍，南方运河区域居民的食物中则增添了大量面食。明代松江棉布“衣被天下”，得益于运河的输送功能。

元代以来，南北运河区域的居民在节日习俗、婚丧礼仪、宗教信仰甚至行业语言等方面也均呈现逐渐趋同的倾向。

清代麟庆所著《鸿雪因缘图记》中描绘的临清社火

中国大运河促进了多元一体的中华文明的形成，2014年6月22日，中国大运河项目在第38届世界遗产委员会会议上被列入世界文化遗产名录。

会馆是我国古代都市中同乡或同业的组织机构。起源可追溯至汉代。明清时期，随着商品经济的发展，运河沿途城市出现了大量由各地官僚士绅和工商行帮设立的会馆。著名的有北京湖广会馆、安徽会馆、绍兴会馆，聊城山陕会馆，苏州济宁会馆等。会馆为进京赶考的举子和谋事的旅居者提供住宿，也可以起到协调工商业务的作用。较大的会馆都有戏楼，可以为宴请、祭祀活动提供戏曲演出。会馆不仅为南北人士提供了联络乡谊、交流政见的场所，也是各地特色文化的缩影。

扬州古称广陵，地处邗沟与长江的连接点。优越的自然条件和地理位置，使其早在汉代就成为盐运枢纽与水运中心。隋唐时期，扬州汇集江南物产，连通陆海丝绸之路，商业极其发达，至唐后期已经超过长安、洛阳，成为全国最繁华的工商业城市。宋元时期，扬州一直以商业繁盛闻名天下，城外出现了专门从事贸易活动的卫星市镇。明清时期，扬州仍然是全国最大的商业中心之一，经学、书画、园林、饮食等文化异彩纷呈。今天，大运河扬州段又成为南水北调工程东线源头。

扬州个园（王海鹏拍摄）

大运河在今天还有哪些经济和文化价值？人们应该怎样保护和利用运河文化遗产？

二、丝绸之路与东西方文化交流

丝绸之路是以古代中国为起点，连通亚洲、非洲、欧洲的商路。丝绸之路早在西汉就已开通，陆上丝绸之路的商业贸易在唐代达到鼎盛；海上丝绸之路是宋、元至明初重要的商贸通道。丝绸之路的开辟，促进了东西方的贸易往来和文化交流。

丝绸之路的开辟

“丝绸之路”是中国与西方进行商品贸易道路的泛称。东西方之间的贸易往来源远流长。考古发现表明，早在4000多年前，东西方就已有陆上交通。先秦时期，中国的丝织品已流传到阿尔泰山以西，欧亚草原流行的神兽纹样也已传到中原。

陕西出土战国神兽金饰

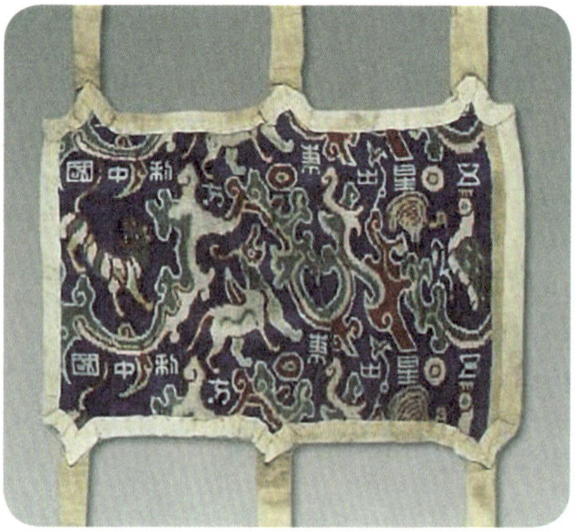

新疆出土汉晋“五星出东方利中国”锦护膊

公元前 6 世纪建立的波斯帝国，沟通了地中海至中亚的商路。公元前 4 世纪，亚历山大东征又使这条商路与欧洲相接。公元前 3 世纪至公元 1 世纪，欧亚大陆自东向西分别形成了中国（秦汉时期）、安息、贵霜和罗马等强大的国家。

陆上丝绸之路在西汉时期已经开通。西汉张骞出使西域，东汉甘英远行寻访大秦，东方与西方正式建立起了联系。其后的各个王朝也都重视与西方各国的往来，继续拓展贸易通道。隋朝与西域和中西亚 44 个邦国建立了贸易关系。此外，中国还开辟了从西南地区通往缅甸、印度的陆上通道。

海上丝绸之路早在秦汉时期便初具雏形。这一时期，中国船只渡海与朝鲜、日本往来。中国古代航海技术发达，西汉的海船已经能够从广东沿海出发，沿中南半岛南下，通过马六甲海峡，前往印度南端和斯里兰卡进行商业贸易。

印度和阿拉伯的商船也很早就利用季风，往来于印度洋东西沿岸，成为中国与地中海地区贸易的中间商。1 世纪初，罗马帝国的商人绕过安息直达中国的通道，开始取道印度洋前往东方进行贸易。166 年，罗马商人到达中南半岛南部，中国与欧洲国家通过海上商路实现了首次直接交往。

欧亚大草原东起我国大兴安岭，西至欧洲黑海和多瑙河流域。陆上丝绸之路的北道横穿大草原，故又有“草原丝绸之路”的说法。历史上，生活在这一地区的游牧民族，长期充当着东西方文明的沟通者。我国北方的匈奴、鲜卑、柔然、突厥、契丹等民族，都曾为丝绸之路的开拓做出过贡献。元朝的建立，方便了东西方陆路交通，促进了商品贸易和文化交流。

丝绸之路的开辟具有怎样的历史意义和现实意义？

陆上丝绸之路的商贸往来与文化活动

以两汉帝国为一端、罗马帝国为另一端的丝绸之路发展繁荣，促使中西贸易与文化交流出现了历史上第一次高潮。精美的中国丝绸由来自中亚、波斯和阿拉伯的商人运往西方，很快风靡罗马帝国，希腊罗马诗人为其创作了大量颂歌。丝路贸易还将中国的漆器、铁器、药材和植物品种传入西域，又把西方的金银器、玻璃、宝石、香料、毛织品和动植物等输入中国。

陕西扶风法门寺出土的东罗马盘口琉璃瓶

陆上丝绸之路在唐代取得较大拓展，商贸活动和文化交流再现高潮。唐代中外贸易活动十分活跃，最多时与 300 余个国家和地区相互往来。外国使者、僧侣、学者、工匠和艺人的来华数量也比前朝大为增加，很多胡人定居中国，他们不仅从事经济、宗教、文化等活动，有的还担任政府的官职。长安、洛阳和敦煌等胡人聚居地呈现出国际都市的风貌。

随着中外贸易的繁荣，东西方文化交流不断深化。中国的缫丝、制瓷和造纸等技术传到了西域，印度的佛教艺术、制糖技术，中亚的

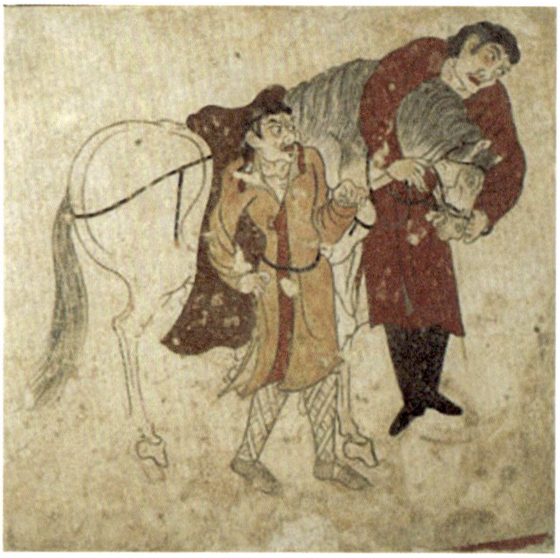
唐昭陵韦贵妃墓胡人备马图壁画

音乐、舞蹈、体育运动，阿拉伯的医学、天文和航海知识等相继传入中原。唐朝的玄奘等高僧西行取经，促进了佛教文化在中国的传播。祆教、摩尼教、景教、伊斯兰教等也相继传到了中国。

通过与其他文化的频繁交流，唐代文化逐渐形成了兼容和开放的风格。长安城中，妇女身披印度款式披肩、头戴波斯风格步摇，男子着胡帽是司空见惯的现象，食用胡饼、打马球、欣赏胡乐和胡旋舞已成为日常生活的一部分。在唐代文学、艺术和手工业遗存中，东西方文化融合的作品同样屡见不鲜。

发自敦煌，至于西海（古代中国对波斯湾、阿拉伯海、红海和地中海的总称），凡有三道，各有襟带。……总凑敦煌，是其咽喉之地。

——（唐）魏征等：《隋书·裴矩传》

沙州（即敦煌）……地当乾位，华夷所交，实一都会之府也。

——（北宋）乐史：《太平寰宇记》卷一五三

敦煌莫高窟又名千佛洞，位于甘肃省敦煌市鸣沙东麓断崖上，是世界现存规模最大、内容最丰富和保存最完好的佛教艺术宝库。莫高窟自336年开窟造像，后又历经北魏、西魏、北周、隋、唐、五代、宋、西夏、元等10多个朝代的开凿，千余年从未停止，现存石窟492个，壁画4.5万平方米，彩塑2400余尊。从印度经西域传入敦煌的彩绘飞天是莫高窟壁画中最生动活泼的形象，已经成为敦煌的象征。莫高窟造像吸收了来自印度的犍陀罗雕塑艺术风格。莫高窟第十七洞出土历代各种佛经写本、帛画以及有关历史、天文、地理等各种珍贵文物5万余件。20世纪以来，对莫高窟在内的敦煌地区文物、文献进行发掘、整理并研究的综合性学科被称为敦煌学，是一门研究领域广泛的“世界显学”。

陆上丝绸之路开辟之后，东西方文化交流有了哪些扩展和加深？

海上丝绸之路的商贸与文化交流

早在唐后期，中国航海家就横渡印度洋，到达了非洲东海岸。宋元时期，经济重心南移，造船和航海技术取得较大进步，促进了海上丝绸之路的发展。当时的商路东抵朝鲜、日本，西至非洲东岸各国，南达印度尼西亚。广州、泉州、明州（今宁波）等地，均成为重要对外贸易港口。大批阿拉伯商人、学者和宗教人士定居港口城市，他们修建的清真寺成为传播伊斯兰文明的重要中心。

广东“南海一号”沉船出水南宋德化窑青白釉喇叭口印花瓶

宋元时期，海上贸易商品种类丰富。各国商船穿梭往来于海上商路，将中国丝绸、瓷器和茶叶等物产销往海外，也给中国带来了金银器、漆木器、玻璃、矿物质、香料等商品。不同国家和地区的文化通过商贸活动，互通有无，互相学习。中国处于世界领先地位的天文学、数学、医药学以及火药、印刷术、指南针与造船等技术，通过海上丝绸之路远播域外。

作为中国独有的商品，唐代中后期，青瓷、白瓷及湖南长沙窑彩瓷就已经由海路远销东亚、东南亚及西亚北非。宋代陶瓷业盛况空前，以“定、汝、官、哥、钧”为代表的名窑遍布各地。始于唐、闻名于宋的江西景德镇，在元代成为全国制瓷中心，借助产自西域或南海的蓝色钴料，青花瓷烧制技术日臻成熟。宋元时期，瓷器成为中国通过海上丝绸之路对外输出的最主要商品，出口范围覆盖南海、印度洋海域和东北亚地区，日本、朝鲜等东亚国家也是瓷器稳定的海外市场。浙江、福建、江西、广东等地的著名瓷窑，除出口中国传统瓷器外，还针对海外市场形成了独特的器形和装饰，例如盛水器军持（kendi），自唐至明一直深受穆斯林国家的喜爱。中国瓷器的风格对埃及、伊朗等地的陶器产生了长期影响。宋代黑釉瓷在日本被奉为珍宝，南宋时期就有日本人专程前往中国学习制作技术。

商贸活动促进了文化交流，增进了东西方的相互了解。宋元时期，以南宋赵汝适《诸蕃志》和元代汪大渊《岛夷志略》等为代表的著述，向中国介绍了许多前所未闻的海外地理和人文风俗。元代经海陆丝绸之路来华的意大利人马可·波罗、摩洛哥人伊本·白图泰等旅行家，用游记描绘了中国的文明与富饶，激发了欧洲人向东方远航探险的热情。

1405—1433 年，明朝派遣郑和率领庞大船队七下“西洋”，极大地推进了中国与东南亚、南亚以及非洲国家的友好往来。郑和远航是明朝造船和航海技术伟大成就的集中体现，其船队规模之大，航程之远，堪称海上丝绸之路上前无古人的航海壮举。

2014 年 6 月 22 日，在卡塔尔首都多哈召开的第 38 届联合国教科文组织世界遗产委员会会议上，中国和哈萨克斯坦、吉尔吉斯斯坦联合申报的“丝绸之路：长安—天山廊道路网”作为首例跨国合作、成功申遗的项目，被列入世界文化遗产名录。世界遗产委员会认为，丝绸之路是东西方之间融合、交流和对话之路，近两千年以来为人类的共同繁荣做出了重要的贡献。

作为人类物质和文化遗产的丝绸之路，在今天的世界经济文化交流与发展中还可以发挥怎样的作用？

三、新航路的开辟与跨文化交流

15 世纪后，西欧诸国先后开辟出新航路，在给欧洲带来财富的同时，极大地促进了各大洲之间的贸易往来。穿行在新航路上的商品，不仅丰富了人们的物质生活，而且作为不同文化的载体，搭起了沟通地区间思想文化交流的桥梁。随着西学东渐与中学西传的开始，欧亚大陆两端在艺术、科技与思想等领域的交流逐渐深入。

新航路的开辟与国际贸易

15 世纪后期，西欧各国为了追求海外财富，竞相展开了前往世界各地的航海探险活动，拉开了“大航海时代”的序幕。在新航路开辟前，东西方之间的贸易往来或通过著名的陆上丝绸之路，或通过苏伊士地峡的“红海—中东—地中海”水陆联运。这些传统路线一方面限制了贸易量和贸易类型，另一方面也因沿线国家的高额关税和战乱，导致商路时断时续，严重影响了亚欧大陆两端的贸易和文化交流。而随着新航路开辟与地理大发现，国际商路与贸易体系也悄然发生着翻天覆地的变化：旧有的区域性海上商路得到扩展，经由美洲新大陆前往东方的新商路也得以开辟。全球范围内国际贸易的新局面开始形成，跨区域的文化交流也由此展开。

新航路的开辟，对东亚地区产生了直接的影响。晚明开放海禁以来，中国沿海商人在该海域已形成稳定的贸易网络。西欧诸国为贸易远渡重洋，则将区域贸易网络与世界市场联结起来，促进了东亚海上贸易的空前繁荣。

16 世纪中叶，葡萄牙殖民者控制了中国商港澳门，并将其作为贸易中转的据点，逐渐发展成多国商品的重要集散地。西班牙则以菲律宾为据点，吸引华商交易丝绸和瓷器。横渡太平洋的马尼拉大帆船，使美洲白银源源不断流入中国。荷兰建立的香料贸易，范围覆盖中国的东南沿海和台湾岛，以及东南亚各地。中国商人也开始学习西欧各国的经营策略、航海技术以及武器装备等，在东南亚国家建立起新的贸易网络。

这些跨国贸易活动共同促进了区域商品经济的活跃。东亚海域的中外商人之间，既有合作又有竞争：丝绸、瓷器、茶叶和各种土特产品基本由华商掌控；香料和其他东南亚热带产品，则主要掌握在西方人手中。海上贸易的发展，使传统的以中国为经济和文化中心的朝贡体系趋于瓦解，改变了东亚地区的国际格局和文化状况。东亚各国通过为欧洲提供资源和手工业品，开始参与到世界贸易之中，不断创造并累积财富，促进了经济发展与文化繁荣。

东方香料，主要指肉豆蔻、肉桂、胡椒、丁香、生姜等调味品。它们主宰了欧洲上流社会的口味与财富，更作为奢侈品成为不可或缺的身份地位象征，是国际贸易的最早商品之一。早在1000多年前，中国、印度等就通过海陆丝绸之路出口香料到阿拉伯国家，再由威尼斯高价转卖至欧洲各国。为打破威尼斯对香料贸易的垄断，葡萄牙、西班牙等西欧国家掀起开辟新航路、争夺贸易权的浪潮。相传在印度洋上有一片富饶的“香料群岛”，这吸引了大批欧洲商船跨海而来。所谓“香料群岛”，其实是15世纪前后欧洲国家对东南亚盛产香料岛屿的泛名，反映出当时欧洲人对东方香料的渴求。在欧洲主导的香料贸易、掠夺和战争进行的同时，西方基督教文化和近代科学思想，与这一地区原有的印度教、佛教、伊斯兰教和中华文化激烈碰撞，共同塑造了东南亚丰富多彩的独特文化。

土著居民为欧洲贸易者收获黑胡椒的场景

新航路开辟后，世界贸易出现了怎样的变化和发展，给世界资本主义经济注入了怎样的动力?

商品贸易与跨文化交流

世界三大饮料作物在全球范围内的传播，是新航路开辟后跨文化交流的典型例证。这三种饮料作物，除了我们熟悉的茶叶外，还包括充满异域风情的咖啡和可可。

可可树原生于南美洲北部热带雨林地区，最早由印第安人栽培利用。他们起初把可可豆用作货币，后来认识到它有提神醒脑的作用，便用可可豆粉末等配制一种名为“巧克力”的高档饮品。哥伦布发现美洲大陆后，可可豆和巧克力饮品由西班牙探险家带回并献给王室。

后来欧洲人在这种饮品中加入糖、香草、牛奶等改善口味，逐渐受到上流社会的欢迎。西欧各国纷纷在热带殖民地扩大可可种植规模，先后引种到西印度群岛、西非、东南亚和印度等地。第一次工业革命后，人们在近代物理、化学知识的帮助下发明了固体巧克力，各种可可产品随之普及开来。

咖啡树源自东非埃塞俄比亚，后来阿拉伯人将咖啡豆焙制成饮品，作为提神醒脑的药物出口盈利。咖啡饮品制作法由阿拉伯传入奥斯曼帝国，再通过意大利传至欧洲各国，但咖啡的种植与生产长期受阿拉伯人垄断，价格昂贵，只有贵族才消费得起。新航路开辟后，荷兰人首先将咖啡树带回欧洲温室并培育成功。后来，西欧各国又在西印度群岛、斯里兰卡、东南亚等地建立了许多咖啡种植园。咖啡产量不断提高，逐渐跨出王公贵族的交际圈，成为欧洲市民阶层的休闲饮品。

凡·高：《夜间咖啡馆》（油画）

原本在非洲和美洲森林中寂静生长的可可树与咖啡树，因新航路的开辟而广泛传播并成为重要经济作物。可可与咖啡不仅促进了种植园经济和贸易的繁荣，丰富了人们的饮食生活，还由饮品发展为一种文化象征。

17 世纪后期，简易的阿拉伯式咖啡铺很快发展成优雅舒适的欧式咖啡馆，出售大众化的咖啡、巧克力和茶等饮品，备受市民阶层的青睐。在这些提神饮料的作用下，顾客们头脑清醒、思维活跃。他们自由平等地交流观点、获取新闻、增长见识。咖啡馆由此成为西方近代的公共社交场所：它充当了启蒙哲学家的学术讲坛、新兴资产阶级的交际中心、共和派人士的政治沙龙、诗人和艺术家灵感的沃土、各种报刊杂志便捷的消息来源。咖啡馆对 18、19 世纪欧洲的城市生活影响深远，也塑造了近代西方的社会文化。

17世纪后期的巴黎城里，有一位被当地人称为巴斯噶的小贩。他身穿土耳其服装，头裹缠巾，胸前的货筐里装着水壶、杯子和小火炉，走街串巷地吆喝着售卖咖啡。1672年，他在圣日耳曼市场开设了第一家咖啡零售店，可惜只有几个来自地中海东岸的外乡人偶尔光顾，终因经营不善而倒闭。但他店里的小伙计意大利人普罗戈普•古铎并未灰心，1686年，以他名字命名的咖啡馆在当时巴黎最活跃、优雅的中心地区重新开业。他的咖啡馆开张伊始，恰逢法兰西喜剧院在对面演出，加上普罗戈普善于经营，生意开始兴隆。后来，普罗戈普咖啡馆逐渐成为演说家、学者、商人等有闲市民的聚会场所，卢梭、伏尔泰、狄德罗等启蒙哲人和马拉、丹东、拿破仑等政治家也时常光顾。

法国巴黎普罗戈普咖啡厅近照

新航路开辟后，世界性的跨文化交流出现了什么新内容？对丰富人类的生活有怎样的意义？

西学东渐与中学西传

除了商品贸易本身外，新商路形成后各地区间更加频繁的人员往来，同样是跨文化交流的重要推手。随着洲际贸易的深入，欧洲各国传教士逐渐将基督教传播到欧洲以外的地区：在撒哈拉沙漠以南的非洲，与本土信仰和早先传来的伊斯兰教交锋；在南北美洲新大陆，则与印第安人和黑人的原始宗教相融合，形成了多种独具特色的混合宗教。此时，欧洲的耶稣会传教士也开始通过新商路来华，他们的首要目的同样是传教。这些传教士在一定程度上也充当了传播近代西方科学文化的使者，为西学东渐和中学西传创造了条件。

1582 年，意大利籍耶稣会士利玛窦通过印度洋航路，从印度果阿抵达澳门，进入中国。1601 年，利玛窦来到北京，得以与明朝官员徐光启结交。徐光启向利玛窦虚心学习西学，合作翻译了欧几里得的经典著作《几何原本》（前六卷），还制定了科学的新历法。利玛窦绘制的《坤舆万国全图》，更让一些中国士大夫第一次接触到了包含“五大洲”概念的全新世界地理知识。

利玛窦画像

自利玛窦之后，大批传教士追随他的脚步，纷纷乘船东来。1687 年，张诚、白晋等五名传教士受路易十四派遣来华。1698 年，法国首艘直航中国的大型商船“昂菲特里特”号抵达广州。这艘商船不仅装载货物，也带来了巴多明、马若瑟等传教士。这些法国来华传教士在近代中西文化交流史上扮演了重要角色。康熙皇帝对西学抱有浓厚的兴趣，对传教士予以优待，并时常向他们请教西方数学、物理、天文历法、地理等科学文化知识。然而，他们教授的西学并未跃出宫廷的范围，难以进入广大民众的视野。

欧洲传教士不仅在与友人的书信中广泛介绍中国情况，还通过译介儒家经典传播中国文化。他们的作品与输入欧洲的中国商品一道，促成了18世纪欧洲的“中国热”。在这股“热潮”之下，欧洲人青睐中国商品，仰慕中国文化艺术，争相购买、收藏中国物品以彰显身份。同时，欧洲思想界也对中国文化予以关注和探究。法国启蒙运动期间，伏尔泰极为推崇中国的儒家思想和自由的社会制度；法国重农学派的代表人物魁奈则对中国遵循的“自然法则”赞赏有加。从官方到民间对中国文化的兴趣，给中学西传提供了肥沃的土壤。

法国启蒙思想家魁奈

诚然，这一时期的跨文化交流的规模和类型都还存在不少局限，但是商路带动的、西学东渐与中学西传的历史趋势已不可逆转，欧亚大陆两端在艺术、科技与思想层面展开了交流与融合。

中国的读书人，除了崇拜某一至高无上的上帝以外，从来别无其他宗教信仰。他们尊崇正义公道。……当高卢、日耳曼、英吉利以及整个北欧沉沦于最野蛮的偶像崇拜之中时，庞大的中华帝国的政府各部正培养良俗美德，制订法律，只承认一个上帝，对这个上帝的朴素的信仰始终不渝。

——［法］伏尔泰：《路易十四时代》，602～603页，北京，商务印书馆，1982。

怎样全面认识和评价西学东渐和中学西传？

第十七章
历史上战争与文化的碰撞

导读

战争是一种特殊的政治的延伸。在战争中，不同民族、不同类型、不同水平的文化，相遇并发生碰撞。古代的亚历山大东征、布匿战争和蒙古西征，近代的西班牙入侵美洲、拿破仑远征埃及、英法联军对华发动第二次鸦片战争，不仅表现为财富和土地之争，也表现为弱势一方的文化遭受破坏甚至消失和断裂。第二次世界大战对人类社会的破坏程度空前加深。德国对犹太人实施种族灭绝计划，侵华日军大肆破坏中国文化，各国许多历史文化名城毁于战火。

一、古代战争与文化

古代战争对文化产生了重要影响：亚历山大东征促进了东西方文化的交流与融合，布匿战争最终导致迦太基文明的毁灭，蒙古西征开启了欧亚文明交流的新时代。古代战争给被征服民族带来了深重的灾难，同时，客观上又为不同文化的碰撞提供了契机。

亚历山大东征与东西方文化融汇

亚历山大东征，一方面给东方人带来了沉重的灾难；另一方面，在客观上也促进了东西方之间的文化交流。

公元前 334 年春，马其顿国王亚历山大率军越过赫勒斯庞特海峡，开始东征波斯帝国。他通过伊苏斯之战、高加米拉战役击败大流士，征服波斯，成为“亚洲之王”。公元前 324 年，亚历山大回到巴比伦。次年，他在筹划新的征服时去世。亚历山大死后，马其顿诸将为争夺势力范围相互攻伐，帝国瓦解。

作战中的亚历山大

亚历山大远征使东方人民饱受战争之苦，给他们带来了深重灾难。他率军侵入两河流域后，洗劫了巴比伦、苏萨和波斯波利斯等重要城市，劫掠了大量财富，还焚毁波斯波利斯宫殿。

波斯波利斯是波斯王国的首都。它是世界上最富有的城市，私人房屋上都装饰着长久积累起来的各种各样的宝物。亚历山大把它向马其顿人描绘成最令人痛恨的亚洲城市。除宫殿之外，他放手让自己的士兵进行劫掠。马其顿人冲入城中杀死遇到的所有男人，抢劫民居……在这里，大量的黄金和白银遭到掠夺，绣有鲜艳紫色和饰有黄金的华丽服装，现在成了胜利者的战利品。享誉整个文明世界的宏伟宫殿遭到凌辱，甚至完全被毁。……

波斯波利斯的繁荣程度超越其它所有城市，遭受的悲惨命运也超过了其它所有城市……亚历山大攻占梯形城堡，洗劫那里的财富。这些财富是从波斯第一位国王居鲁士起，一直到现在所积累起来的国家税收。如果将城堡里的黄金折合成白银，那么它们的总数达 120000 塔兰特。

——Diodorus Siculus. *Library of History*，XVⅡ.70. 1-3, XVⅡ 71.1.

亚历山大远征也在客观上促进了希腊文明与埃及、巴比伦和印度文明的交流与融汇。

亚历山大在东征的过程中建立了许多城市，都被称为“亚历山大城”，其中最著名的是埃及的亚历山大城，它体现着希腊城市建筑艺术的先进水平。希腊人与当地人共同生活在城中。他们的习俗、传统和文化在碰撞中融合、传播。亚历山大城成为东西方文化交流的纽带和桥梁。

亚历山大东征开创了“希腊化时代”。在这一时代中，理性的西方哲学与古代西亚、埃及丰富的数学、天文学知识相结合，促成“希腊化时代”自然科学的飞跃发展。阿里斯塔库斯（约公元前 310—前 230 年）充分利用巴比伦长期天文观测的资料，提出了“太阳中心说”。他被恩格斯誉为“古代的哥白尼”。欧几里德则在总结东西方已有成果的基础上，撰成对后世影响深远的《几何原本》。

健陀罗艺术头像

亚历山大东征后，东西方的艺术风格也相互影响。希腊式佛像艺术——犍陀罗艺术，体现了希腊文化与印度当地文化的完美结合。这种以佛教故事为内容的希腊风格的雕刻作品，用希腊的形式表达了印度的思想。此种塑造佛像的风格与方法也传到了中国。犍陀罗艺术成为东西方文化交流、融合的典范。

亚历山大东征，在当时条件下，给东西方文化在碰撞中实现融汇带来了什么契机？

布匿战争与迦太基文明的毁灭

迦太基约始建于公元前 8 世纪初，原来是腓尼基人在北非的殖民地。至公元前 3 世纪前期，它已发展成为地中海西部的强国。

迦太基占领着东起昔兰尼加西到大西洋的沿岸地区，控制着西班牙南部丰富的银矿资源，把守着直布罗陀海峡。它不仅控制了西西里岛的大部分地区，而且还在撒丁岛和科西嘉建立了殖民地。迦太基成为罗马人在西部地中海世界的劲敌。

迦太基城区面积是罗马的三倍，广阔而宏伟，由高大的城墙和要塞护卫；它的巨大的港口中商船云集；城中有宽阔的市场、密集的作坊、繁荣的商业区、豪华的住宅、五彩缤纷的花园。波利比乌斯盛赞它是世界上最富有的城市。

起初，迦太基同罗马保持着友好关系。然而，在罗马基本上控制意大利后，迦太基与罗马的矛盾尖锐起来。最终，双方发生了争夺西部地中海霸权的战争。这场战争从公元前264年开始，至146年结束，历经三次，是古代世界史上最重要的战争之一。因罗马人称迦太基人为“布匿人”，所以它也被称为“布匿战争”。

第一次布匿战争，罗马人击败了迦太基人。迦太基人被迫退出西西里岛，放弃西西里岛和意大利之间的岛屿，赔款3200塔兰特。第二次布匿战争，迦太基最终失败，遭到严重削弱，实际上已沦为罗马的附属国。第三次布匿战争，罗马人以强凌弱，迦太基人虽然顽强抵抗，但最后惨败，城破国亡。

迦太基城陷落后，城中财富遭到洗劫，神庙被毁，它的艺术品被运到罗马。迦太基城陷落前居民人口约有70万，而城破之后，仅剩约5万，并且这些居民大部分被卖为奴隶。这座地中海世界曾经最富饶的城市，被罗马人夷为平地。迦太基的领土被并入罗马，成为它的一个行省——阿非利加行省。历经700年风雨的迦太基文明至此不复存在。

在黎明的时候，他（西庇阿）又带了四千生力军进城。他们进入阿波罗神庙，黄金包装的阿波罗神像还在那里的金箔神龛中，重一千塔兰特。他们把神像抢劫到手，不顾军官们的命令，用剑把神像砍碎，彼此分掉了以后才回去执行任务。

……

它自建立以来，已经繁荣了七百年，过去曾经统治过这样多的土地、岛屿和海洋，有许多武器和舰队，战象和金钱，可以跟最强大的帝国相比，但是在刚毅、勇敢方面，远远地超过那些帝国（因为它在所有船舰和武器都被剥夺之后，还忍受了饥饿，坚持激烈的战争达三年之久），现在已完全毁灭而终结了。

——［古罗马］阿庇安著：《罗马史》上卷，295、298页，北京，商务印书馆，1997。

迦太基文明的毁灭说明了什么？人类从中可以得到怎样的启示？

蒙古西征与欧亚文化交流

12 世纪，蒙古游牧部落在中国北方崛起。蒙古在发展的过程中进行了三次大规模的西征。蒙古西征给被征服民族带来了深重的灾难，同时，也促进了欧亚文化交流。

1206 年，铁木真统一蒙古草原，被推选为蒙古大汗，尊称成吉思汗。1219 年，成吉思汗开启蒙古汗国的第一次西征。他率 20 万大军，分兵四路，进攻花剌子模。此次西征，蒙古军队征服花剌子模，击败钦察和斡罗斯（俄罗斯）。1225 年，成吉思汗回到蒙古。

成吉思汗死后，在 1235 年至 1243 年，窝阔台派拔都等率 25 万大军进行了第二次西征。在这次西征中，蒙古军灭钦察，连破莫斯科、基辅等斡罗斯 10 余城，取波兰，败匈牙利，攻入多瑙河流域，令欧洲诸国震惊。不过，因窝阔台去世，拔都等率军东还。

1252 年，蒙哥命成吉思汗之孙旭烈兀率军西征。此为蒙古军队的第三次西征。1256 年，旭烈兀征服“木剌夷国”；1258 年，攻陷阿拔斯王朝首都报达；1259 年，旭烈兀分兵三路攻入叙利亚，次年取大马士革。此时，旭烈兀收到蒙哥死讯，率军返回波斯。

（蒙古军攻陷报达）军队一下子开进了城，除不多几家也里可温和外国人外，所有住房不分青红皂白都付诸一炬……夜里，旭烈兀汗回到了帐殿，清晨，他命令孙札黑进城夺取哈里发的全部财物，（从城里）押送出来。简而言之，在六百年间聚集起来的一切东西，象群山般地堆积在汗帐周围。受人尊敬的地方，比如历代哈里发的大清真寺、木撒·札瓦忒（祝他安宁）的陵墓、鲁撒法的墓穴等，大部分都被焚毁了。

——［波斯］拉施特主编：《史集》第三卷，66～67页，北京，商务印书馆，1997。

蒙古西征，震动了欧洲教廷与各王公。同时，它也使东西方交通大开。欧洲的使节、商人、旅行家络绎不绝前往东方。其中最著名的是意大利人马可·波罗。他旅居中国17年，到过大都、西安、杭州等许多城市，1291年由泉州出发返回威尼斯。回国后，他口述在东方的经历，形成《马可·波罗游记》一书。此书在欧洲广泛流行，激起了西方人对东方的向往。1287年，来自元朝的景教徒苏马代表蒙古伊利汗国（又译伊尔汗国）出使欧洲，向法王菲利普四世递交国书，会面英国国王爱德华一世，谒见罗马教皇。他在欧洲的见闻记入了游记，堪称中国人第一部详细记述欧洲的见闻录。

元代欧亚交往频繁，促进了文化交流。中国的印刷术和火药武器在这一时期传到了欧洲。中国的医学成就也传向西方。医学家王叔和的《脉经》被译成波斯文，取名《伊利汗的中国科学宝藏》。此书至今尚保存在土耳其伊斯坦布尔的图书馆中。

旭烈兀西征时从中国随军带着许多精通天文历算的学者。伊利汗国建立后，中国的历算学者继续被派往伊朗，同波斯、阿拉伯天文学家一起工作。1259年，波斯天文学家纳剌速丁·杜西奉旭烈兀之命编纂天文表。在他的主持下，中国、阿拉伯、波斯和希伯来的天文历算者通力合作，于1272年左右完成了《伊利汗天文表》。这部在世界天文学史上占有重要地位的杰作，是多国天文学家共同努力的结果，是东西方文化交融的结晶。

蒙古大军西征对亚欧文化交流，起了哪些推动作用？

二、近代战争与文化

近代西方列强对外发动了一系列侵略战争，严重破坏了当地的文化。16世纪上半叶，西班牙殖民者入侵中美洲和南美洲，印第安文化饱受摧残，美洲文明出现断裂。18世纪末，拿破仑率军远征埃及，造成大批埃及文物流向海外。19世纪五六十年代，英法对华发动第二次鸦片战争，洗劫并摧毁了被誉为“万园之园”的圆明园。

西班牙入侵与美洲文明的断裂

哥伦布抵达美洲时，中美洲的阿兹特克帝国和南美洲的印加帝国是印第安文明的两大中心。这两个帝国商贸兴盛、城市壮观、人口众多、文化繁荣，吸引着欧洲殖民者的目光。曾经辉煌一时的玛雅则部落林立、日益衰落。16 世纪初，西班牙殖民者入侵中美洲和南美洲，一方面大肆屠杀勇于反抗的印第安人，另一方面则摧毁各地的印第安文化。

1519 年，以科尔特斯为首的西班牙殖民者入侵中美洲，征服了阿兹特克帝国。他们挟持阿兹特克帝国皇帝蒙特祖马二世，索要大量金银，并在其死后镇压印第安人反抗。殖民者攻破首都特诺奇蒂特兰之后，劫掠四日、屠杀数千人，彻底摧毁了建筑精美、规模居美洲之首的特诺奇蒂特兰，继而在原址上建起了西式的墨西哥城。

1521 年新建的墨西哥城，比英国的第一块美洲殖民地詹姆斯敦早了 80 多年。1620 年墨西哥城的人口达到 15 万，城中的大教堂建立在阿兹特克神庙遗址上，学校、报馆、商店一应俱全，就像是一座欧洲城市。当地语言是吸收了一些阿兹特克词汇的西班牙南部方言，当地法律深受马德里的影响，宗教是结合地方特点做了少许改动的天主教。总之，这里就是“新西班牙”的首府。

殖民者四处拆除神庙、捣毁神像、烧毁书籍，并用天主教堂和圣经取而代之，阿兹特克文化遗存大量消失。印第安人对来自欧亚大陆的天花病毒缺乏免疫力，大量人口因感染天花死亡，这进一步加速了阿兹特克文化的毁灭。1524 年，科尔特斯命令部下征服了玛雅各部，给日渐衰落的玛雅文化带来致命一击。

墨西哥城的“三文化广场”，由近及远分别是阿兹特克遗迹、西班牙人修建的圣地亚哥大教堂和墨西哥外交部大楼

1532 年，以皮萨罗为首的西班牙殖民者入侵南美洲，征服了疆域广阔、交通发达的印加帝国。皮萨罗等人扣押了应邀会面的印加皇帝阿塔瓦尔帕，在得到巨额

赎金后将其绞死。印第安人的反抗在1536年达到顶峰，之后归于失败。

西班牙殖民者不仅攫取了富足的银矿，也极大地改变了印加社会和文化。皮萨罗摧毁印加旧都，在沿海建立新都利马，并且拆散印加人原有的社会组织，以百户为基本单位，为厂矿和农田提供劳动力。之后，印加农村地区陆续出现了300余座西式城市，建立了大批的教堂、学校、医院、餐馆和洋房，而印第安人则被迫转移到环境恶劣的地方生活。在不适宜发展农业、缺少矿藏或交通不便的亚马逊流域、巴拉圭盆地和安第斯山区，幸存的印第安土著大体保持了原有的生活方式和文化传统。

农业和矿业是西班牙殖民地经济的基础。最终，西班牙农场和牧场与印第安村庄展开竞争，但它们还依赖印第安人作劳动力。在这样一种经济的基础上，西班牙缔造了一个官僚体系的帝国。

在这样的摧残之下，美洲土著文化在面对西班牙的制度和模式时仍然显示出巨大的弹性，对之进行修改，使它们适应本土的情况。在秘鲁和墨西哥，土著人学会了利用法律制度和法庭，使诉讼成为生活中的一个内容。在地方上，印第安人生活的许多习俗保留下来，而且印第安人在接受欧洲的食物、技术和文化时是有自己的选择的。

——［美］皮特·斯特恩斯等：《全球文明史》下册，543、541页，北京，中华书局，2006。

怎样看待西班牙文化在美洲立足与美洲文明断裂两者之间的复杂关系？

拿破仑远征与埃及文物的流失

地处北非的埃及，由于战略地位重要，历来是兵家必争之地。璀璨的古埃及文明经历了罗马统治和希腊化时代就已断裂，象形文字无人能识，金字塔等诸多文化遗存充满神秘感。18世纪末的埃及，处在马穆鲁克王朝统治下，为了切断英国同印度的联系，法国督政府派将军拿破仑·波拿巴远征埃及。这次行动极大地激发了西方人对埃及文化的兴趣，也造成了埃及文物的流失。

1798年7月，拿破仑率领近四万法军在埃及亚历山大港附近登陆，之后向开罗进发。在尼罗河畔的金字塔战役中，法军歼灭敌人骑兵主力，之后占领了开罗。拿破仑攻打叙利亚失利后，于1799年返回法国。1801年8月，驻埃及法军向英土联军投降。

金字塔战役

拿破仑远征埃及，没有实现军事上的战略意图，但对埃及文化产生了巨大的影响。出征前，拿破仑在法兰西学士院介绍了进军计划中的学术任务，最终由175名天文学家、几何学家、化学家和画家等组成“东征军科学与艺术委员会”，与大军一道前往埃及。

1799年，法军在埃及海港罗塞塔挖掘要塞地基时，发现了一块黑色玄武岩石碑。石碑上刻有用古埃及象形文、埃及草书和古希腊文三种语言写的同一段诏书。由于当时人们可以辨认希腊文，所以石碑为辨识已经失传的古埃及文字提供了关键的对照信息。

哈尔加和麦斯安，埃及旧王朝时期的精美石雕，妻子麦斯安轻柔地搂着自己的丈夫哈尔加（巴黎卢浮宫藏品）

罗塞塔石碑
（王海利拍摄于大英博物馆）

1809—1822年，20卷的研究报告《埃及记述》陆续出版。这在西方社会引发了“埃及热”，客观上也造成了大量埃及文物的流失。

通过抢夺、发掘和盗卖等途径，许多珍贵的埃及文物成为西方国家博物馆的藏品。法军在占领期间得到的罗塞塔石碑等文物，被英军作为战利品送回大英博物馆；法国驻埃及总领事德罗韦蒂在埃及搜集文物数千件，其中不乏阿蒙霍特普一世法老雕像等精品，分三次卖给意大利的都灵博物馆、法国的卢浮宫和德国的柏林博物馆；法国另一位驻埃及总领事米诺，将埃及卢克索神庙入口处的一座高大精美的方尖碑切割成块后运回法国，经拼接竖立在协和广场上。众多文物贩子重金钱、轻知识的滥采滥挖，给宝贵的埃及文化遗存造成了惨重的破坏。

埃及文物流失造成了什么后果？如何认识和评价？

第二次鸦片战争与圆明园的毁坏

1858年第二次鸦片战争爆发。1860年10月，英法联军攻陷北京，位于京郊的圆明园、清漪园、畅春园等皇家园林均被烧毁，珍稀文物大量流失，其中以圆明园的损失最为巨大。

圆明园、长春园和万春园合称圆明三园，占地5000余亩，持续修建150余年。这座皇家宫苑长期作为清朝皇帝听政和休养之所，既有精美绝伦的建筑，也有大量文物珍宝，还有珍贵的历史文献和重要的文件档案。这座艺术宝库既是中华文化数千年积累发展的结晶，也是中华民族引以自豪的文化财富。

英法联军在圆明园进行了疯狂的劫掠，掳走便于携带的贵重物品，不便移动的则被肆意破坏。仅三天时间，圆明园就已千疮百孔，园内文物珍宝大多被抢或被毁。在法国的枫丹白露宫，拿破仑三世修建中国馆收藏上千件圆明园文物，包括商周青铜器、乾隆玉玺等；在英国伦敦的大小拍卖会上，均可见圆明园文物；在美国的纽约博物院，超过半数的中国宫内器物来自圆明园。相比之下，流落民间的圆明园文物更不可胜数。

1860年10月18日，英国公使额尔金下令纵火焚园。各种园林美景与中式木制建筑被火吞噬，仿建的西洋石制建筑也被烧成废墟。

大水法、观水法、远瀛观等残垣断壁留存至今，精美的石雕部件散落四处。观水法本是皇帝欣赏大水法的地方，中央台基之后竖有五面石屏风，上面雕刻着西洋军旗、甲胄、枪炮等图案，让人不禁唏嘘。

大水法遗址（贾珺拍摄）

观水法遗址（贾珺拍摄）

圆明园里的文源阁是仿照天一阁修建的精美藏书楼，在此次浩劫中文源阁与所藏《四库全书》抄本被英法联军焚毁。编纂于乾隆年间的《四库全书》，分“经”“史”“子”“集”四部，共收从西周至乾隆年间的典籍 3503 种、79337 卷、约 7.75 亿字。

与《四库全书》同遭厄运的还有《永乐大典》。《永乐大典》编纂于明永乐年间，汇聚了明以前的各种典籍七八千种，共22937卷，约3.7亿字，是中华文化史上最大的一部百科全书。1860年，英法联军洗劫翰林院文渊阁，《永乐大典》损失近半；1900年，八国联军在北京烧杀掳掠，《永乐大典》损失殆尽。据专家估计，《永乐大典》目前存世不过400余册，仅占全书的3%。

圆明园的毁坏，是西方列强制造的人类文化劫难，不仅残暴蹂躏了中华文化，也给世界文化带来了不可弥补的损失。

第二次鸦片战争对圆明园的毁坏说明了什么？

三、第二次世界大战与人类文化的灾难

第二次世界大战给人类文化带来了沉重灾难，数千万人失去了宝贵的生命。欧洲的犹太人惨遭德国法西斯迫害和屠杀，物质财富被剥夺，文化精华被毁坏。日本侵略者大肆毁坏和抢掠中国的历史遗存和文物典籍，中华文化遭受巨大损失。各国许多历史文化名城毁于战火，沦为废墟，让人们看到了现代战争的恐怖与狰狞。

纳粹德国对犹太文化的破坏

纳粹执掌德国政权后，迫害国内和占领区的犹太民族，甚至实施种族灭绝大屠杀。

德国纳粹当局起初对犹太人实行驱赶政策和文化迫害。1933年起，犹太人的经济权利被剥夺，企业和资产以极低的价格转让出去。一系列法令将犹太人挤出公职队伍，大批犹太裔科学家、教师、律师和医

水晶之夜次日清扫碎玻璃的犹太人

生失去工作，艺术家和音乐家无法演出，作家无法创作。1933 年 5 月，戈培尔唆使“德意志学生联合会”在柏林等地展开了焚书活动，将马克思、考茨基、弗洛伊德等犹太人的著述付之一炬。至 1933 年年底，包括物理学家爱因斯坦在内的约一万名犹太裔知识分子和专业人员被迫逃离德国。

1938 年 11 月 9 日晚，德国各地爆发了针对犹太人住宅、商店及教堂的破坏和劫掠事件。这次事件除造成数百人伤亡外，还毁坏了 7000 多间犹太商店、200 多间犹太教堂，以及难以计数的民宅。事件过后，因大街小巷的玻璃碎片在月光下闪闪发光，故这次事件也被称作“水晶之夜”。“水晶之夜”标志着纳粹德国对犹太人的迫害从驱逐转向屠杀。

苏德战争爆发后，德军对波兰和苏联境内的犹太人展开了大肆屠杀。1942 年 1 月，纳粹德国召开万湖会议，通过了所谓的“犹太人问题最后解决方案”，从此开始了对德国境内以及整个欧洲犹太人的灭绝行动。德国在其东部及占领区建立了上万座集中营，大批犹太人死于拘押和奴役。在波兰小城奥斯维辛等地，德国法西斯设立灭绝营，用毒气室和焚尸炉大规模杀害犹太人。

被点燃的犹太教堂

纳粹德国反人类的种族清洗行径，导致 600 余万犹太人死亡，是当时世界犹太人总数的三分之一。第二次世界大战对欧洲犹太文化造成了不可挽回的损失，犹太人的生命和权利遭受了史无前例的践踏。

德军占领华沙期间，大肆杀害知识分子。波兹南大学20%、华沙大学44%的教师和科研人员惨遭杀害。德军共杀害了641名大学教师和教授、8500名中小学教师，分别占其总数的28.5%和13.1%。此外还杀害了300余名演员和40%左右的艺术家。在这样的文化迫害和屠杀政策下，一些大学师生勇敢地组织起来，秘密开展教学活动，尤其学习波兰语、波兰历史和波兰文学，通过文化传承坚定爱国信念。华沙大学建筑系的师生，在战前对全城建筑进行了测绘，在战时秘密保存图纸，为战后原址原样复建华沙城提供了重要依据。

纳粹德国在对犹太人民实施种族灭绝屠杀的同时，为什么还要摧残犹太文化？

日本对中国文化的破坏

被炸毁的商务印书馆大楼

1931—1945年，日本大举侵华，给中国文化带来了空前的劫难。

日本空军在中国实施无差别轰炸，大批文化设施和古代建筑成为瓦砾。1932年“一·二八”事变中，上海商务印书馆的东方图书馆近50万册图书毁于日军的空袭，大批珍贵的典籍被焚毁。仅1937年8—10月，全国就有23所高校被炸毁。1938年4月，创建于北宋初年的岳麓书院被炸毁。同年10月，有1200年历史的佛教圣地北平云居寺遭到日军空袭，被夷为平地。

日本陆军在侵占区大肆劫掠和纵火。除民居外，历史悠久的孔庙、佛寺和道观大量被毁，其中山西、山东、河南地区最为严重。学校也受到了日军的破坏，截至1938年年底，全国108所高校中有91所被破坏，其中25所被迫停办。

金陵大学中国文化学院被劫掠后的场景

日本在战争之初还成立了专门的机构，用于抢夺中国的文物典籍，中国不计其数的珍贵文物典籍被日本侵略者抢劫回国。一些日本学者在侵占区进行了劫掠性的考古调查和发掘，如东北的汉代牧羊城址、华北的北平周口店遗址、河南的商都殷墟遗址等，均曾受到日本人盗窃式发掘。这些所谓考古活动，窃走了大量的中国文物，严重破坏了中国的文化遗存。

日军在南京竺桥地质陈列馆设立的“图书委员会”，专事劫掠中国图书文物

据统计，日本发动侵华战争，给中国造成的文物损失达到360万余件又1870箱，古迹741处，公私藏书在270万册以上。

北自北平，南至广州，东起上海，西迄江西，我国教育机关被日方破坏者，大学、专门学校有23处，中学、小学则不可胜数……诚所谓中国30年建设之不足，而日本一日毁之有余也。日方此种举动，每以军事必要为藉口，殊不知此种教育机关，分布各地，往往距军事区域非常遥远，且绝与军事无关。日人之蓄意破坏，殆即以其为教育机关而毁坏之，且毁坏之使其不能复兴，此外皆属遁辞耳。

——蔡元培、张伯苓等102人联合声明，1937年11月5日。

信奉军国主义的日本，在侵华期间对中国文化造成了怎样的伤害?

战争对各国历史文化名城的毁坏

城市是人类文明的结晶。在第二次世界大战中，各国许多历史文化名城被无差别轰炸和惨烈的巷战摧毁。

英国的港口利物浦始建于13世纪，城市建筑精美，博物馆藏品丰富。1940年8月到1942年1月，利物浦持续遭到夜间空袭。海关大楼和博物馆变成废墟，建于1811年的蓝袍学校大楼被炸毁，被誉为英国哥特式教堂样本的圣卢克教堂被燃烧弹击中，屋顶和内部设施全部烧光，仅有外墙在消防员的奋力抢救下得以幸存。

波兰首都华沙的老城始建于13世纪，有大量风格各异的文物古迹。第二次世界大战开始后，华沙遭到德军的轰炸和破坏。到1944年，纳粹部队将老城90%以上的建筑摧毁，洗劫图书馆和博物馆后或将收藏运往德国，或将其烧毁。波兰王宫始建于14世纪，廊道里陈列着波兰历代画家的作品，

被德国空军炸毁的华沙建筑

王宫前耸立着修建于16世纪的大理石纪念柱。第二次世界大战期间，王宫和纪念柱均被拆毁。

德国的柏林是一座始建于13世纪的古城，17世纪以来文化艺术异常繁荣，被誉为“施普雷河畔的雅典”。到第二次世界大战前，柏林已是世界政治、经济和文化中心。第二次世界大战后期，柏林在盟军的空袭和城市攻坚战中遭到毁灭性破坏。收藏武器和文艺复兴时期艺术品的旧博物馆，以及收藏史前时代文物的新博物馆，几乎全部被毁。建于18世纪末的巴黎广场，在第二次世界大战前是柏林最宏伟的广场，其后的空袭和炮击使广场周边的建筑变为瓦砾，仅剩下孤零零的勃兰登堡门。

日军破坏并占领中华西门

中国六朝古都南京遭到日本侵略者的严重破坏。日军动用飞机、大炮和坦克轰塌了始建于明代的光华门、中山门和中华门等地的城墙，入城后制造了骇人听闻的大屠杀。日军派遣文物专业人员抢夺南京的图书和文物，掠走图书80余万册。日军还掠夺和烧毁了南京城主要的文教中心——夫子庙。同样毁于兵火的还有大量古代寺观，如牛首山的幽栖寺，下关清真寺等数百处历史文化建筑、历史遗迹和遗存。

下关回教清真寺代表人李蓬岭等呈

1945年11月6日

窃下关清真寺创设于逊清光绪年间，为下关回教教民祈祷修道之所，数十年来经热心教民陆续捐款修建寺屋日渐完整……倭寇抵京在下关大肆焚烧，本寺全部被焚，内部什具藏经及历年教胞捐助图书器皿均成灰烬，八年以来寺基空地为倭寇圈为军用地……谨将被焚经过检同损失清单图状收据一纸，具呈仰祈鉴核查办，汇饬敌寇赔偿，庶下关清真寺早获复兴，教胞得进德修业之所，实为德便。

——张建宁等编：《南京大屠杀史料集》，677页，南京，江苏人民出版社，2006。

第二次世界大战中，各国许多历史名城毁于战火，这对人类文明意味着什么？

第十八章 人类文化的传承与保护

导读

人类文化的传承与保护存在多种方式和途径。西方大学的创办革新了人类教育的方式，推进了人类文化的发展。近代以来，中国改革和废除传统书院，兴办新式学校，派遣留学生赴海外学习，更新了中国文化传承的方式。书籍和报刊是文化的重要载体。出版印刷技术的变革，扩大了书刊传播的规模和范围。文化的传播受制于语言文字，为了更好地吸收外域文化，中世纪阿拉伯与近代中国都掀起了翻译外文书籍的热潮。

图书馆、藏书楼和博物馆的变迁，既推动了文化保护事业的发展，又开拓了文化传承与传播的空间。随着《保护世界文化和自然遗产公约》和《保护非物质文化遗产公约》的颁布，人们越来越意识到文化遗产保护是全人类共同的责任。

一、东西方教育与文化进步

教育是人类文化传承的纽带，是文化进步的源泉。大学起源于中世纪后期的欧洲，促进了西方思想文化的进步。书院是中国古代特有的教育机构，推动了儒家思想的发展。近代以来，中国人学习西方，改革教育，同时派遣学生出国留学，带动了中国文化的转型与发展。

西方大学的兴起

大学教育是文化传承与创新的主要渠道，是人才培养的重要途径。西方的大学起源于中世纪后期。12 世纪，被誉为“欧洲大学之母”的博洛尼亚大学和巴黎大学，先后在意大利和法国成立。这两所大学不仅建校时间早，而且为其他大学的兴办起到了重要的示范作用。

中世纪的大学以职业教育为中心，主要培养市政和教会的管理人员、律师以及医生。大学一般设有文艺、法学、医学、神学四个学科。文艺为基础学科，主要学习“七艺”，即语法、修辞、逻辑、音乐、算术、几何和天文七门课程。这是学生进入法、医、神等学科之前必须接受的人文素质教育课程。有的大学还讲授欧几里得的《几何学》，以及从阿拉伯世界传来的哲学与科学知识。当时大学的教学方式以讲授和辩论为主，通用语言是拉丁文，学生来自欧洲各地。他们毕业后，又把在大学接受的知识与观念在各地传播开来。中世纪的大学推动了思想文化的革新，在一定程度上为文艺复兴和宗教改革做了准备。彼得拉克、伊拉斯谟、马丁·路德等文学家、改革家都是在大学中产生的人才。

中世纪德意志地区一所大学的课堂

18 世纪，苏格兰的爱丁堡、格拉斯哥等大学成为启蒙运动的主要阵地，一些大学教师充当了启蒙思想家。与此同时，德意志的哈勒大学、哥廷根大学通过改革形成了自由的学术风气，引入了现代科学和哲学，传播了新知识、新文化。

1810 年，柏林大学在普鲁士建立。柏林大学创立了大学教育的新理念：第一，排斥职业性与功利性的学科，倡导纯粹的科学研究；第二，主张大学教育与研究密不可分，强调教学与研究相统一；第三，提倡师生共同参与教学活动的研讨班制度。柏林大学培育出了一种以科学为业，甘于寂寞、自由探索的大学文化。

17 世纪，大学教育制度被移植到了美洲，欧洲的文化也随之向新大陆传播。1636 年，哈佛学院（1780 年更名为哈佛大学）创建。1701 年，耶鲁学院成立。到 18 世纪末，美国已有 20 多所高等学府。这些大学推动了美国文化的发展和社会经济的进步。

19 世纪，在西方的大学里，宗教逐渐丧失了主导地位，学校成了学习和研究现代学问的场所，课程的设置完全世俗化。在传统的拉丁文、希腊文和神学之外，大学增设了现代文学、语言和历史等课程，人文教育得以进一步发展。与此同时，科学教育思潮兴起，物理学、化学、生物学等自然科学被列为大学主要课程。19 世纪后期至 20 世纪前期，经济学、政治学、社会学、人类学等社会科学逐渐在大学中扎根，形成了独立的学科，拓展、传播了关于人类社会的知识。20 世纪中叶以来，跨学科研究在大学中兴起，进一步推动了知识的更新与文化的发展。当代西方大学也非常注重专业科学知识、理论的研究与传播，哈佛大学、剑桥大学等名校成为培养诺贝尔奖得主的摇篮。

西方大学教育的发展对欧洲科学传播和文化的更新起了怎样的作用？

中国古代书院与现代学校

教育在中国文化中占有举足轻重的地位。中国古代教育分为两大系统——官学和私学，即官办教育和民办教育。官学和私学相辅相成，共同推动了中国古代文化教育事业的发展。无论官学、私学，均以儒家经典、史学和文学为主要教育内容，尤其强调儒家伦理道德教育。

书院是中国古代特有的一种教育机构，它在传承和发展中国文化方面发挥了重要作用。书院的名称最早出现于唐代。唐代的书院分为官、私两类。官立书院起初为收藏和整理图书的机构，私立书院则是民间治学的场所。五代时期，书院具有了授徒讲学的职能。当时，政权割据、社会动荡，一些士人结庐山林之中，读书讲学，传承儒家文化。

北宋建立后，政府无力重建旧有的官方教育体系，民间书院得以蓬勃发展，数量达到数百所。其中，著名的有白鹿洞书院、岳麓书院、应天府书院、石鼓书院、嵩阳书院等。宋代的书院既是教学场所，又是学术研究中心。在教学方面，书院鼓励学生自修，同时辅以集体讲授。他们研习的对象，以四书五经、历史典籍和诗词为主。书院教育倡导不同学派之间相互交流与自由讨论，一些书院还经常邀请著名学者讲学。宋代理学家周敦颐、程颢、程颐、朱熹等人通过书院讲学，传播了思想学说，同时培养了大批理学人才。程朱理学成为中国古代社会后半期的主流学说，时间长达上千年之久。

白鹿洞书院（黄开福拍摄）

元代以后，书院教育与科举考试的关系越来越密切，有的书院甚至沦为了考试的附庸。到晚清时期，书院教育已完全僵化，难以满足时代需要，逐渐被新式学堂取代。

明代最著名的书院是位于江苏无锡的东林书院。东林书院始建于北宋。万历年间，顾宪成、高攀龙等人重修书院，并将其变为东林党人聚徒讲学、舆论宣传的场所。他们倡导自由讲学和辩论，提出“家事国事天下事，事事关心”。由于东林党人抨击权贵，揭露黑暗现实，遭到阉党魏忠贤的迫害，书院也被禁毁，至崇祯年间才得以修复。

中国近代兴办新式学堂，首先是出于学习西方文化的需要。中国的官办新式学堂出现于洋务运动时期。当时，洋务派创办新式学堂，主要是用于培养翻译人员以及军事和科技人才。

20世纪初，清政府进行了内容广泛的教育改革，宣布改书院为学堂，改革和废除科举制度，新式学堂蓬勃发展起来。至1909年，全国新式学堂已达五万多所。

新式学堂分为普通教育、师范教育和职业教育三种类型。较之旧式教育，新式学堂的教学目标、教学内容和教学方法发生了显著的变化。学堂以培养近代专业技能人才为目标。教育的内容不限于儒家经典，同时囊括了数学、物理、化学等近代自然科学和法律、政治、商业等社会科学。教学方法较为多样，除课堂授课外，还注重科学实验和社会实践。新式教育在传承中国传统文化的同时，也广泛传播了西方现代文化。

《奏定高等学堂章程》（节选），1904年1月13日

第五节 各类学科学习年数，以三年为限。

第六节 各学科程度及每星期授业时刻表如下：

第一类 学科

第一年

学科	程度	每星期钟点
人伦道德	摘讲宋、元、明、国朝诸儒学案，择其切于身心日用而明显简要者。	1
经学大义	讲《钦定诗义折中》，《书经传说汇纂》，《周易折中》。	2
中国文学	练习各种文字。	5
兵学	外国军制学。	1

体　　操	普通体操、兵式体操。	3
以上通习		
英　　语	讲读、文法、翻译、作文。	9
德语或法语	讲读、文法、翻译、作文。	9
历　　史	中国史。	3
地　　理	政治地理。	3
以上主课		
合计		36

第二年

学　　科	程　度	每星期钟点
人伦道德	同前学年。	1
经学大义	讲《钦定春秋传说汇纂》。	2
中国文学	同前学年。	4
心理及辩学	心理学大意、辩学大意。	2
兵　　学	战术学大意。	1
体　　操	普通体操、兵式体操。	3
以上通习		
英　　语	讲读、文法、翻译、作文。	9
德语或法语	讲读、文法、翻译、作文。	9
历　　史	亚洲各国史。	3
地　　理	政治地理。	2
以上主课		
合计		36

第三年

学　　科	程　度	每星期钟点
人伦道德	同前学年。	1
经学大义	讲《钦定周礼义疏》，《仪礼义疏》，《礼记义疏》。	2
中国文学	同前学年，兼考究历代文章流派。	4
兵　　学	各国战史大要。	3
体　　操	普通体操、兵式体操。	3
以上通习		

英　语	讲读、文法、翻译、作文。	8
德语或法语	讲读、文法、翻译、作文。	8
历　史	西洋各国史。	3
法　学	法学通论。	2
理财学	理财学通论。	2
以上主课		
合计		36

——璩鑫圭、唐良炎编：《学制演变》，330～331页，上海，上海教育出版社，1991。

中华人民共和国成立后，我国形成了较为完善的现代国民教育体系，教育事业的发展取得了显著的成就。新时期的大学实现了科学教育与人文教育的并行发展，培养了大量科技人才与人文学者。当代大学充分发挥了其文化整合的功能，既维护了优秀传统文化的生命力，同时也在全球范围内汲取多元文化，大大促进了文化的融合与创新。

从中国古代书院到近代新式学堂，中国教育发生了什么变化？又有怎样的先天不足？

近代以来中国的留学教育

留学教育是中国人学习西方文化的重要途径。近代以来，中国的留学生向国内传播了西方的先进文化和科学技术，促进了中外文化交流和中国文化发展。

洋务运动时期，清政府接受曾国藩、李鸿章等人的提议，正式派遣学生到欧美各国接受教育。1872年8月，清政府选派30名幼童赴美国学习，期限15年。此后3年，每年又派出30名。他们学习的科目主要有军政、船政、步操、制造等。1881年，清政府下令将他们撤回，赴美留学中止。

1873年，李鸿章和福州船政大臣沈宝桢等向清政府奏请派人赴欧洲留学。1876年，李鸿章派遣7名淮军青年军官到德国留学。次年3月，

赴美留学幼童合影

沈葆桢从福州船政学堂选派出优秀学生30名赴英、法留学，学习海军驾驶技术和工程制造。1882年、1886年，福州船政学堂又派出两批留学生赴欧学习。

中国人留学日本，始于甲午中日战争后。1896年，清政府向日本派出了13名留学生。由于日本在明治维新后一跃成为世界强国，对中国有借鉴意义，加上赴日本学习距离较近，学费相对便宜，日本成为一些学生接受留学教育的首选之地。

至游学之国，西洋不如东洋。路近省费，可多遣。去华近，易考察。东文近于中文，易通晓。西书甚繁，凡西书不切要者，东人已删节而酌改之。中、东情势风俗相近，易仿行，事半功倍，无过于此。

——（清）张之洞：《游学》，《劝学篇》外篇，39页，上海，上海书店出版社，2002。

20世纪初，清政府进行教育改革，提倡留学教育，颁布了一系列派遣学生出洋和奖励留学的政策。从1901年起，每年赴日留学的人数成倍增长，迅速形成了留学日本的热潮。所学专业覆盖面较广，有军事、法政、师范、医学、工业、商业、铁道、土木、物理、外语、美术等。留日学生是清末新式学堂师资的主要来源，他们担当了清末新式教育的重任。不少留学生在日本从事革命活动，向国内传播革命思想，推动了中国社会政治变革。

1908年，美国国会通过议案，退还部分庚子赔款，改作清政府派遣留美学生之用。从此，一些学生选择了赴美留学。民国初年，每年赴美的留学生在千人以上。赴美的留学生学习理科、工科、农科和医科者，占绝大多数。留美学生在引进和传播科学方面成绩卓著。1914年，他们在美国成立了社团“中国科学社”。次年，他们在上海创办了中国历史上第一份自然科学的专门刊物《科学》。1918年，中国科学社迁回国内，到1949年，社员达到3776人，是民国时期中国第一大科技社团。

中华人民共和国成立初期，留学教育转向苏联等社会主义国家，学习的内容主要是苏联的先进科技和管理经验。改革开放后，留学教育全面实施，留学生遍布世界上一百多个国家和地区。从 1978 年到 2015 年，各类出国留学人员累计超过 400 万人，形成了一股前所未有的留学热潮。他们广泛吸收了国外尤其是发达国家的先进科技等优秀文化成果，归国留学生群体已成为中国科技和文化事业建设的中坚力量。

留学教育一定程度上弥补了国内教育的不足，许多留学生后来成长为优秀人才，为祖国的科技和文化建设做出了卓越贡献。例如，清末担任京张铁路总工程师的詹天佑是洋务运动时期首批赴美的留学生，近代著名翻译家和思想家严复是福州船政学堂选派的留英学生。后来成为著名学者的胡适、著名科学家的竺可桢等是 1910 年赴美的留学生。著名数学家华罗庚，著名科学家钱学森、钱三强、钱伟长和邓稼先等，也都系统接受过留学教育。

怎样认识和评价近代以来中国的留学教育？

二、书刊出版与翻译事业

书籍是文化的载体。中外历史上，书籍出版和印刷方式的革新对于文化传承和发展具有十分重要的作用。近代报刊的诞生，提高了文化传播的效率，扩大了受众范围。翻译则解决了因语言文字不同而造成的交流障碍，促进了文化的传播。中世纪阿拉伯与近代中国都开展了大规模的书籍翻译活动。

书籍出版与文化传承

书籍是人类智慧的结晶，是知识的主要来源，它的历史源远流长。中国书籍的原始形式为竹木简书和帛书，后者虽易于书写，但较为昂贵。先秦时期，诸子百家的学说主要是依靠竹木简书和帛书传之后世的。东汉以后，中国人发明了造纸术，手写纸书问世，促进了文化知识的传播。

郭店楚简《老子》

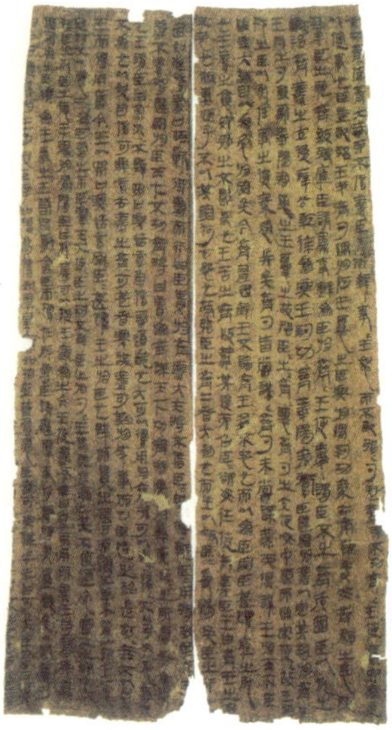

马王堆帛书《战国策》

唐初雕版印刷术诞生，到宋代得到推广和普及。北宋中期，毕昇发明了泥活字印刷术。随着印刷术的普及，中国书籍的数量快速增加，传播的范围更加广泛，保存的时间更为久远。

唐宋时期，中国文化的繁荣与书籍出版印刷技术的革新密切相关。唐代已经开始印制佛经、日历、诗歌等书籍。五代时期，以雕版印刷了九部儒家经典，为保存与传承儒家文化做出了贡献。宋朝印书事业十分发达，国子监、各地官府、书院、私家和书坊都从事印刷。当时刊刻出版的书籍，不仅包括儒家典籍，还有子书、史书、数学、医书、科技著述，以及日常参考类书和文学作品等。宋代印刷的佛经还传至高丽、日本等国，促进了佛教文化的传播。

明清两代重视类书和丛书的编纂。类书是我国特有的一种资料性的工具书。它按类汇编群书，便于以主题查找。1726 年，用铜活字排印的《古今图书集成》告成，全书 10040 卷，是我国现存规模最大的一部类书。丛书是将原来单本流传的书籍汇编成一部大书，以便成套保存古籍。1782 年，著名大型丛书《四库全书》编成，共计 7.9 万卷，它是中国传统文化的集成之作。《四库全书》以楷书抄写而成，因工程浩大，未能刻印。

带有百科全书性质的类书，对于保存中国古代典籍，传承古典文化具有重要意义。三国时期，魏文帝曹丕组织学者编成了中国历史上第一部大型类书《皇览》。唐代类书已有相当发展，其中以欧阳询主编的《艺文类聚》最为著名。宋代类书编纂，取材广泛，内容丰富。宋初官修的《太平广记》《太平御览》和《册府元龟》在类书史上具有重要地位。《太平广记》广泛搜罗了小说、笔记、野史等资料，对保存中国古代故事、小说发挥了积极作用。《太平御览》内容广博，征引古书千余种，保存了大量宋以前的珍贵文献。《册府元龟》是一部以正史为主的史学类书，具有很高的文献价值。明清两代，类书繁多。明朝解缙等人编纂的《永乐大典》和清朝陈梦雷等人编纂的《古今图书集成》，搜集文献门类齐全，包罗万象，是中国古典文化的结晶。

在西方，古希腊人汲取了埃及纸莎草书的制作经验，并传授给了罗马人。中世纪的书籍多为写在羔羊皮和其他动物皮上的抄本，内容包含圣经、神学家著作以及数学、医学、法律、历史、哲学等方面的作品。这些书籍皆以拉丁文撰写，至 14 世纪，出现了用欧洲各国语言写作的书籍。随着中国的造纸术传入欧洲，15 世纪时，纸质的手抄本已很普遍。

15 世纪中期，德意志人古腾堡发明了金属活字印刷工艺和早期印刷机，大量印刷质优价廉的图书，带来了书籍生产方法的重要革命。到 1480 年，欧洲已有上百个城市开设了印刷所，仅意大利地区就有四十余家。善于写作的知识分子，急于牟利的印刷商和书商，以及涵养较佳的读者，共同推动了印刷书的长足发展。17 世纪，莎士比亚、塞万提斯、培根、笛卡尔、伽利略、莫里哀、弥尔顿、牛顿等文学巨匠与科学天才的思想结晶都以印刷书的形式呈现。人文主义精神、科学理论与启蒙思想，正是以印刷书为载体在西方世界广泛传播。1772 年，法国启蒙思想家狄德罗主编的 28 卷本《百科全书》全部出版。《百科全书》涵盖了科学、技术、贸易和工艺等方面的知识，并传递了通过扩充知识实现人类进步的启蒙观念。

19 世纪，西方整个社会的文化水平有了很大的提高，书籍生产飞速发展。此时，西方的印刷技术与印刷器材传入中国，逐渐取代传统的雕版印刷术，我国图书出版事业进入了新的发展阶段。

16 世纪欧洲的印刷所

近代印刷术的诞生与印刷器材的广泛使用，对图书出版事业产生了怎样的影响?

近代报刊与文化传播

报刊适应了近代以来信息传播和文化交流的需要。较之书籍，报刊的形式灵活，传播速度快，发行量大。17世纪，德意志、意大利和尼德兰等地产生了定期印刷的新闻出版物，标志着近代报刊诞生。

17 世纪德语区的报贩

18世纪欧洲的日报逐渐发展。1719年，英国作家笛福在当年创刊的《每日邮报》（Daily Post）

上连载其小说《鲁滨逊漂流记》，由此开创了报刊连载小说的先河。1785年，《泰晤士报》创刊，最初名为《每日环球纪事报》，1788年更名。至19世纪中叶，该报成为声明卓越的独立新闻机构，深刻影响了英国的公众舆论。

最初的报纸与杂志没有明确界限，二者都刊登新闻，也刊载各种杂文和文学作品。17 世纪后期至 18 世纪初，报纸与杂志逐渐分离，前者以新闻时事为主，后者以文学作品和评论文章为主。1682 年，莱比锡出现了德意志的第一家科学杂志《学术纪事》。1688 年，汉堡又出现了文学与哲学杂志《每月论坛》。18 世纪，杂志的发行开始兴盛，至世纪中叶，西欧国家都拥有针对文学问题与政治问题的评论性刊物。1802 年创办的《爱丁堡评论》是涵盖了哲学、文学和政治学的高端学术杂志。

随着印刷技术、通讯设施与运输手段的进步，19 世纪英美等国出现了许多廉价报纸。廉价报纸面向社会中下层，着重刊载地方新闻、社会新闻和体育新闻等内容，是一种大众化的报纸。19 世纪欧美廉价报纸的代表包括：美国纽约的《太阳报》《先驱报》、英国的《每日电讯报》、法国的《小巴黎人报》等。作为大众媒体的廉价报纸，大量传播科学文化知识和现代社会理念，开阔了民众的视野。

中国近代报刊的发展与政局变化息息相关，同时它也是推动政治变革与文化更新的重要工具。最初由外国传教士创办的《格致汇编》《万国公报》等早期中文报刊，扩大了民众了解世界的窗口。1872 年，《申报》在上海创刊。该报刊行了 77 年，是近代史上存在时间最长的中文日报。它记录了从清末到民国方方面面的信息，被

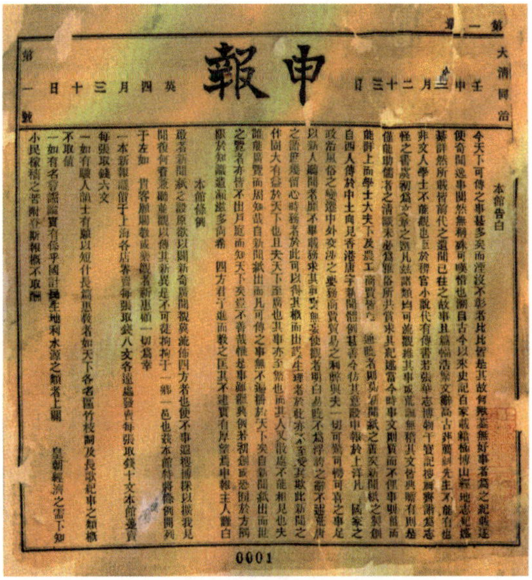
第一號

申報

大清同治壬申三月二十三日

英四月三十日

第一號

本館告白

本館條例

0001

《申报》

称为研究中国近代史的百科全书。

戊戌变法时期，维新人士通过创办各种新式报刊，为变法制造舆论。1896年，《时务报》于上海创刊。梁启超担任主笔，撰写了大量文章宣扬变法。20世纪初，宣传新思想、新文化的报刊如雨后春笋，次第出现。其中，《新民丛报》、《大公报》和《东方杂志》比较具有代表性。

1915年，陈独秀创办《青年杂志》，次年更名为《新青年》。《新青年》倡导科学与民主，成为新文化运动的主要阵地。它同时宣传马克思主义，为五四运动指明了方向。

《青年杂志》

……自俄国革命以来，“马克思主义”几有风靡世界的势子，德奥匈诸国的社会革命相继而起，也都是奉“马克思主义”为正宗。“马克思主义”既然随着这世界的大变动，惹动了世人的注意，自然也招了很多误解。……我们把这些零碎的资料，稍加整理，乘本志出“马克思研究号”的机会，把他转介绍于读者，使这为世界改造原动的学说，在我们的思辨中，有点正确的解释，吾信这也不是绝无裨益的事。

——李大钊：《我的马克思主义观》，1919年5月、11月《新青年》第6卷，第5、6号。

近代早期欧洲的杂志在传播文化方面发挥了怎样的作用？

翻译与跨文化交流

在世界历史进程中，书籍翻译是人类知识交换与跨文化交流的重要途径。中世纪阿拉伯的百年翻译运动与近代中国对于西学的译介，在东西方文化交流史上具有重要意义。

8世纪中叶，地跨亚非欧的阿拉伯帝国经济繁荣、国力强盛，进入了文化发展的全盛期。为了吸收古代文明遗留下来的优秀文化成果，阿拉伯人开展了百年翻译运动（约750—850）。

阿拔斯王朝（750—1258）的哈里发麦蒙（又译马蒙，813—833年在位），于830年前后在首都巴格达建利了著名的“智慧宫”（又译智慧馆）。这是一个综合性学术机构，集图书馆、研究院和翻译局于一体。麦蒙曾派人到君士坦丁堡等地去搜集古籍、珍本，然后组织各地学者从事大规模的翻译活动。

百年翻译运动成就辉煌，翻译了数百种古希腊书籍。亚里士多德、柏拉图、托勒密、欧几里得等人的哲学、科学著作被译成了阿拉伯文，古希腊的文化遗产得以存续。这一时期还翻译了波斯、印度的文学与科学成果。阿拉伯人在大量吸收外来文化的基础之上，创立了新型的阿拉伯—伊斯兰文化。后来，这些文化遗产通过西班牙传入欧洲，推动了文艺复兴的产生。

中国历史上大规模翻译域外典籍，始于翻译印度佛经。近代，有识之士为了反抗外侮、振兴国家，摄取西方文化，大量翻译了英文、法文、日文等外文书籍。洋务运动时期，清政府创办官方译书局，主要译介西方自然科学方面的书籍。甲午战争之后，译介的侧重点从自然科学转向了社会科学，译书的数量和规模也明显增加。1897年，商务印书馆在上海创立，主持翻译和出版了许多世界名著。

商务印书馆印刷车间

20世纪初，商务印书馆出版严复翻译的名著八种，其中包括：赫胥黎的《天演论》、亚当・斯密的《原富》（今译《国富论》）、约翰・穆勒的《群己权界论》（今译《论自由》）、斯宾塞的《群学肄言》（今译《社会学研究》）和孟德斯鸠的《法意》（今译《论法的精神》）等。严复的译著促进了西方社会学、政治学和经济学知识在中国的传播。另外，大量欧美文学名著被译成中文。其中，林纾在翻译外国文学作品方面成就突出。他翻译的小说单行本也多由商务印书馆刊行。

翻译家林纾（1852—1924）其实不懂外语，翻译作品需要与精通外语的人合作。翻译时首先请他人口述，再由他用文言意译。1897年，林纾翻译了法国小仲马的《巴黎茶花女遗事》（今译《茶花女》），这是第一部引入中国的西方文学名著，出版后风行全国。此后，林纾翻译了180余部外国文学作品（出版了160余种），其中包括莎士比亚、狄更斯、托尔斯泰、雨果以及巴尔扎克等许多大文豪的杰作。

近代中国采取了哪些途径汲取西学？产生了怎样的社会效果？

三、图书馆、博物馆与文化传承

图书馆和博物馆是传承文化、传播知识的重要平台。公共图书馆免费向公众开放，有利于社会公众平等享有知识。20世纪初，现代图书馆在中国蓬勃发展。中外博物馆传承了世界各国的历史文化，目前，博物馆成为社会课堂与终身学校。

西方图书馆的变迁

图书馆肩负着文化传承的重任。世界历史上第一个图书馆，是公元前7世纪出现于亚述王国的尼尼微图书馆，其所藏泥板文书现存于大英博物馆，成为研究亚述王国与两河流域历史的重要文献。公元前3世纪，托勒密王朝的国王托勒密一世在埃及建造亚历山大图书馆，馆藏高达70万卷，成为希腊化时代的文献中心，为古代文化传播发挥了独特作用。罗马帝国时期，公共图书馆兴盛，它附设会堂与讲演厅，广泛为市民服务。

文艺复兴时期，图书馆事业大为发展，有利于古典文献的保存。15 世纪，印刷型图书大量出版，图书馆藏书空前增加。17 世纪，法国王家图书馆发展成为欧洲首屈一指的图书馆，1792 年更名为国家图书馆，它保存了各种手稿、典籍、徽章和钱币等文化遗存。随着全球霸权的建立，英国从世界各地搜集、掠夺人类无数的珍贵文献，大英图书馆作为大英博物馆的一部分，收藏了他处无法找到的资料，成为世界图书宝库，吸引无数学人来此进行学术研究。马克思利用大英图书馆资料，写成了《资本论》。

大英图书馆（刘海波拍摄）

19 世纪下半期，资本主义迅速发展，义务教育与社会教育日益普及，公共图书馆的建立势在必行。1850 年，英国国会通过世界上第一部《公共图书馆法》。至 1900 年，英国已有公共图书馆 360 所。它免费向公众开放，有利于社会公众平等享有知识。公共图书馆馆藏丰富，开架阅览，借阅便捷，一般设有讲演厅、展览厅、电影放映室，儿童阅览室，成为知识传播与文化娱乐的中心。19 世纪 70 年代，美国的教育普及与公共图书馆的发展齐头并进，公共图书馆被誉为“民众的大学”，在社会教育、民众教育方面发挥了重要作用。

20世纪初，西方国家大都建立和发展了国家图书馆，以行政经费或税收保证其经费来源。华盛顿国会图书馆、巴黎国家图书馆、伦敦大英图书馆、莫斯科列宁图书馆是当时世界上最有名望的四个国家图书馆。20世纪60年代以来，计算机技术应用于图书馆，联机检索系统与各种协作系统促使国际图书馆网络形成，标志着图书馆事业已实现数字化、信息化与国际化，有利于实现图书资源的全球共享，促进了学术发展与现代文化的传播。

第二次世界大战后，计算机技术与现代通讯技术广泛应用于图书馆，馆藏文献除印刷资料外，还有幻灯片、录音带、录像带、影片、唱片。声像技术不仅是电化教育的重要手段，而且广泛应用于图书馆的情报传递，它具有能闻其声、能见其形的独特效果。馆藏的激增也促进了文献缩微化的趋势，缩微复制品不仅可以节约空间，而且价格低廉。图书馆在采购、编目、检索、出借等方面实现了机械化与自动化。图书馆正经历着一场前所未有的大变革，图书馆员由一般服务转向咨询服务，成为咨询专家与知识导航员，其知识现代化变得日益迫切。

图书馆在西方近现代文化发展过程中起了怎样的作用?

中国古代藏书楼与现代图书馆

典籍是思想与文化的载体，中国历代都重视典籍收藏和保护。最早的藏书楼出现于宫廷，如汉代的兰台、石渠阁等。宋代以后，随着印刷术的推广与书坊刻书业的发达，民间藏书楼得以发展。始建于明代的天一阁是中国现存最古老的藏书楼。明清时期私家藏书发达，除了官方“七阁”外，私家藏书楼颇为兴盛，藏书总数远远超过宫廷，使大

天一阁书画馆（夏江涛拍摄）

量文化典籍得以流传。古代的藏书楼不仅是藏书之所，同时也是编书、刻书和售书的综合机构，对于保存和发展中国文化发挥了重要作用。

藏书楼重藏轻用，虽然造就了少数精英学者，却不利于文化的传播与普及。19 世纪末随着西学东渐，中国开始出现现代图书馆。图书馆与藏书楼不同，它辟有阅览室和借书处，对公众开放，所藏图书从封闭专享向公开共享转变。

1912 年京师图书馆正式开馆，1928 年改名为国立北平图书馆，规模亦不断扩大。这一时期的图书馆建设，主要注重图书利用的社会公开及共有共享，有利于新知识的传播。20 世纪 20 年代以后，中国效法美国图书馆制度，充分发挥图书馆的社会教育功能，使之成为传播文化、研究学术、启蒙民众的重要工具；全国各种类型的图书馆数量日益增长，规模不断扩大。国家图书馆有国立北平图书馆与南京的国立中央图书馆两所，学校图书馆、研究机构图书馆、行政机关图书馆以及私立图书馆都有较大发展，图书馆成为现代学术体制的重要组成部分。

抗日战争期间，中国共产党领导的图书馆事业发展较快。1940 年正式开放的延安中山图书馆是解放区最大的图书馆。解放区的书店图书馆以及民众教育馆、工厂、农村的图书馆也很多，有利于知识文化的普及与民众素质的提高。中华人民共和国成立后，图书馆事业快速发展，公共图书馆体系在全国范围内建立起来，图书馆在传承文化、传播知识和普及教育等方面发挥了重要作用。

今欲振中国，在广人才；欲广人才，在兴学会。诸学分会，未能骤立，则先设总会。设会之目：……七曰咨取官局群籍，概提全分，以备储藏；八曰尽购已翻新书，收庋会中，以便借读；九曰择购西文各书，分门别类，以资翻译；十曰广翻地球各报，散布行省，以新耳目；十一曰精搜中外地图，悬张会堂，以备流览。

——夏晓虹编：《梁启超文选》，31 页，北京，中国广播电视出版社，1995。

古代藏书楼和现代图书馆，在中国文化传播和教育普及过程中有什么重要意义？

中外博物馆的文化使命

博物馆承载着对人类和人类环境的见证物进行搜集、保存、研究、传播和展览的文化使命。世界上最早的博物馆建立于公元前 3 世纪，是托勒密一世在埃及亚历山大港建造的博物馆。这是一座包括一所植物园和一所动物园在内的科学博物馆，其功能更像是一所研究院，馆内设有专门大厅与研究室，著名科学家欧几里得、阿基米德都曾在此进行学术研究。

文艺复兴时期，搜集古物蔚然成风。新航路开辟后，世界各地的动植物标本和艺术品被带回欧洲，促使各国建立国立博物馆。世界上第一座国立博物馆是 1753 年创建的大英博物馆，该馆现有藏品 800 万件左右。大英博物馆开放伊始即奉行免费原则，对所有“好学求知的人”敞开大门。时至今日，大英博物馆的参观者，已由 18 世纪的每年 5000 人，增长为每年 600 万人，极大地促进了文化的传播与发展。

大英博物馆所藏法老阿孟霍普特三世头像（刘海波拍摄）

19 世纪中叶以后，美国博物馆进入发展时期。美国企业家和金融家积累了大量财富，开始在全世界范围内大量收购艺术品，并且仿照欧洲模式建立博物馆，1870 年成立的大都会艺术博物馆即是其中之一。美国国立博物馆的代表则是 1846 年建立的史密森学院，如今已经成为世界上最大的博物馆群。

第二次世界大战后，博物馆创办数目最多，发展重点由欧洲转向美国。大量公共的国家博物馆在美国建立，使其由文物收藏所演变为科学研究与文化宣传的中心。目前，大英博物馆、法国卢浮宫、俄罗斯艾尔米塔什博物馆、美国大都会博物馆被称为“世界四大艺术殿堂”。大多数西方博物馆下设研究机构，利用所藏文物进行学术研究，特别是自然科学研究。

20世纪中后期，世界博物馆事业空前发展。社区博物馆、生态博物馆、露天博物馆、发现中心、数字博物馆等新型博物馆层出不穷。博物馆功能的侧重点也由原来的收藏藏品以进行研究，转变为从观众角度出发的教育和服务。从1977年开始，国际博物馆学会将每年的5月18日定为“国际博物馆日”，并且每年确定一个主题。今日的博物馆已放下高傲的姿态，为了通过展品更有效地传播文化，博物馆更愿意尝试各种方法与观众进行交流和互动。

中国文物收藏的历史悠久，历代帝王的皇宫、祖庙以及孔庙都是收藏帝王法器和奇珍异宝的场所，但中国近代意义上的博物馆发展较晚。一般认为，1868年法国传教士在上海创办的徐家汇博物院是中国最早成立的博物馆。1905年，“中国博物馆之父”著名实业家张謇创办的南通博物苑，是中国人自己创办的第一家现代综合性博物馆。与此同时，张謇还上书清政府，提出建设帝室博物馆，可惜并未受到重视。

1912年中华民国成立，教育部设社会教育司，博物馆被纳入国家的社会教育体系。同年，国立历史博物馆筹备处成立，并于1917年正式对外开放。20世纪二三十年代是中国博物馆发展的一个高峰，1925年，国立故宫博物院成立并对外开放，它是中国现代最大的古代文化艺术博物馆。1933年，中央博物院筹备处在南京成立。与此同时，河北、河南、广东等省建成一大批颇有影响力的地方博物馆，逐渐成为以实物传播传统文化、普及社会教育的手段。1935年中国博物馆协会成立，一系列博物馆学著作也相继出版。

日本发动的侵华战争打断了中国博物馆事业的建设。中华人民共和国成立后，党和政府重视博物馆建设，博物馆作为国家的宣传教育机构、科学研究机构、文物与标本的收藏机构的功能得到强调。目前，中国博物馆已形成门类丰富、特色鲜明、分布广泛的格局，成为文化传播的重要载体。

20世纪60年代，日本在亚洲国家中最早引入终身教育理念。博物馆作为终身学习的场所，面向全社会所有人群。工作人员将藏品所包含的各种信息进行深度挖掘，将藏品转化为人们能够直观理解过去文化生活的介质，吸引更多的人走进博物馆。博物馆举办各种免费学术讲座，而听讲座完全靠参加者自发决定，这是公众直接获取专业知识的有效途径。博物馆还开办体验工坊，活动内容涉及现场研究会、古代技艺体验、历史特别课程、体验古代料理制作、美术作品鉴赏等多方面内容。这项活动具有很强的实践性，能够提高参与者对文化的兴趣。

博物馆具有怎样的文化传播功能？博物馆在文化传播方面可以发挥什么作用？

四、人类文化遗产的传承与保护

中国与世界各国皆有绚烂多彩的物质文化遗产。非物质文化遗产是人类社会宝贵的文化财富，世界各国的非物质文化遗产各具特色，中国是拥有世界级非物质文化遗产数量最多的国家。文化遗产的保护是全人类的共同责任，联合国教科文组织通过建立世界遗产名录以及“非物质文化遗产”代表作评选活动，为保护人类文化遗产做出积极贡献。

绚丽多彩的物质文化遗产

物质文化遗产又称有形文化遗产，包括历史文物、历史建筑与人类文化遗址等。中国的物质文化遗产绚烂多彩，截至2016年，已有50处文化遗址、自然遗产与文化景观列入世界遗产名录，总数位居世界第二，其中30项属于物质文化遗产。无论是明清皇宫、皇家陵寝、皇家园林，还是原始人类遗址、万里长城、佛寺石窟、古城村落，皆堪称世界杰出的物质文化遗产。

北京故宫始建于明永乐年间，是明清两代的皇宫。古人认为天帝居于紫薇星座，因此皇宫又称“紫禁城”。故宫的整体建筑格局体现了“宫城居中、左祖右社、前朝后寝”的古制，以南北向为中轴线，采取严格的院落式布局，皇宫大殿建在中轴线上，太庙与社稷坛分列其左右。宫中主要殿宇15座，以象征紫薇星座的15颗星，来迎合天人合一、皇权天授的观念。紫禁城以乾清门为界，分为前朝部分与后寝部分，前朝部分有太和、中和、保和三大殿，是皇帝上朝接受朝贺、接见群臣、举行大典的地方。后寝部分是皇帝和皇后、嫔妃居住的地方。故宫是世界上保存最完整的皇家宫殿建筑群，体现了明清杰出的建筑艺术。

世界各国的物质文化遗产多种多样、各具特色。雅典卫城是古希腊雅典城邦最辉煌的建筑。它修建于公元前5世纪中叶，整个建筑包括卫城山门、胜利神庙、帕特农神庙等，其中供奉雅典娜的帕特农神庙位于卫城中心。雅典卫城继承发展了古希腊自由活泼的建筑布局，它巧妙利用地形，各种建筑都靠在山崖边上，廊柱朝外，成为古希腊圣地建筑群、庙宇、柱式和雕刻的最高代表。

雅典卫城概貌（李永斌拍摄）

帕特农神庙采用希腊神庙中最典型的长方形列柱回廊式形制，神庙正殿采用双层叠柱式回廊，柱子是多力克式的，后殿是方形大厅，采用四根爱奥尼亚式柱子，一座神庙兼用两种不同地区的柱式，展现了雅典城邦开放的文化胸襟。帕特农神庙体现了希腊建筑艺术的最高成就，在西方建筑史上影响深远。

雅典卫城帕特农神庙一角（李永斌拍摄）

颐和园是中国古代皇家园林的代表作，前身为清漪园。1750 年，乾隆皇帝为庆祝生母 60 寿辰，改建清漪园，形成具有江南园林风格的大型山水园林。1860 年，清漪园被英法联军焚毁，光绪年间得以重建，改称颐和园，作为慈禧太后颐养天年的场所。颐和园的万寿山和昆明湖构成了全园的基本构架，万寿山耸立在碧波荡漾的昆明湖北畔，它以佛香阁为中心，点缀着亭台楼阁、殿堂廊榭，昆明湖仿杭州西湖景色而修筑，西堤横穿湖中，堤上六座造型各异的桥，隐现在堤花岸柳之中。

世界各地的物质文化遗产对人类的发展和进步有怎样的意义？

各具特色的非物质文化遗产

非物质文化遗产是重要的民族文化财富，它以非物质形态存在，以杰出传承人为依托，以活态传承为特征，并附会于某一具体表现形式，有百年以上的悠久历史。中国在借鉴联合国教育、科学及文化组织“非物质文化遗产”分类的基础上，将“非物质文化遗产”分为民间文学、传统表演艺术、传统工艺美术、传统生产知识、传统生活知识、传统仪式、传统节日七大类。

中国剪纸艺术

世界各国的“非物质文化遗产”各具特色。亚洲地区的越南宫廷雅乐、印度尼西亚配剑、柬埔寨皇家舞剧、印度吠陀圣歌传统与瓦努阿图沙画，欧洲地区的西西里木偶剧、斯洛伐克新兵舞、基努文化空间，拉丁美洲地区的哥斯达黎加牧牛传统、牛车、奥鲁罗狂欢节等，都是各民族传统文化的精髓，都入选了人类“非物质文化遗产”代表作名录。中国有 56 个民族，形成了源远流长、光辉灿烂的一体多元文化，因此拥有众多的世界级“非物质文化遗产”。截至 2016 年，中国共有昆曲、古琴艺术、福建南音、云锦、京剧、剪纸、端午节、二十四节气等30余项入选人类"非物质文化遗产"代表作名录，成为世界上入选项目最多的国家。

2001年，昆曲被联合国教育、科学及文化组织宣布为首批"非物质文化遗产"之一。它起源于明初江苏昆山一带，万历末年传入北京，明天启年间至清嘉庆初年发展到顶峰，光绪年间京剧兴起后衰落。由于文人士大夫直接参与创作，昆曲具有独特的高雅品味，最著名的剧本有汤显祖的《牡丹亭》、洪昇的《长生殿》与孔尚任的《桃花扇》。昆曲行腔优美，以缠绵悠远见长，它熔诗、乐、歌、舞、戏于一炉，在中国文学史、戏曲史、音乐史和舞蹈史上占有重要地位，并对川剧、越剧、黄梅戏与京剧都产生过深远影响，被誉为"百戏之祖"。

京剧是流传全国、影响最大的剧种，其前身为安徽的徽剧。清乾隆年间，原在南方演出的三庆、四喜、春台、和春四大徽班相继进京演出，后留在北京，吸收了汉腔、秦腔、昆曲的部分剧目、曲调和表演方式，融合、演变成一种新的声腔，更为悦耳动听，称为"京调"。20世纪初京剧风靡全国。目前，京剧走遍世界各地，成为传播中国传统艺术的重要媒介。2010年11月，京剧被列入人类非物质文化遗产代表作名录。

非物质文化遗产在人类文化遗产中占有怎样的位置？它对传承人类文明具有怎样的作用？

文化遗产的保护

随着世界工业化与全球一体化的发展，人类在创造物质财富的同时，对自然环境与文化遗产造成了一定的破坏，第二次世界大战后世界各国专家学者呼吁联合保护人类文化遗产。1972年，联合国教育、科学及文化组织大会通过《保护世界文化和自然遗产公约》，成为全球范围内具有深远影响的国际准则性文件。它的主要任务是确定世界范围内具有突出意义与普遍价值的文物古迹和自然景观，建立世界遗产名录，凡是被列入的文化遗产和自然遗产成为世界名胜，可以得到世界遗产基金提供的援助，让全人类共同承担保护责任。

《保护世界文化和自然遗产公约》突破了狭隘的国家界限，促进了世界各国的相互合作，为保护人类共同的文化遗产做出积极的贡献。在保护世界文化遗产方面，中国政府提出“保护为主，抢救第一”的方针和“有效保护、合理利用、加强管理”的指导思想，与《保护世界文化和自然遗产公约》精神一致。

采用考古挖掘的原始材料复原的帕特农神庙（李永斌拍摄）

第 22 条 世界遗产委员会提供的援助可采取下述形式：（a）研究在保护、保存、展出和恢复本公约第 11 条第 2 和 4 段所确定的文化和自然遗产方面所产生的艺术、科学和技术性问题；（b）提供专家、技术人员和熟练工人，以保证正确地进行已批准的工作；（c）在培训文化和自然遗产的鉴定、保护、保存、展出和恢复方面的工作人员和专家；（d）提供有关国家不具备或无法获得的设备；（e）提供可长期偿还的低息或无息贷款。（f）在例外和特殊情况下提供无偿补助金。

——《保护世界文化和自然遗产公约》，联合国教育、科学及文化组织大会，巴黎，1972。

日本是世界上第一个对“非物质文化遗产”实施保护的国家。1950 年，日本颁布《文化财保护法》，率先提出“非物质文化遗产”

保护理念，标志着人类对文化遗产的保护，已经由物质领域延展到非物质领域。受日本影响，韩国组建文化财保存委员会，1962 年正式出台《文化财保护法》，在全国范围内启动文化遗产大普查，对无形文化财持有者授予崇高荣誉，规定其有义务将技艺技能传授他人。

联合国教科文组织对“非物质文化遗产”保护的实践始于 20 世纪 90 年代，它颁布国际公约、宪章、建议案，举行全球性评选活动，以传达自己的理念。1998 年以后，联合国教科文组织通过“非物质文化遗产”代表作评选活动，调动各国政府保护本国“非物质文化遗产”的积极性。目前，保护“非物质文化遗产”的理念得到世界各国的认可。

2003 年，联合国教科文组织颁布《保护非物质文化遗产公约》，强调保护“非物质文化遗产”的重要性与紧迫性。同年，“中国民族民间文化保护工程”启动，推动了我国“非物质文化遗产”保护事业的全面展开。保护方法主要有：开展全国性“非物质文化遗产”大普查，建立国家级“非物质文化遗产”名录体系，选定国家级“非物质文化遗产”传承人，建立国家级文化生态保护区，全面启动“非物质文化遗产”教育工作，鼓励各地建设“非物质文化遗产”博物馆、传习所或资料库数据库等，取得了良好效果。

怎样理解文化遗产的保护是全人类的共同责任？中国应如何与联合国教科文组织合作，加强文化遗产保护？

第十九章 信息革命与文化共享

导读

信息革命是人类社会继工业革命之后的又一场重大变革，开启了文化传播的新时代，开创了人类文化共享的新面貌。

信息技术革命对文化传播具有深刻的影响。数字化和网络化推动了文化传播模式的转型和新型传播途径的兴起，不仅使已有文化资源得以充分开发，更多文化素材得到发掘使用；而且使传播规模空前扩大，受众面广，传播效果高效快捷。

现代信息技术以前所未有的力度推动了人类文化的发展。但是，也带来了一系列问题。这是人类在文化发展进程中必须应对的挑战。

一、信息革命与文化传播

信息革命以电子计算机的诞生为开端，以互联网的普及为标志，是人类文明的重大变革。信息高速公路建设使互联网成为真正的全球网络。在信息革命的推动下，文化传播在形式、内容、规模和效果上发生了深刻变化，跨入了大众传播的新时代。

信息革命的历程

纵观历史，人类文明经历了从农业革命到工业革命的飞跃，如今正处在信息革命的巨变之中。信息革命，即信息技术革命，发端于第二次世界大战后电子计算机的诞生，以互联网的普及为主要标志。

世界上第一台电子计算机

1946 年，世界上第一台电子计算机正式运行。20 世纪 50 年代，电子计算机进入工业生产领域，拉开了持续升级换代的序幕。1971 年，号称“计算机心脏”的微处理器芯片诞生，计算机走向微型化。此后，信息技术取得全面突破。迄今为止，计算机技术已历经五代革新，具备了信息智能系统，成为名副其实的“电脑”。

互联网（Internet）起源于“冷战”时期美军建立的内部情报网络传输系统。1969 年底，美国四所大学的主要计算机之间实现了联网。20 世纪七八十年代，美国的互联网进一步扩展，由大学和企业推向社会。一些欧洲国家也相继开发了自己的网络。1982 年，法国邮电部推出了一个相当于互联网雏形的国家网络系统。80 年代中期以后，欧美各国的网络连接起来，互联网发展为遍及全球的公共计算机网络。2015 年，全球网民数量已超过 30 亿。

全球互联网不只是国际化的商业网络和社交平台，更是一个全球文化网络。它的出现标志着人类社会进入了信息化时代。

信息交流的首次突破是语言的产生和文字的发明。语言文字是文化的载体，使前人留下的历史记忆作为文化产品传诸后世。约在 105 年，中国人率先发明了造纸术，又在 11 世纪 40 年代发明了活字印刷术。西方在 15 世纪中期出现了印刷书籍。从此，人类文化得以大规模保存和大范围传播。19 世纪 30 年代至 20 世纪 20 年代，电报、电话、广播、电视的发明，意味着信息技术进化到了以电磁波作为主要传递媒介的阶段，文化信息远距离、即时传递的时代到来了。

信息技术与文化传播有什么关系？结合史实阐述你的看法。

“信息高速公路”的建设

“信息高速公路”建设是实现世界各地网络互联互通的关键步骤。“信息高速公路”计划始于美国。20 世纪 90 年代初，美国承受着经济全球化的激烈竞争和国内经济短期衰退的压力，亟需一种有发展前景的新兴产业来带动经济增长。以互联网为核心、计算机与通信技术相结合的现代信息产业承担了这一使命。1993 年，美国推出《国家信息基础设施》工程计划，由副总统阿尔·戈尔担任政府方面负责人。戈尔首创了“信息高速公路”一词来比喻互联网，所以该计划也被称作“信息高速公路”计划。该计划的目标是通过大面积铺设连接计算机的光导纤维网络，将政府机关、企业、大学、科研院所乃至每家每户的计算机全部接入互联网。到 20 世纪末，美国国内互联网体系基本建成。

1995 年，时任美国副总统戈尔发表关于信息高速公路的演讲：“这些高速公路——或者更准确地说，传播知识的网络——将使我们得以结成一个地球村，共享信息、互相联系和交流。这种互相联系将促使经济进步、民主加强，更好地解决全球和地区环境问题，改进人们的健康状况，进而，我们会拥有我们这个小小寰球的职责的良好感觉。”

——转引自项家祥、王正平主编：《信息网络与文化教育》，116 页，上海，上海三联书店，2006。

继美国之后，世界各国纷纷把兴建“信息高速公路”列入发展规划。1994 年，欧盟、韩国、日本、新加坡等都提出了各自版本的“信息高速公路”计划。1994 年 4 月 20 日，中国正式接入国际互联网。跨入 21 世纪后，中国的信息产业势头迅猛。截至 2016 年 12 月，中国网民总数达 7.31 亿，互联网普及率达到 53.2%，高出全球平均水平 3.1 个百分点。其中，手机网民规模达 6.95 亿，占比 95.1%。

信息高速公路超越了国界，成为国际合作的项目。1995 年 2 月，西方七国集团在布鲁塞尔召开“七国信息社会部长级会议”，首次提出建设“全球信息社会”的目标。此后，联合国每年都要举办多场以国际信息社会为主题的会议和活动。自 2014 年起，中国每年主办一次世界互联网大会。

世界互联网大会的标志，其图形是抽象化的“互”字，中心由八个圆形交织而成，象征着互联网信息的互联互通

21世纪初，互联网迎来了新生。新一代互联网拥有更大的网络规模和更多的接入终端，实现了互联网、电信网和广播电视网的三网融合，改变了人们的生活。尤其是智能手机与移动互联网结合后，人们不但可以随时随地上网聊天、发微博、晒朋友圈、看视频、听广播、收发邮件，还能通过网络及时得到各种所需服务，网上购物、网上银行、网络订车、移动医疗等，已逐渐成为人们习以为常的生活内容。

“信息高速公路”的出现和发展可能给世界带来什么变化？

文化传播的新时代

依托于现代信息技术和国际互联网平台，文化传播正经历着一场划时代的变革：传播形式日趋数字化、网络化，内容更加丰富多元，规模空前扩大，效果大为提升。

信息化的关键是数字化和网络化，也就是先将图文音像等有形的信息转化为计算机可识别的二进制代码，由计算机加工成数字产品，再通过数字通信系统的处理，借助互联网传送到各处。数字技术和网络技术的结合激发了文化传播形式的创新，社交媒体、手机报、数字电视、公共场所播放的视频等新式传媒蓬勃兴起。这些新媒体形式灵活、渠道多样，具有即时性、共享性、互动性和个性化等特征，发展很快，后来居上，推动着文化传播进一步走向大众化。

社交媒体是依赖于社交网络的新式媒体。它的起点可以追溯到1971年第一封电子邮件的诞生，信息高速公路的兴建将社交媒体的崛起推上了快车道。20 世纪 90 年代中期以来，搜索引擎、网络社区、即时通信、博客、播客、社交网站、视频网站、微博等社交产品层出不穷，社交媒体应运而生。

时下中国最流行的“微信”，也是这个大家族中的一员。自 2011 年初推出至今，微信用户已覆盖 200 多个国家和地区，月活跃用户达 6.5 亿。近 80% 的用户关注了微信公众号，以获取资讯、学习知识。微信和微博已成为我国一个主要的信息传播渠道。

在信息化浪潮的冲击下，传统的文化传播行业纷纷开启了数字化的转型之路。在图书音像和新闻出版领域，电子书、在线阅读、数字报纸和期刊、数字音乐、网游动漫等数字出版物与日俱增，网上销售的规模越来越大。在教育领域，多媒体教学、远程教育、电子教材、网络大学等教育形式已经成为潮流。此外，数字图书馆、数字博物馆等也走进了人们的文化生活。

2012年，我国全年电子出版物的利润总额比上一年增长了76.8%，数字出版的利润总额增长率为42.4%，而同一时期出版的图书和报纸利润总额增长率分别为22.3%、0.6%，远低于前者。为了顺应信息化的大趋势，主流报纸相继推出电子版和客户端。2014年，《人民日报》客户端正式上线。

传播形式的变革推动了传播内容的更新。首先，可以全文浏览和检索的集成数据库，对于传统文化资源的开发、整理、保存和推广具有开创性意义，表明文化传播内容的极大拓宽。其次，互联网的兴起也催生了各种网络文化，如同伴随电影电视而出现的影视文化一样，为人类的文明宝库增添了又一笔宝贵财富。创建于 2000 年的维基百科，是首个由全球网民在线协力编写的“自由百科全书”，堪称网络学术的代表；以网络为主要传播渠道的网络原创文学近年来声名渐起；网络音乐、网络绘画、网络影视等也日益引发关注。此外，网络新闻这种在社交网络中传播、向社会上扩散、存在于每个人身边的新闻，也是一种被网络“发掘”出来的重要文化资源。

信息社会中，文化传播的信息量之大往往超出想象。人们活动范围的扩大、交往形式的增多，导致社会信息量的激增；网络传播的互动性，使每个人都可能成为文化的生产者和传播者，进一步扩大了传播规模。

由于原始信息量过大、增长太快、类型复杂，必须运用新的技术手段和方法来处理信息。这种新型信息处理方式和庞大的信息集合，就是“大数据”。大数据到底有多大呢？

在数据洪流席卷世界之际，每个地球人获得的数据信息，相当于公元前3世纪伟大的亚历山大图书馆存储的数据总量的320倍。

1453—1503年，欧洲约有800万本书籍被印刷出来，这意味着信息存量在50年里增长了一倍。而如今，人类社会的信息存量大约每三年增长一倍。

——［英］维克托·迈尔—舍恩伯格、肯尼斯·库克耶：《大数据时代》，引言，杭州，浙江人民出版社，2012。

总体来看，信息时代的文化传播具有高效、即时、直观、智能化的优势。在四通八达的光纤网络中，信息以光速流动，时空阻隔大大降低，高效迅捷的传播成为可能；数据库资源和文献检索技术的应用显著提高了资料查找的效率；社交媒体的普及使社会新闻实现了真正的即时传播；多媒体传播图文并茂、视听结合，使传播效果更为直观、生动、有感染力；传播者为人们提供量身定制所需的服务，人们根据需要主动筛选信息、获取知识，意味着传播主体与受众的互动、融合，显示了文化传播的智能化趋势。

人类社会，以其持续增长的加速度，由既往奔向未来：百万年蒙昧，数万年游牧，几千年农耕，几百年工商；现在它正在经历一场前所未有的巨变，由工业时代迈向信息时代！

人们亲眼目睹，一场汹涌澎湃的信息化世纪风暴，正席卷着世界的每个角落：从东到西，从南至北，从阿美利加到澳新大陆，从亚细亚到欧罗巴，从阿拉伯到阿非利加……不分种族，不分肤色，不分信仰，不分语言，不分地域，不分国度，信息化已经成为不可逆转的历史进程！

——钟义信：《信息时代宣言》，“信息基础结构国际学术大会”宣言，北京，1996。

针对以信息化为核心的文化传播新时代的到来，人类应该做好哪些必要的准备？

二、信息时代的文化共享与文化发展

现代信息技术降低了文化传播的技术、成本和观念壁垒，推动了社会内部和国家之间的文化共享。但是，网络安全、信息鸿沟与文化隔阂，使文化共享面临挑战。互联网在拓展了人文精神内涵的同时，也触碰了人文传统的根基，对人类文化的发展提出了新课题。

信息时代文化共享的新局面

随着现代信息技术的突飞猛进，互联网日益显现出开放、平等、合作、共享的特点。这不仅降低了文化传播的技术障碍和成本限制，而且大大突破了造成文化隔阂的观念壁垒，使人类文化的交流与共享达到前所未有的程度。

在迈入信息社会门槛的国家里，互联网的庞大体系覆盖到各个地区和领域，跨越了阶层、部门、性别、年龄等界限，将不同社会群体包罗其中，使之能够通过高覆盖、低成本的互联网分享各种文化资源。文化传播更加开放、包容、平等、多元，走向了真正的大众化时代。

21世纪以来，高校网络视频公开课项目相继在世界各国得到推广。加盟的高校将本校的名师名课录制下来，放在开放式的网络课堂平台上，供用户免费在线观看。中国也很快加入了这一行列。截至2015年，已有近200家不同类型的免费课程网站。

在全球范围内，国际互联网为跨国家、跨区域、跨文化的文化交流提供了通道，推动了全球流行文化的兴起。在学术交流领域，互联网实现了地方学术资源的全球共享。通过文献数字化、信息检索系统和跨国电子文献传递服务，地方文献成为学术界共用的资源；利用电子邮件、视频会议等途径，跨国学术交流与项目合作成为常态。在大众文化的层面，互联网协助塑造了全球共享的文化潮流。美国的商业大片、欧洲的流行音乐、日本的动漫网游、中国的青花瓷中国风等，都是其中的一部分。

数字图书馆即网络上的虚拟图书馆，馆藏信息全部数字化、操作流程全部自动化，用户可在任何地方利用联网计算机查询和下载图书馆的数据信息。这实际是一个共建共享的知识网络，预示了图书馆未来的发展方向。

2005 年 9 月，欧洲委员会宣布了一项数字图书馆计划，称将允许用户利用欧洲各国国家图书馆的现有数字资源，使网民“通过点击鼠标轻松进入欧洲的集体记忆”。2008 年 11 月，欧洲数字图书馆正式上线，一小时内点击量就超过了 1000 万次，一度造成系统瘫痪。2014 年，欧洲数字图书馆新增数据 3300 万件，其中 30% 可以直接下载。

新形势下，文化共享会给人类生产生活带来怎样的变化？

文化共享面临的挑战

现代信息技术虽然极大地促进了文化传播、推动了文化共享，但也遭遇到诸多难以克服的技术问题、社会性障碍和观念屏障。更充分的文化共享受到阻碍，制约着人类文化的繁荣和发展。

互联网上的各类安全隐患对文化共享构成严重威胁。网络安全涉及对网络本身的保护，要防止计算机病毒和黑客入侵对网络设备、网络信息和网络软件系统的破坏；信息安全指对信息和信息系统的保护，预防对重要情报和个人隐私信息的窃取、泄露和损毁。近年来，计算机和网络犯罪愈演愈烈，黑客攻击、病毒入侵、网络诈骗等不断增加，互联网上的安全隐患严重干扰了正常的文化传播，已成为国际社会广泛关注的全球问题。

“信息鸿沟”是信息时代制约文化共享的主要障碍。信息鸿沟又称数字鸿沟，是指在人类社会信息化程度全面提高的背景下，国与国之间、国家内部的不同社会群体之间，在拥有和使用现代信息技术方面的差距日益拉大的现象。互联网的普及、尤其是移动互联网的兴起，虽然有助于扩大信息传播，但终究无法消除基于现实中的社会不平等的信息鸿沟。

国家与国家之间的信息鸿沟，是各国经济实力、科技水平和对外开放程度发展不平衡的结果。20 世纪 90 年代以来，美国在信息技术开发和应用领域占据绝对优势。几乎所有的信息技术创新，都集中在西方发达国家和亚洲少数迅速崛起的国家和地区。信息富国与信息穷国的差距甚至可能比经济上的贫富差距更大。

巴林、冰岛等国的互联网用户数几乎等于其人口总数，而南苏丹等少数国家能使用互联网的人数不及总人口数的 0.1%；出版业的全球分布极不平衡，美国、德国、日本是全球最大的三个图书市场，它们出版的图书长期占据着一半以上的世界图书市场份额；美国是全球最大的数据库生产国和输出国，其数据库产业在规模、产值、数量、质量、品种和服务等方面都处于全球领先水平。

信息鸿沟还存在于一个国家内部。城乡差距、收入差别、受教育程度、年龄和性别是导致某些国家和地区内部信息鸿沟的主要因素。同时，这些因素也影响着不同社会群体信息化程度的高低。

2016 年，全国信息社会指数（ISI）达到0.4523，比上年增长4.1%。2016 年，东、中、西部地区信息社会指数分别为0.5644、0.4018、0.3852，均比上一年度有明显增加，不同区域之间信息社会发展水平差距明显，尽管西部地区信息社会发展速度快于东部地区，但与东部地区的绝对差距仍在扩大。

——国家信息中心：《中国信息社会发展报告 2016》，1 页，2016。

网络空间中的文化隔阂，是阻碍文化共享的“玻璃天花板”。具有不同社会、经济和文化背景的人们，往往按照各自的喜好，主动选

中国城乡互联网普及率

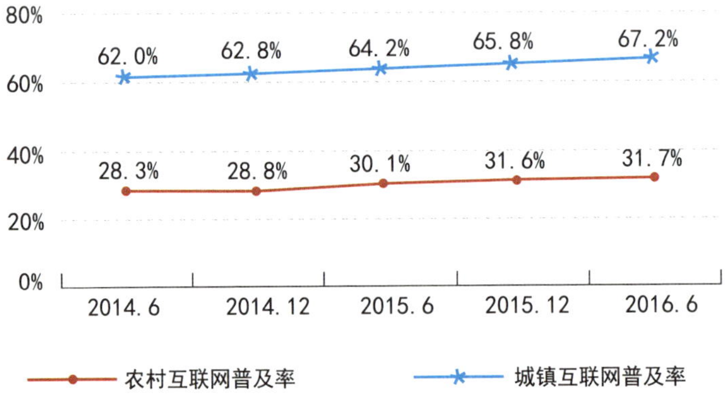

——材料出自：中国互联网络信息中心（CNNIC）：《中国互联网络发展状况统计报告》，13 页，2016。

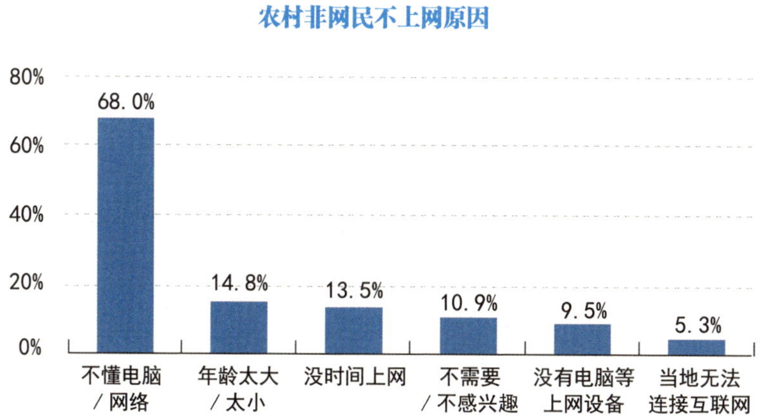

——材料出自：中国互联网络信息中心（CNNIC）：《中国互联网络发展状况统计报告》，13页，2016。

择接受和传播不同来源的信息，在社交网络上竖起隐形的隔离带。此外，跨国、跨文化交流的不对等性也导致了公开的反弹。国际互联网上近一半用户使用英语的现状引起许多非英语国家的担忧和抵制，法国政府曾为保护本国语言起诉了佐治亚理工学院在法国梅斯的分校，因其未将学校网页翻译为法文。

在信息化飞速发展的时代，人类社会如何共同应对挑战？

文化发展的新课题

当今时代，现代信息技术日益融入社会生活，带来了新的生活方式、艺术形式、社会思想和思维方式，文化的形态因此而发生了改变。传统文化注重积累、学习和传承，要求遵守基本规范，知识体系比较稳定、更新较慢；而信息时代的文化更强调自主思考、自我表达和自由创造，信息量大、新陈代谢快、灵活多样。互联网的自由精神激发出空前的个体潜能和创造力，在拓展人文精神内涵的同时，也触碰了人文传统的根基，为人类文化的发展提出了新课题。生活方式是一种广义的社会文化。在信息社会中，人们的衣食住行、社会交往、休闲娱乐等都与网络联结。网络化的生活方式扩大了社交范围、丰富了精神生活，但也使一部分人沉迷于虚拟世界、脱离现实，甚至产生了严重的心理问题。

借助互联网，丰富多彩的文化产品真正走进了大众生活，但也出现了质量问题：网络教育扩张过快、管理不完善、质量堪忧；网络文学、网络新闻原创性不足、专业水准低，有些还存在低俗化倾向；快餐化的信息浏览取代了传统的书本阅读，恶俗化的网络语言冲击了规范的书面表达等，都引发了对人文传统流失的担忧。

信息过剩是互联网带来的新现象。信息时代，文化的边界大大扩张，包罗了海量、庞杂的即时信息，信息的有效与无效、真实与虚假难以分辨，令人目不暇接，甚至感到疲劳厌倦，反而有碍于深入思考和理性判断。

此外，互联网也常常带来价值观念上的困惑。网络空间里既洋溢着平等、互助和共享精神，也充斥着观念对立和语言暴力；开放、中立的互联网精神既营造了自由、平等的舆论环境，也使虚假信息和不良信息借机涌入，引发了关于网络道德的争论。

随着互联网的普及，社会上出现了一些新的文化现象：信息疲劳（指由于暴露在过量信息当中所导致的漠然冷淡、心力交瘁等亚健康状态，尤指因从各类媒体、互联网或信息密集型工作中接受和吸收过量信息而引致精神的压力）、手机依赖症、“网红”、网络流行语……

信息革命的大潮席卷全球之际，时空距离仿佛缩小了，人的眼界和心智扩大了，文化间的交流与共享达到前所未有的程度，日益呈现出开放、多元、共有、互通的新格局。同时，文化形态本身也发生了改变，既充满希望，又面临挑战，预示着人类文化发展的新图景。生活在今天的人们，有机会以更加开阔的视野、包容的心胸，去理解不同文化的碰撞与融合，思考人类社会的历史与未来。

1962 年，美国历史学会主席卡尔·布里登博就向自己的同行提出了警示，人类存在的性质正在经历一场“大突变”——变化是如此突然，如此激烈，以至于“我们现在好像是患上了某种历史失忆症”。他惋惜阅读的衰落、人与自然的隔阂，以及共有文化的失落。

1963年，在读到美国历史学会主席的警示时，艾森斯坦认同历史学正面临着某种危机，但她也认为布里登博恰恰把问题弄反了。……艾森斯坦从这些让老辈历史学家深受困扰的新信息技术中得出的结论却正相反。过去并不是从视野中逐渐消逝，反而是更加可及、更加清晰。……这其实是对历史学家目前所面临困境的一种误读。造成当前困难的原因并不是什么失忆症，而是前所未有的更全面的回忆。恰恰是记忆的稳定恢复而非消除，是回忆的累积而非散佚，才导致当下的僵局。

——［美］詹姆斯•格雷克：《信息简史》，393、395页，北京，人民邮电出版社，2012。

人类社会发展的每一次进步、每一次转折，都会共生成功与不足，在信息技术飞速发展的今天，我们应该怎样应对文化发展所面临的机遇和挑战？

后记

《“一带一路”历史·社会·文化学习丛书（中级读本）》，几经修改，终于付梓。来自不同单位、从事不同科研和教学工作的几十位作者，为成此书，聚议一处。从拟定纲目，到撰写初稿，再经讨论修订，最后定稿，历经一年有余。

参加本书撰写的有如下同志（姓名按姓氏拼音首字母顺序排列）：

安　然　曹志敏　陈　昂　陈　涛　程艳丽　丁　雨
董立功　何思源　贾　浩　贾　珺　贾平平　江天岳
姜　燕　李　静　李　凯　李荣萍　李永梅　刘东明
刘林海　陆明娟　马慧英　马卫东　倪滕达　庞冠群
乔　楠　秦冬梅　曲柄睿　史少卿　孙玲玲　唐　艳
唐明亮　王　敏　王广坤　王志刚　温艳丽　翁俊田
武晓阳　邢秀清　徐　杰　许鸿梅　杨红丽　尹北直
于晓蕊　臧家富　湛晓白　张　楠　张瑞清　张秀芬
张逸红　张在虎　张昭军　郑　艳　郑小悠　周思成

在成书过程中，北京师范大学出版集团的相关领导始终给予了大力支持和帮助，本书的责任编辑为本书做了大量工作，在此表示感谢。

本书是为满足读者的需要而编写的，能否满足读者的需求，还需要经过实践检验。我们期待本书面世以后，读者提出宝贵意见，以便帮助我们后期的更正。

《“一带一路”历史·
社会·文化学习丛书
（中级读本）》编写组
2018 年 12 月 1 日